W0182226

Histoire du Sport Automobile

Les premières courses telles qu'illustrées sur les murs du « Michelin Building » à Londres.

Histoire du Sport Automobile

par Raymond Flower

Préface de Graham Hill

Traduit de l'anglais par Yvon LEON

e.p.a. - PARIS

Page précédente :

John Cobb, détenteur du record du tour sur le grand circuit de Brooklands. Vu ici au volant de la Napier-Railton de 23 l de cylindrée en 1937

e.p.a. PARIS 1975

© 1975 London Editions Ltd
ISBN 2-85120-042-9
Maquette London Editions Ltd

Tous droits réservés pour tous pays. Reproduction interdite

Composé en France
Imprimé en Espagne

Sommaire

Préface de Graham Hill 7
Avant-propos 9
Préliminaires 10
Naissance d'un sport : les courses de Paris 14
La coupe Gordon-Bennett 24
Les premiers records de vitesse (1899-1906) 32
Pékin-Paris 36
Premiers Rallyes et courses de côtes 46
Le Tourist Trophy et Brooklands. Les courses sur le « continent » 54
Aux Etats-Unis 64
La fin des monstres 72
Renaissance du sport 80
Brooklands dans l'entre-deux guerres 86
Bentley au Mans 94
Les Grands Prix des années 20 100
La belle époque des rallyes internationaux 112
Records du monde de vitesse : 1922-1939 118
Grands Prix : magnifiques années 30 130
L'après-guerre 136
Légendaires années 50 144
L'âge de la technologie 156
Indianapolis 164
Records de vitesse terrestre : vers le mur du son 172
Le sport aux millions de dollars 178
Aujourd'hui 196
Abréviations 206
Résultats 207
Tracé et description des circuits 216
Rallyes et courses de côtes 234
En guise de conclusion 238

A

Peter FLOWERS

Préface de Graham Hill

Il est surprenant de constater que cette tâche n'avait jamais encore été entreprise ! Car malgré les 6 000 volumes de la bibliothèque du R.A.C. dont Raymond Flower nous parle, personne encore n'avait réussi à nous raconter l'histoire du sport automobile sans nous endormir. Ce livre est vraiment le premier à nous offrir un texte remarquablement documenté accompagné de photographies évocatrices et souvent spectaculaires.

Ce qui fut au départ le sport des rois et des aristocrates fortunés est maintenant un divertissement de masse. Mais ceci ne change rien au fait qu'il s'agit toujours du roi des sports. J'ai débuté comme mécanicien, démontant des moteurs chez Colin Chapman pour 10 francs par jour. Je fréquentais alors le « Steering Wheel Club », où le monde de la course se retrouvait une fois par semaine. C'est là que, m'imprégnant plus vite du folklore de l'automobile que de ma bière, j'ai conclu mes premiers contrats. Et j'ai encore la nostalgie de cette époque où chaque voiture avait un aspect particulier, où l'on pouvait voir la grimace du pilote dépassé par son adversaire dans le dernier virage.

Je pense qu'il est très important de connaître l'histoire du sport automobile si l'on veut comprendre ce qui se passe aujourd'hui. C'est pourquoi j'apprécie tout particulièrement le récit animé de Raymond Flower, retraçant les différents aspects du sport automobile depuis ses origines, illustré de photographies qui racontent chacune une histoire. Je souhaite à ce livre tout le succès qu'il mérite.

Graham Hill

CIRCUIT
des ARDENNES 1906
DURAY
sur LORRAINE DIETRICH

GRAND-PRIX
A·C·F 1906 Sarthe
SZISZ
sur RENAULT

Avant propos

La bibliothèque du Royal Automobile Club à Londres, contient quelques 6 000 volumes traitant de chaque aspect de l'automobile, au cours des 80 dernières années. Parmi ceux-ci il est possible de trouver des séries complètes de « The Autocar » et « The Motor », depuis le tout début du siècle. Un problème de sélection se pose, cependant, car une histoire au coup par coup de chacune des épreuves classiques serait aussi volumineuse qu'un annuaire des téléphones de la ville de New York (et à peu près aussi indigeste !). Je me suis donc efforcé de retracer le développement du sport automobile dans ses grandes lignes, et dans la mesure du possible, de retraduire l'atmosphère de chaque période. J'admets volontiers que ceci est plus subjectif à certains moments qu'à d'autres. Mon père fut un des pionniers de l'automobile et moi-même, j'ai consacré une bonne partie de ma vie à l'automobile. De 1949 à 1956 j'ai pris part à de nombreuses courses et rallyes et j'ai eu la chance de rencontrer beaucoup des « figures » qui ont marqué ce sport. Cette période fut, en quelque sorte, l'Age d'Or pour nous, amateurs, qui courions pour notre plaisir. Mais le plus remarquable était sans doute l'atmosphère sympathique et détendue de nos fréquentes retrouvailles aux quatre coins de l'Europe, au départ des courses ou des rallyes ; atmosphère qui a considérablement évolué maintenant que les enjeux sont devenus si importants.

Et, aussi excitante que puisse être la période actuelle, ce n'est pas sans une pointe de nostalgie que j'évoque les vaillants personnages tels Ernest McMillen, Mike Llewellyn, Fitzroy Raglan et George Phillips qui partagèrent si souvent le volant avec moi.

Je me dois maintenant d'exprimer ma gratitude à Edward Montagu, pour m'avoir généreusement ouvert les portes de la bibliothèque automobile des Montagu, et à Eric Bellamy, le bibliothécaire qui m'y a piloté ; à Gordon Pearce qui a fait de même dans nos archives (si bien gardées) du RAC à Pall-Mall. Je remercie également les collaborateurs (toujours accueillants) de Stanley Gillam à la London Library (qui auraient aisément pu être déroutés par un sujet comme celui-ci, mais qui, inutile de préciser, ne le furent point). Tant d'autres amis passionnés m'ont aidé d'une manière ou d'une autre en France, en Italie, en Allemagne, en Scandinavie et aux Etats-Unis, qu'il est dificile pour moi de les remercier comme il convient. Hormis ceux-ci, je tiens à exprimer tout particulièrement ma gratitude à Hugh Begg, des London Editions, Tony Salmon du BRDC, Jeanne Griffiths, Sally Windle (qui a réussi notamment à transformer mon brouillon inintelligible en un script bien ordonné) et Diana Mansour, qui ont assuré le montage de l'ensemble pour l'imprimeur.

A tous ces amis attentionnés et efficaces, merci.

Raymond Flower
Novembre 1974

Torre di Grignano
Castellina In Chianti
Sienne, Italie

Préliminaires

Dans le courant de l'été 1769 — l'année ou James Watt fit breveter sa machine à vapeur — quelques notables parisiens furent invités par le ministre français des Affaires étrangères à venir inspecter un véhicule en bois à trois roues, conçu par un Français, nommé Cugnot et propulsé par une machine en forme de bouilloire disposée à l'avant. Ils purent le voir se déplacer par ses propres moyens à la vitesse de 9,5 km/h, pendant douze minutes, avant de s'écraser contre un mur. Leur hôte, le duc de Choiseul s'intéressait apparemment aux possibilités militaires de l'engin.

Ce fut cependant un évènement considérable, car on peut dire que l'histoire de l'automobile a commencé par ces douze minutes.

Bien sûr, l'évolution en fut très longue. Mais après tout, il en est de même pour la machine à vapeur, si l'on pense qu'Héron d'Alexandrie avait imaginé une turbine à réaction dès le IIe siècle avant Jésus Christ. En 1788, une voiture à vapeur dessinée par Oliver Evans et construite par Robert Furness fit son apparition en Amérique. Pendant la plus grande partie du XIXe siècle les efforts se concentrèrent sur les machines haute-pression sans condenseur qui furent, en Angleterre tout au moins, l'objet d'une telle hostilité qu'une législation spéciale, telle que le fameux « Acte du Drapeau Rouge » de 1865, fut tout spécialement créé pour empêcher leur développement. C'est en 1885, toutefois, que le pas décisif en avant fut accompli, lorsque Gottlieb Daimler (élève de Nikolaus Otto) mit au point le moteur à combustion interne fonctionnant au pétrole lampant. Deux années plus tard, il fit la démonstration de son invention dans un bateau sur la Seine. C'est là qu'Emile Levassor, de Panhard et Levassor, firme spécialisée dans les machine-outils à bois le remarqua, et comprit qu'un tel moteur pourrait propulser un véhicule sur la route. Ayant acquis les droits de Daimler, il entreprit la conception d'un véhicule utilisant une disposition mécanique toujours inchangée par beaucoup de ses aspects à ce jour. La propulsion de sa première voiture s'effec-

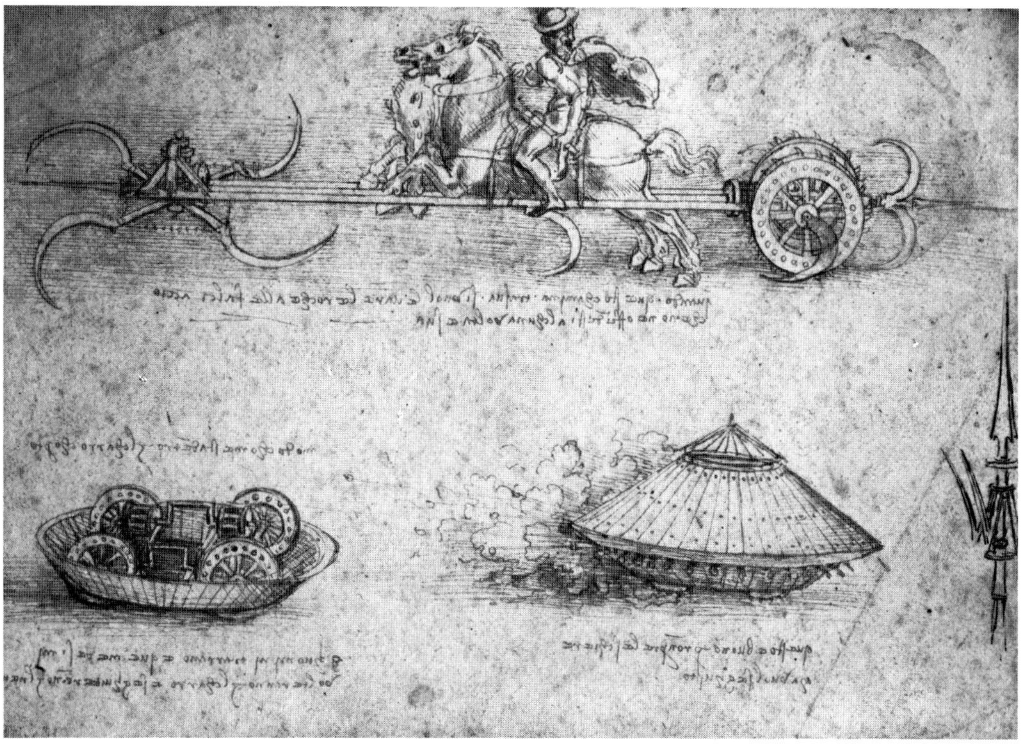

Le Sport Automobile au quinzième siècle. « Cheval de Troie » complet avec faux rotatives, et voiture blindée futuriste, tel qu'imaginés et dessinés par Lénoard de Vinci

Transport de rêves, griseries de la vitesse à la fin du dix-neuvième siècle. Achille Philion (ci-dessous) d'Akron dans l'Ohio, aux commandes de sa voiture à vapeur construite en 1892.

Ci-contre : Fardier à vapeur de Cugnot. Destiné à tracter des canons, ce véhicule est maintenant au Musée des Arts et Métiers à Paris.

tuait par un embrayage au travers d'un train d'engrenages réducteurs, d'un différentiel et d'un arbre secondaire transmettant la puissance aux roues.

Bien que Léon Serpollet ait produit sa célèbre voiture à vapeur à peu près à la même époque, et que le goût américain penchât toujours en faveur des véhicules à vapeur, des firmes comme De Dion Bouton se tournèrent vers le moteur à combustion interne fonctionnant à l'essence ou au pétrole, dont l'indiscutable suprématie s'établit en quelques années. Tandis qu'en Allemagne Gottlieb Daimler et Karl Benz s'attachaient à améliorer leurs inventions, la France devint le pionnier de l'automobile. Et à peine vit-on les premiers « secoueurs d'os » sur la route que la compétition commença.

Une des premières voitures allemandes : Benz 1891. Le moteur était placé sous le siège, au dessus de l'essieu arrière.

Voiture à vapeur de Serpollet, construite en plusieurs exemplaires. C'était en 1902 un véhicule en avance sur son temps.

Naïssance d'un sport : les courses de Paris

Ci-dessus : Peugeot Phaeton quatre places dans Paris-Rouen, en 1894. Peugeot se classa aux deuxièmes et troisièmes places. La première voiture arrivée (mais non la gagnante) fut une De Dion à vapeur.

Ci-contre : Benz, engagée par Emil Roger dans Paris-Bordeaux en 1895. Vingt trois voitures prirent part à cette course, neuf la terminèrent. Le comité d'organisation de cette épreuve devint l'Automobile Club de France.

Historiquement parlant, la première épreuve automobile eut lieu à Paris le 20 avril 1887. Organisée par un journaliste nommé Fossier, elle consistait en un parcours d'une trentaine de kilomètres, de Neuilly à Versailles et retour. Mais comme Georges Bouton, qui termina l'épreuve en 1 h 14 mn sur sa De Dion Bouton, fut le seul participant, on ne peut pas dire que ce fut un succès retentissant. De même la seconde épreuve qui eut lieu à Longchamp, n'attira que deux participants, tous deux avec des tricycles à vapeur. Le tricycle Serpollet tomba en panne et le De Dion boucla le circuit de 20 kilomètres en quarante et une minutes. Une troisième course, organisée à Vincennes n'attira une fois encore qu'un seul participant, et la police interrompit l'épreuve après que la De Dion de Lacaux faillit écraser un spectateur au milieu de la chaussée.

Mais, malgré ces balbutiements, c'est Paris-Rouen, le dimanche 22 juillet 1894, qui est généralement reconnue comme la véritable première course automobile du

Les cinq frères Opel dans leur œuvres. De gauche à droite : Carl, Wilhelm, Heinrich, Fritz et Ludwig. Trois d'entre eux furent pilotes, Wilhelm remportant le classement général de coupes du Prince Henry en 1909.

Prototypes Renault, quai d'Orléans à Paris en 1889. De gauche à droite : Marcel Renault dans un quadricycle de 1897. Louis Renault conduisant la première voiturette de 1898, et Paul Hugé aux commandes du premier modèle 1899.

monde. Financée par « Le Petit Journal », cette épreuve était ouverte aux « voitures sans chevaux », et parmi les 102 inscrits il y avait un assortiment étonnant de voitures à quatre roues, de tricycles, de deux-roues à vapeur, électriques, à essence, ainsi qu'une voiture apparemment propulsée par le poids de ses passagers. Il n'y eut finalement que vingt et une voitures à franchir la ligne de départ, mais dix-sept d'entre elles atteignirent Rouen. En tête le comte de Dion, dans une voiture à vapeur de sa propre marque, qui couvrit les 126 kilomètres en 6 h 48 mn à la vitesse moyenne de 18,67 km/h, bien que pour une raison technique, le premier prix de 5 000 francs fut attribué conjointement aux voitures à essence Panhard et Peugeot.

Cette épreuve fut au moins une remarquable démonstration de solidité, dans la mesure ou 80 % des voitures au départ terminèrent. Elle souleva presque autant d'intérêt à Paris que la fameuse affaire Dreyfus ne le fit trois mois plus tard. Au cours de l'automne cette année là, trois des principales figures du monde de l'automobile — le baron de Zuylen, le marquis de Dion et le chevalier René de Knyff — formèrent un comité qui entreprit l'organisation d'une course à grande échelle entre Paris et Bordeaux et retour, soit une distance de 1 178 kilomètres. Des vingt-trois voitures qui prirent le départ à Versailles à l'aube du 11 juin 1895, neuf terminèrent l'épreuve. Bien que les honneurs (ainsi que le prix de 12 000 francs) revinrent à Emile Levassor qui couvrit la distance en 48 h 48 mn, à la moyenne de 24,14 km/h seul à bord de sa Panhard deux places 600 cm3, celui-ci dut concéder la première place en titre à la Peugeot de Kœchlin, qui n'arriva que six heures après lui, le règlement spécifiait en effet que la course était réservée aux voitures à quatre places.

Du point de vue technique, cette course démontra la supériorité du moteur à essence sur la vapeur. Huit des voitures ayant terminé l'épreuve étaient en effet propulsées par ce moteur, contre une seule à vapeur.

Ce fut aussi la première apparition — et l'on doit admettre qu'elle fut un désastre — des pneumatiques, sur la Peugeot d'André Michelin. Mais, fait plus important, cette épreuve donna une impulsion fantastique au monde de l'automobile tout entier.

Le sport automobile devint en France un sport national à part entière. Le petit groupe d'amis qui s'étaient rencontrés chez le marquis de Dion se transforma en l'Automobile Club de France, fondé le 5 novembre 1895, qui n'organisera pas moins de trente-quatre courses inter-villes pendant les huits années à suivre, dont le sommet sera le tragique Paris-Madrid de 1903.

Il est difficile d'imaginer mieux que ces marathons internationaux comme lever de rideau à la légende du sport automobile, et encore aujourd'hui le souvenir de ces premières « classiques » fait passer un frisson dans le dos. Perchés quelque part au-dessus de l'essieu arrière dans un siège baquet rudimentaire (et avec juste une boîte à outils pour le mécanicien) derrière un moteur rugissant, sans pare-brise ni garde boue, pratiquement sans aucune suspension ni freins, les pilotes devaient lutter pour garder le contrôle de leurs monstres le long de routes rudimentaires, au travers de nuages de poussière ou de pluie aveuglante à des vitesses difficilement imaginables. Ils étaient confrontés à toutes sortes de difficultés : brumes matinales, poussières ou pluie, crevaisons et pannes mécaniques, mais cela les passionnait. Pour des hommes comme de Knyff, Charron, Girardot, de Caters, Fournier, les frères Renault, Jenatzy, Zborowski et Edge, cela représentait le plus extraordinaire de tous les sports. Beaucoup d'entre eux étaient riches, et conduisaient leur voiture personnelle qu'ils s'étaient faite spécialement construire pour une épreuve donnée. Bien au delà du virus de la vitesse et de la glorieuse incertitude du sport, ils étaient décidés à prouver au monde que leurs machines étaient capables de couvrir de grandes distances, d'une manière sûre et rapide.

Ainsi s'extasiait l'un des premiers pilotes : « La longue route sinueuse s'étale devant vous, des centaines de kilomètres de route droite, de route étroite, de virages à angle droit, de tournants dangereux, peut-être de cols en montagne, de revêtements épouvantables, d'obstacles dangereux, toute enveloppée d'un épais nuage de poussière soulevé par les voitures qui vous précèdent, et que vous tentez de dépasser... L'inconnu survient à chaque mètre... et tandis que vous luttez mentalement et physiquement avec toutes les difficultés de l'épreuve, la griserie de la course pénètre votre âme, et vous réalisez que ce sport est béni des dieux ».

Les courses inter-cités les plus célèbres (dont une liste complète est donnée en annexe) furent Paris-Marseille et retour en 1896, Paris-Amsterdam-Paris en 1898, Paris-Berlin en 1901 et Paris-Vienne en 1902. Et enfin, bien sûr, le malheureux Paris-Madrid en 1903 qui dégénéra en une telle catastrophe que le gouvernement français dut l'interrompre à Bordeaux. Cette « Course à la mort », comme elle fut appelée, mit un point final tragique non seulement à toute une époque, mais également aux épreuves libres sur routes ouvertes en Europe.

Ces grandes classiques ont cependant eu le mérite de jeter les bases et de créer les traditions qui allaient régir le sport automobile pendant les cinquante années à venir. Leurs pendants plus récents furent les courses sud américaines de tout terrain (que Juan Manuel Fangio décrit d'une manière si vivante dans son autobiographie), les Mille Miglia et certains grands rallyes alpins des années trente et cinquante. D'extrêmement bonne heure le matin, les voitures prenaient le départ et toutes les deux minutes, au milieu d'un rugissement assourdissant, et d'un nuage de vapeur d'huile. Un officiel leur tendait le carnet de bord, le chronométreur criait « partez » et les monstres fonçaient au travers de rangs serrés de spectateurs portant des lanternes de papier, qui avaient campé là toute la nuit. Bientôt les ennuis commençaient : moteur hoquetant, ressort cassé ou l'inévitable pneu crevé qui devait être remplacé sans démonter la jante. Les voitures se doublaient et se redoublaient sans cesse, sans aucune visibilité dans la poussière étouffante, ou sous une pluie de pierres et de graviers projetés par les machines plus rapides. Dans les villes et villages « neutralisés » (c'est-à-dire qu'un certain temps était donné aux voitures, habituellement précédées d'un cycliste, pour les traverser) les concurrents étaient couverts de fleurs lancées dans les rues par les foules enthousiastes qui leur donnaient aussi du champagne, de la nourriture, des cigarettes, des cigares. Ces cadeaux, mélangés à l'huile, à la graisse et aux outils transformaient l'habitacle en un véritable dépotoir.

Le seul but était de finir à tout prix, mais il fallait souvent pour cela déployer des trésors d'ingéniosité, et avoir de la chance. Les exploits de Charles Jarrot dans Paris-Vienne, par exemple, fourniraient matière à un roman à suspense. Le deuxième jour de la course, le châssis de bois de sa Panhard « 70 » de 13,72 litres de cylindrée s'effondra dans un grand craquement juste avant l'arrêt du soir à Bregenz. Les chances de pouvoir continuer étaient quasiment nulles. Son mécanicien (en cette occasion Georges Du Cros de Dunlop) et lui pensèrent cependant que s'il était possible de renforcer le châssis d'une manière ou d'une autre, peut-être tiendrait-il pour la prochaine étape, au moins jusqu'à Salzbourg. Ils réussirent à se procurer une chignole et quelques boulons, mais ne purent mettre la main sur quatre longs morceaux de bois. « Je me mettais juste au lit et m'étais retourné pour éteindre la lumière, lorsque mon regard tomba sur une tablette utilisée pour porter un plateau. J'ai immédiatement réalisé que les quatre pieds de cette tablette étaient exactement ce qu'il me fallait » se rappelle Jarrot. Il était trop tard pour demander à la direction de l'hôtel si elle consentirait à vendre la table, ce

Louis Renault, au volant d'une voiture 30 CV de sa propre marque, arrivant à Bordeaux en 1903, juste après la Mors de Gabriel. C'est là que son frère

Fernand lui annonça la mort de Marcel, survenue au cours de la course tragique Paris-Madrid

A gauche : Coiffures d'automobilistes au début du siècle. Une protection quelconque contre la poussière était absolument indispensable dans les voitures ouvertes de l'époque.

A droite : Camille Jenatzy, le Belge, connu sous le nom de « Diable Rouge » était un personnage haut en couleurs, célèbre pour ses duels avec le comte Chasseloup-Laubat pour la possession du premier record de vitesse. Il remporta la Coupe Gordon Bennett en 1903 à bord d'une Mercedes et trouva la mort au cours d'une partie de chasse dans son domaine. Il est photographié ici près de la Mercedes 16 CV qu'il pilota dans le Tour de France 1889.

qu'elle aurait probablement refusé de toute manière, aussi Du Cros et lui se décidèrent-ils à passer immédiatement à l'action et à discuter plus tard.

Le problème, naturellement, était de démolir la tablette sans réveiller tout l'hôtel. Ensuite il fallait percer quatre trous dans chaque montant, de façon à pouvoir, le lendemain matin, en boulonner un sur chaque face du châssis cassé. « Je n'avais jamais vu de bois si dur » dit Jarrot par la suite. Pour donner plus de force à la chignole, Du Cros eut l'idée de s'appuyer au mur. « Ce fut une réussite totale, mais il était malheureusement allé trop loin, et avait décollé un bon morceau de plâtre ». C'est alors que Jarrot se perça le bras au lieu du montant de bois, et les draps furent déchirés pour faire des pansements. « Il n'y avait rien dans la chambre que nous n'utilisâmes pour une chose ou l'autre » confessa-t-il tristement. « Je n'ose pas imaginer la tête du propriétaire lorsqu'il découvrit ce qui s'était passé ».

Mais tout marcha bien, et à 7 heures le lendemain matin ils franchirent l'Arlberg, laissant derrière eux les épaves de nombreuses voitures qui avaient expiré là. Ils atteignirent Salzbourg juste à temps pour couper court à une rumeur (que le correspondant du « Times » était justement en train de câbler à Londres) prétendant qu'ils avaient trouvé la mort dans un accident. Malgré ceci, leurs ennuis étaient loin d'être

finis ; au cours de l'étape finale Du Cros dut s'allonger sur le capot pour maintenir une serviette enroulée autour d'une durite, afin d'essayer de garder un peu d'eau dans le radiateur. Enfin, 5 kilomètres avant Vienne survint une autre catastrophe. A cause des distortions du châssis, la boîte de vitesses éclata, précipitant de gros éclats d'aluminium sur la chaussée. Jarrot s'empara d'une bicyclette et s'en fût chercher de l'aide. Quand il revint il vit Du Cros, remorqué jusqu'à l'arrivée par une charrette à chevaux. C'en était de trop ! Tranchant la corde, il sauta au volant et réussissant à enclencher la première, démarra, juste au moment où l'échappement rendait l'âme. Crachant feu et flammes sur la chaussée, dans un bruit d'enfer, le monstre sans boîte de vitesses s'envola littéralement, franchit la ligne d'arrivée sans qu'il fût possible de le contrôler, et expira. Il n'aurait pas fait un mètre de plus. Mais la course était terminée. Le dernier de ces marathons, la course Paris-Madrid de 1903, se termina tragiquement. C'était l'épreuve la plus ambitieuse tentée jusqu'alors, courue sur une distance de 1 307 kilomètres, traversant Bordeaux et le massif des Guadarra, jusqu'à Madrid. Elle attira un nombre record d'inscriptions (216 voitures), depuis les énormes Mercedes, Panhard et Mors, jusqu'aux De Boisse 6 CV, ainsi que 59 motocyclettes. 179 voitures prirent effectivement le départ, toutes les deux minutes (la file était si longue que la voiture de tête avait déjà passé le contrôle de Tours quand la dernière moto prit le départ).

La catastrophe qui s'en suivit fut peut-être due à la foule des spectateurs qui s'étaient agglutinés sur les bas côtés de la route, sans aucun contrôle, tout au long du parcours jusqu'à Bordeaux (le nombre des spectateurs fut évalué à 3 millions de personnes). Peut-être fut-elle due aux efforts déployés par quelques ingénieurs pour maintenir les plus grosses voitures aussi près que possible du poids minimum de 1 000 kg, au détriment de la sécurité. Ce qui est certain c'est que de trop nombreuses voitures, qui dépassaient largement les 120 km/h et n'avaient pratiquement pas de freins écrasèrent des chiens, renversèrent des spectateurs, et entrèrent en collision avec d'autres concurrents. Aucun chiffre officiel ne fut jamais publié, mais cinq pilotes et mécaniciens au moins furent tués, dont Marcel Renault, le constructeur de voitures ainsi qu'un bon nombre de spectateurs. Quand les nouvelles de cette tragédie atteignirent Paris, les autorités donnèrent l'ordre de stopper la course, et d'arrêter toutes les voitures à leur arrivée à Bordeaux. Malheureusement, aussi, les protestations qui s'en suivirent firent quelque peu oublier l'extraordinaire perfor mance de Fernand Gabriel à bord de sa

PISART

Ci-dessus : Camille Jenatzy négociant un virage au volant de sa Mercedes 120 CV au circuit des Ardennes, en Belgique, en 1906. Il termina dixième, Duray et sa De Dietrich 120 CV remportant l'épreuve

A gauche : La Mercedes de quatorze litres de cylindrée de Salzer traverse Bastogne dans un nuage de poussière, au cours du circuit des Ardennes en 1906. Sept voitures réussiront une moyenne de 96 km/h cette année-là.

A droite : Première femme à avoir participé aux « Grandes Epreuves ». Mme Camille du Gast participa à Paris-Berlin en 1901 avec une Panhard. Le prince de Sagan lui servit de mécanicien au cours de cette épreuve. Elle est ici avec sa De Dietrich 30 CV de 5 700 cm3 au départ de Paris-Madrid en 1993. Elle s'arrêta pour aider son camarade d'écurie Stead, sérieusement blessé, alors qu'elle était en sixième position

Mors 70 CV ayant pris le départ 5 h 30 mn après la première voiture, il ne dépassa pas moins de 163 autres concurrents le long du parcours, pour arriver le premier à Bordeaux. C'est avec cette course épique que le rideau tomba sur les débuts particulièrement mouvementés du sport automobile.

La Coupe Gordon Bennett

Pendant ce temps, les Anglais en étaient restés au cheval, et les voitures étaient un fruit pratiquement défendu dans l'Angleterre Victorienne.

Jusqu'en 1896 la vitesse demeura limitée à 6 km/h en campagne et 3 km/h en ville ; chaque voiture devait être précédée d'un piéton marchant à au moins soixante pas devant. Et il suffisait qu'un cavalier lève la main pour obliger le véhicule à s'arrêter. Sir David Salomon et le Hon Evelyn Ellis avaient tous deux importé des machines de France, qu'ils utilisaient à leur guise en privé, mais dès qu'ils les conduisaient sur le domaine public, ils étaient comme l'on disait d'un air sombre « remis aux autorités pour avoir troublé l'ordre public ». Cependant le monde de l'automobile se montra persévérant, et ses efforts furent récompensés par la publication en novembre 1896 du « light locomotive act », qui autorisa la circulation des automobiles sur les routes anglaises, à une vitesse n'excédant pas 22 km/h.

A gauche : Camille Jenatzy en conversation avec les officiels à Kilrush en Irlande, avant le départ de la Coupe Gordon Bennett 1903 qu'il remporta sur Mercedes

Ci-contre : Les lecteurs du journal « Illustrated London News » purent voir cette première présentation des voitures disputant la Coupe Gordon Bennett en 1903. Les voitures anglaises étaient peintes en vert pour rendre hommage à l'Irlande où se déroulait l'épreuve.

Pour accélérer la levée de ces entraves on organisa un « parcours de l'émancipation » de Londres à Brighton. Un matin de novembre, dans la pluie et le brouillard, après un joyeux petit déjeuner au cours duquel le comte de Winchilsea déchira cérémonieusement un drapeau rouge, une trentaine de voitures s'ébranlèrent du Métropole Hôtel. Conduite par une Panhard-Levassor celle-là même avec laquelle Levassor avait gagné Bordeaux-Paris l'année précédente, et par une autre Panhard qui avait plus récemment remporté Paris- Marseille. Il avait aussi une Landaulette Daimler à bord de laquelle se trouvait Herr Gottlied Daimler en personne, la procession comprenait quatre tricycles Léon Bollée, une voiture Arnold, un vélo à vapeur, cinq véhicules électriques, et une camionnette de secours remplie de pièces de rechange (qui, d'ailleurs, en utilisa la majeure partie pour elle-même). Les incidents furent nombreux durant le parcours. Une Bollée traversa une haie et, à la honte de son pilote, elle dut être tirée de là par une charrette. Une autre machine se retourna, et ses occupants se retrouvèrent dans une mare. D'autres tombèrent en panne, et durent être mises dans le train à Brighton. Malgré tout quatorze voitures au moins couvrirent la distance, et arrivèrent à l'hôtel Métropole à Brighton à l'heure pour le thé.

L'automobile s'était enfin établie en Angleterre. Malgré tous les maux dont elle fut rendue responsable par une opinion publique particulièrement conservatrice (pour ne pas mentionner les sarcasmes de Punch pour qui ces nouveautés représentaient une source de plaisanteries intarissables) le mouvement ne cessa de prendre de l'ampleur. Une exposition de véhicules eut lieu au Palais de l'Agriculture à Londres et le « Motor Car Club » fut fondé. En 1897, d'autres parcours furent organisés, mais ce fut véritablement les « 100 miles » qui donnèrent à l'automobile sa dimension nationale. Son parcours faisait le tour de la Grande Bretagne, montant jusqu'en Ecosse et redescendant à Londres, donnant aux habitants des campagnes leur première occasion de voir une machine se déplaçant par ses propres moyens.

Déjà elle avait atteint le stade où l'on pouvait entreprendre en confiance de longs voyages, en étant sûr d'arriver tôt ou tard à destination.
La nouveauté de ce passe-temps attirait un nombre toujours grandissant d'amateurs enthousiastes. Après un début hésitant, la Grande-Bretagne avait rejoint le monde de l'automobile, et la production des premières voitures anglaises — telles que Lanchester, Napier et Daimler — avait commencé. Dès octobre 1897, Henry Sturmey conduisit une deux cylindres Daimler construite à Conventry de John O'Groats à Land's End, à la vitesse moyenne de 16 Km/h. Malgré tout, le sport automobile en tant que tel se confinait toujours en France.

C'est à un Américain que revint la tâche de donner au sport automobile son statut international. En juillet 1899 James Gordon Bennett, propriétaire du New York Herald, habitant Paris (celui même qui avait décidé d'envoyer Stanley à la recherche de David Livingstone en 1869 et qui avait, dix ans plus tard, financé l'expédition Arctique De Long) offrait un trophée d'argent — une allégorie de la Déesse de la Victoire dans une Panhard de course pilotée par le Génie du Progrès — qui ne serait pas disputé par des pilotes individuels, mais par des équipes de trois voitures représentant les pays constructeurs, la règle d'or étant que toutes les pièces des voitures concernées devaient être fabriquées dans le pays qu'elles représentaient. Cette idée était née, semble-t-il, d'un pari entre l'ancien et le nouveau continent En mai 1899, Charron, qui avait remporté Paris-Bordeaux, fut défié par Alexandre Winton, qui venait de parcourir brillamment New-York-Cleveland sur un véhicule de sa fabrication. Le match devait se dérouler sur un parcours de 1 000 miles, mais n'eut en fait jamais lieu. A sa place fut organisée la Coupe Gordon Bennett.

Au début, personne n'y prêta beaucoup d'attention. La première course, organisée

La Napier de Clifford Earp après son accident survenu pendant les épreuves de sélection de la Coupe Gordon Bennett 1904. Le bloc-cylindres d'aluminium coulé d'une pièce

était extrêmement rare à l'époque (celui-ci comportait quatre soupapes d'admission automatique par cylindre). Cette voiture est maintenant au Harrah Museum à Reno

en 1900 par l'Automobile Club de France sur une distance de 568 km entre Paris et Lyon, n'attira que cinq participants — trois Panhard, une Snoeck Bolide de Belgique, et la Winton des Etats-Unis. Elle fut remportée par la Panhard de Charron à la moyenne de 62,12 Km/h en dépit d'une collision avec un Saint-Bernard quelques kilomètres avant Lyon. Girardot arriva presque une heure et demie plus tard, à bord d'une autre Panhard. Les trois autres voitures, y compris celle d'Alexander Winton avaient dû abandonner.

L'année suivante tout l'intérêt du public se concentra sur l'importante épreuve organisée par l'A.C.F. entre Paris et Berlin, à laquelle prirent part 110 voitures. Pratiquement personne ne prêta attention aux trois voitures françaises engagées dans la Coupe Gordon Bennett, en à-côté de la course Paris-Bordeaux. Sans le défi anglais de 1902, l'épreuve se serait terminée en fiasco. Elle se courait cette fois conjointement avec la course Paris-Vienne. C'est à S.F. Edge (qui fût seul à terminer) et sa Napier que revint l'honneur non seulement de remporter le trophée, mais aussi d'inscrire pour la première fois au palmarès de ce nouveau sport, l'Angleterre à qui incomba la responsabilité de l'édition 1903.

L'opinion publique n'aurait jamais toléré une épreuve semblable à celles se déroulant sur le continent. Aussi la course eut-elle lieu à Curragh en Irlande. Elle fut tout à fait internationale, puisque deux Panhard et une Mors de France, trois Mercedes d'Allemagne, ainsi que deux Winton et une Peerless des Etats-Unis, relevèrent le défi des Napier. L'organisation fut à la hauteur du défi : une tribune contenant 1 000 spectateurs avait été élevée devant la ligne de départ, à Kilrush ; Thomas Cook s'était occupé des locations et un train spécial avait été formé au départ de Dublin. Le magazine « The Motor » avait dépêché seize reporters sur les lieux, tandis que le ballon captif de « The Autocar » survolait la ligne droite de l'arrivée. Un système de surveil-

Ci-contre : Sur le circuit d'Auvergne, la Mercedes de Werner démarre dans un nuage de fumée lors de l'édition 1905. Les spectateurs en eurent pour leur argent, car la course débuta à 6 heures du matin et se prolongea pendant plus de sept heures

Ci-dessous : Des Darracq reconnaissant le circuit d'Auvergne long de 137 km où se déroule en 1905 la Coupe Gordon Bennett

LE GAULOIS
MICHELIN

lance très élaboré avait été mis en place, comprenant vingt-sept commissaires répartis en sept postes de contrôle, et les Français, pour ne pas être en reste, affrétèrent le Ferdinand de Lesseps qu'ils transformèrent en atelier flottant contenant vingt-deux voitures et une centaine de personnes.

Dans son livre si bien documenté sur la Coupe Gordon Bennett, Lord Montagu of Beaulieu rapporte le témoignage d'un spectateur qui décrit parfaitement l'atmosphère de cette première course anglaise sur circuit : « Dès que s'élève le nuage de poussière entre les arbres à six kilomètres, vous apercevez une chose noire, petite, basse, fonçant au milieu de la route qui s'étale tel un ruban devant vous. A mesure qu'elle approche, le petit nuage jaunâtre se transforme en une masse dense et impénétrable, sur laquelle la petite chose noire se détache de plus en plus nettement. A un kilomètre ou deux vous pouvez voir deux têtes dépassant du saute-vent à l'avant de la machine, et plus elle s'approche, plus vous remarquez ses embardées. Elle passe d'un côté à l'autre selon les creux et les bosses de la route. Plus elle va vite et plus son nez semble se balancer. Puis vous percevez le vrombissement du moteur, et la chose qui fonce droit sur vous prend forme ».

Camille Jenatzy remporta l'épreuve sur la Mercedes, à une moyenne à peine inférieure à 80 Km/h, suivi par les trois Panhard, une Mors et la Napier de Edge. On dit que cette course rapporta à Jenatzy quelques 10 000 francs. ce qui, comptetenu de la valeur de l'argent, soutient favorablement la comparaison avec les gains d'un pilote de Grand Prix soixante-dix ans plus tard. Car la course était maintenant devenue une grande affaire commerciale, et la coupe Gordon Benett était considérée comme l'épreuve vedette du calendrier sportif de 1904. Les constructeurs qui avaient jusqu'alors boudé le sport, se dépêchèrent d'entrer dans le jeu. Entre autres, F.I.A.T. de Turin et opel de Rüszelsheim se joignirent au mouvement. « La course est la malédiction de l'Automobile » grinçait le président de Hotchkiss. Ce qui n'empêcha pas sa société de suivre les autres sur ce terrain.

L'équipe Darracq pour la Coupe Gordon Bennett 1905. Cette firme construisit spécialement pour cette course quelques voitures allégées qui ne purent malheureusement se qualifier

La victoire de Mercedes en Irlande eut pour conséquence l'organisation de la Coupe Gordon Bennett en Allemagne. L'empereur Guillaume II, lui-même grand amateur de voitures, était décidé à en faire une épreuve prestigieuse. On choisit un circuit de 140 kilomètres de long dans les montagnes du Taunus, au nord de Francfort. Le départ se trouvait au château moyenâgeux de Saalburg. Les tribunes installées près des créneaux, un programme d'illuminations, un opéra, des ballets, ainsi que 80 concerts de musique militaire créèrent une formidable atmosphère wagnérienne. De plus, pour augmenter ses chances de conserver la coupe face aux défis lancés par l'Angleterre, la France, la Belgique et l'Italie, Mercedes fit courir une deuxième équipe « déguisée » composée de voitures construites dans ses usines de Wiener

Clifford Earp monta des pneus de section plus importante à l'arrière de sa Napier pour la Coupe Gordon Bennett 1905. Il devance ainsi une technique courante aujourd'hui. C'était la seule voiture de la marque engagée, car sa boîte de vitesses à deux rapports la désavantageait dans une épreuve courrue sur un circuit de montagnes

Neustadt, et portant les couleurs noires et jaunes de l'Autriche. Mais rien n'empêcha Théry, à bord de sa Richard Brasier, de terminer dix minutes avant la Mercedes de Jenatzy. Il bouclait ainsi ce circuit sinueux à la moyenne de 85 Km/h et ramenait en France ce trophée si convoité.

Il appartenait donc à la France d'organiser l'épreuve de 1905. L'A.C.F. publia des règlements fixant le nombre des voitures inscrites par chaque pays en fonction de la taille de son industrie automobile. La France possédait de loin l'industrie la plus puissante dans ce domaine et s'accorda donc un quota de 18 voitures. L'Angleterre et l'Allemagne eurent droit à six et les autres pays constructeurs, tels l'Autriche, la Belgique, l'Italie, la Suisse, la Hollande, et même les Etats-Unis, trois voitures chacun. De plus, pour freiner les ambitions de Mercedes, le règlement ajoutait qu'aucune marque ne pourrait inscrire plus de trois voitures. Les protestations affluèrent, mais bien que les difficultés furent aplanies à temps pour que la Coupe Gordon Bennett puisse se dérouler à Clermont-Ferrand (l'entrée en vigueur des règlements controversés avait été reportée d'un an), ce devait en être le dernier épisode. Théry gagna son surnom du « Chronomètre » en menant à nouveau la Richard Brasier à la victoire, devant les F.I.A.T. de Nazzaro et Cagno, qui soulevèrent apparemment plus d'enthousiasme à Turin qu'à Paris. En effet, tandis que le Roi et la Reine d'Italie visitaient le Corso Dante et félicitaient l'équipe F.I.A.T., les Français annoncèrent leur intention d'organiser un Grand Prix l'année suivante.

Ainsi disparut la Coupe Gordon Bennett victime, selon les paroles de D.B. Tubbs, des intérêts politico-nationalistes et commerciaux. A sa place eut lieu le premier Grand Prix de France. disputé sur le nouveau circuit du Mans en 1906.

Les premiers records de vitesses «1899 - 1906»

A gauche : Une Oldsmobile Spécial de 1902 pose pour le photographe sur une piste cendrée typique d'Outre-Atlantique. Une version spéciale à deux places de ce modèle parcourut le mile en 42 secondes à Daytona

A droite : Voiture à vapeur Serpollet. Cette photo est dédicacée par Léon Serpollet à Roger Wallace. En 1902 Serpollet s'appropria le record de vitesse, atteignant 120,8 km/h, avant de s'en faire déposséder peu de temps après par Vanderbilt, qui atteignit 122,44 km/h

« Nous déclarons que la splendeur du Monde s'est enrichie d'un nouveau joyau, la beauté de la vitesse. Une voiture de course... est plus belle que la Victoire de Samothrace. Chantons les louanges de l'homme au volant... »

Filippo Marinetti
Manifeste futuriste 1909

Quelques jours avant Noël 1898, le pionnier des journaux automobiles, « La France Automobile » annonça qu'il organisait un « concours de vitesse » dans le parc d'Achères, au nord de Paris. Les chronométreurs s'étaient disposés à un intervalle d'un kilomètre, et des voitures de toutes sortes s'élancèrent sur le parcours. C'est une voiture électrique Jeantaud, conduite par le Comte Gaston de Chasseloup-Laubat qui triompha de ses rivales à moteurs à essence, en couvrant le kilomètre lancé en 57 secondes. Le premier record officiel de vitesse sur route venait d'être établi à la vitesse de 63,167 Km/h.

Mais presqu'aussitôt, le comte fut défié

par le Belge Camille Jenatzy qui, s'intéressant comme lui aux voitures électriques, proposa une rencontre pour le mois suivant. Le match eut lieu le 17 janvier 1899, et Jenatzy, à bord d'une machine de sa propre conception, parcourut le kilomètre lancé en 53 secondes. Pour la première fois le record de vitesse était battu. Mais 10 minutes plus tard Chasseloup-Laubat s'élança à son tour et le porta à 51,2 s, soit 70,31 Km/h. Deux records le même jour !

Le duel entre les rivaux se poursuivit. Jenatzy revint faire une tentative dix jours plus tard, et fit descendre le chronomètre à 44,8 s, soit une vitesse de 80,35 Km/h. Chasseloup-Laubat pour reprendre son record était de retour le 4 mars avec une version mieux carénée de la Jeantaud et il mit exactement six secondes de moins à parcourir le kilomètre lancé, établissant un nouveau record : 93,72 Km/h.

Jenatzy ne mit pas longtemps à réagir. Le 29 avril il revint avec une machine en forme de cigare appelée « La jamais contente ». Construite par sa propre firme, propulsée par deux moteurs électriques entraînant directement les roues, son bolide bleu porta le temps du kilomètre lancé de 38,8 s à 34 s, dépassant ainsi la barrière des 100 Km/h et établissant le record à 105,94 Km/h.

Cette fois « Le diable rouge » avait bel et bien remporté le match, et le record de Jenatzy resta imbattu pendant trois ans. C.S. Rolls fit une tentative infructueuse avec une Mors, et William K. Vanderbilt en fit une autre à bord d'une Mercedes 35, mais bien qu'il parvint à égaler la vitesse de Jenatzy, il fut incapable de l'améliorer. En fait le record de la voiture électrique fut finalement battu à Nice par une machine à vapeur, au cours de la « Semaine de la Vitesse » à Pâques 1902. Le véhicule en forme de canoë de Léon Serpollet, surnommé « l'Œuf de Pâques », parcourut en effet le kilomètre départ lancé sur la promenade des Anglais en 29,8 s, soit 120,77 Km/h.

L'affaire était lancée. William K. Vanderbilt et Henri de Rothschild s'attaquèrent tous au record de Serpollet avec une Mercedes-Simplex, mais sans succès. Finalement, Vanderbilt décida d'utiliser la Mors 60 CV qu'il avait piloté dans Paris-Vienne, et parcourut le kilomètre sur la route Ablis-Saint-Arnoult en 29,4 s établissant le premier record de vitesse avec une voiture propulsée par un moteur à essence. Ceci décida Henri Fournier, vainqueur de Paris-Bordeaux et de Paris-Berlin en 1901 à faire une tentative, et le 5 novembre il améliora le temps de Vanderbilt d'un cinquième de seconde, sur le nouveau circuit de l'A.C.F. à Dourdan. Une quinzaine de jours plus tard un pilote amateur nommé Augières emprunta la même voiture à l'usine Mors, et réussit le parcours en exactement 29 secondes, établissant un nouveau record à 124 Km/h.

Quatre nouveaux records furent établis en 1902, tous à moins de huit dixièmes de seconde les uns des autres, et l'année suivante deux nouveaux records furent établis par la même voiture et le même pilote. Au meeting d'Ostende en juillet 1903, Arthur Duray réussit le kilomètre en seulement 28,6 s à bord de son énorme Gobron-Brillié et en novembre de la même année, tentant d'atteindre le 140 Km/h, il réussit 136,36 Km/h à Dourdan.

Tout s'était jusqu'à présent déroulé en France, mais deux mois plus tard le défi vint de l'autre côté de l'Atlantique. En janvier 1904 c'est Henri Ford en personne, qui, bravant les éléments, battit le record à 147 Km/h sur la surface gelée du lac Saint-Clair près de Détroit, à bord de sa Ford « Arrow » qui n'était en fait qu'un moteur de 16,7 l de cylindrée monté dans un châssis en bois renforcé, sans boîte de vitesses, ni suspension, ni différentiel. Ce fut une tentative héroïque. « Quand je ne décollais pas je glissais » dit-il après coup « mais j'ai réussi à garder les quatre roues par terre... La nouvelle du record fit le tour du monde.

Pas tout à fait cependant, car moins de deux semaines plus tard, dans l'ambiance chaleureuse de la « Florida Speed Week », William K. Vanderbilt améliora ce temps de deux dixièmes de seconde avec sa grosse Mercedes blanche, sur la plage de Daytona. D'autre part, comme ces deux tentatives avaient été chronométrées par l'A.A.A., ces messieurs de l'Automobile Club de France (qui étaient seuls à pouvoir officiellement ratifier les résultats) refusèrent d'homologuer le système de mesure (non métrique) et ne reconnurent pas l'A.A.A. en tant qu'Autorité Nationale Américaine. Ces records restèrent donc officieux pendant deux mois, jusqu'à ce que Louis Rigolly, au cours de la « Semaine de Vitesse » de Nice, mit tout le monde d'accord en atteignant 152,52 km/h sur la promenade des Anglais, à bord de son châssis Grobon-Brillié propulsé par un énorme quatre cylindres à double piston. Mais il ne le conserva pas longtemps. En mai le Baron Pierre de Caters, sportif belge bien connu réussit trois

Ci-dessous : « La Jamais Contente », voiture électrique de Camille Jenatzy, qui atteignit 105.88 km/h à Achères en avril 1899. Jenatzy fut trois fois le détenteur du record au cours de cette année-là : en janvier, mars et de nouveau en avril

Ci-dessus : Barney Oldfield aux commandes de la célèbre « 999 » sœur jumelle de la « Arrow » avec laquelle Henry Ford, ici à droite, atteignit la vitesse record de 147,05 km/h sur la surface gelée du lac Saint-Clair, près de Detroit, en janvier 1904.

dixièmes de seconde de moins que Rigolly, sur une route près d'Ostende : « juste pour embêter un peu les Parisiens », commenta-t-il, ce qui était d'ailleurs certain, car Rigolly mit un terme à cette plaisanterie en réussissant le temps de 21,6 s, dépassant pour la première fois le cap des 100 miles à l'heure, 166,6 Km/h.

Cependant, si de battre des records était un passe-temps pour millionnaires, cela devenait aussi, pour les constructeurs, une opération publicitaire importante : « gagnez dimanche et vous vendrez lundi », et il est certain que les records de vitesse stimulaient les ventes. En novembre 1904 toute une équipe de Darracq débarquèrent à Ostende pour tenter de battre le record, et Paul Baras, au volant du modèle 100 CV Gordon-Bennett, réussissait le kilomètre en 21,4 s, améliorant en conséquence le record de près de 1,600 Km/h. Quelques temps après ce fut au tour d'un concurrent anglais de donner le ton lors de la « Florida Speed Week ». Aux commandes d'une Napier 90 CV, Arthur Macdonald parcourut le mile départ lancé en 34,4 s, soit 168,38 Km/h.

Quelques minutes plus tard, ce record fut pulvérisé par Herbert Bowden, qui pilotait une remarquable machine appelée «Hollandais Volant». (Deux moteurs de Mercedes 60 dans un châssis Mercedes rallongé). Bowden traversa la plage de Daytona à 176,6 Km/h, soit 8,2 Km/h plus vite que la Napier. Mais il fut disqualifié pour avoir dépassé le poids maximum permis pour les épreuves devant se dérouler lors de la « Speed Week ».

Comme prévu, également, l'A.C.F. refusa d'homologuer les tentatives effectuées sur le sol américain. L'année 1905 s'ouvrit donc sur une étrange situation : les Américains avaient manifestement battu un record attribué à un Anglais, bien qu'un Français en fut le détenteur officiel. La tentative de Victor Hémery, sur une Darracq V 8 spéciale de 22,5 l régla le problème en amenant le record en France. Elle améliora de 8 Km/h la performance de Macdonald.

La vitesse atteinte par Hémery étant inférieure de 0,160 Km/h à celle de Bowden, les frères américains Francis et Freeland Stanley voulurent que sur ce sujet justice soit faite. Leur Compagnie, spécialisée dans la fabrication de voitures à vapeur, avait déjà effectuée plusieurs tentatives.

La fabrication de la « Rocket » marron Stanley prit une année. et elle fit son apparition à la « Floride Speed Week » de 1906, tout comme, d'ailleurs, la 200 CV Darracq officielle détentrice du record.

Conduite par Louis Chevrolet, la Darracq améliora son propre record, avec un temps de 19,4 s pour le kilomètre lancé, mais Fred Marriott, aux commandes de la « Rocket » battit ce temps d'une seconde, couvrant le kilomètre à la vitesse étonnante de 195,6 Km/h et le mile à 205 Km/h. Les choses en restèrent là pendant trois ans.

Pékin - Paris

L'automobile était encore pour une large part un jouet de riche, mais elle devenait adulte, et l'ère des pionniers était déjà loin. En 1902, E.E. Lehwess partit de Londres au volant d'une Panhard (appelée non sans optimisme « Passe Partout ») pour un tour du monde, et bien qu'il dût abandonner à Saint-Petersbourg, sa tentative n'en constitua pas moins un exploit remarquable. L'été suivant, un Américain, Charles Glidden, atteignit le Cercle Arctique dans sa Napier, et, une année plus tard parcourut l'Amérique, l'Australie, la Nouvelle-Zélande, la Chine et même le Japon.

En 1905, R.L. Jefferson quitta Coventry à bord de sa Rover, traversa les plaines de Hongrie et de Bulgarie pour atteindre l'Empire Ottoman. Peu de temps après, mon père, Edmond Flower, âgé de 21 ans, embarqua une Napier pour l'Egypte et la conduisit du Caire à Alexandrie, ajoutant à ceci une excursion du Caire à Suez dans une

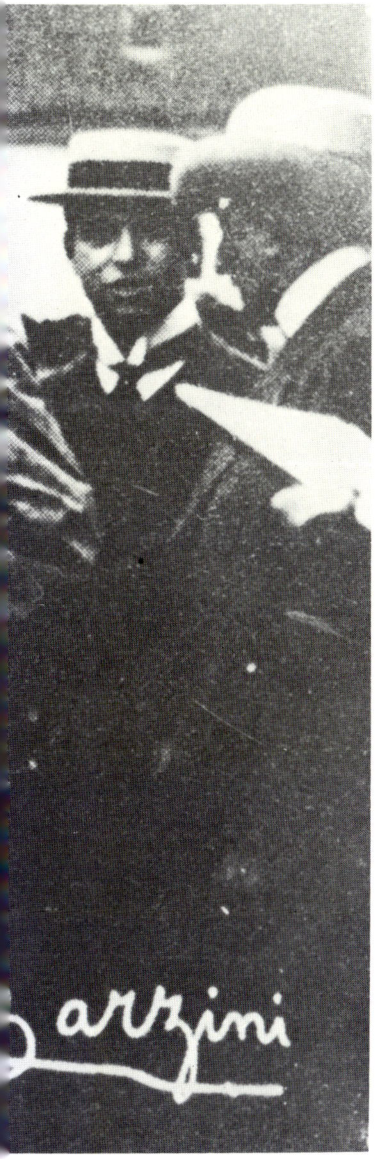

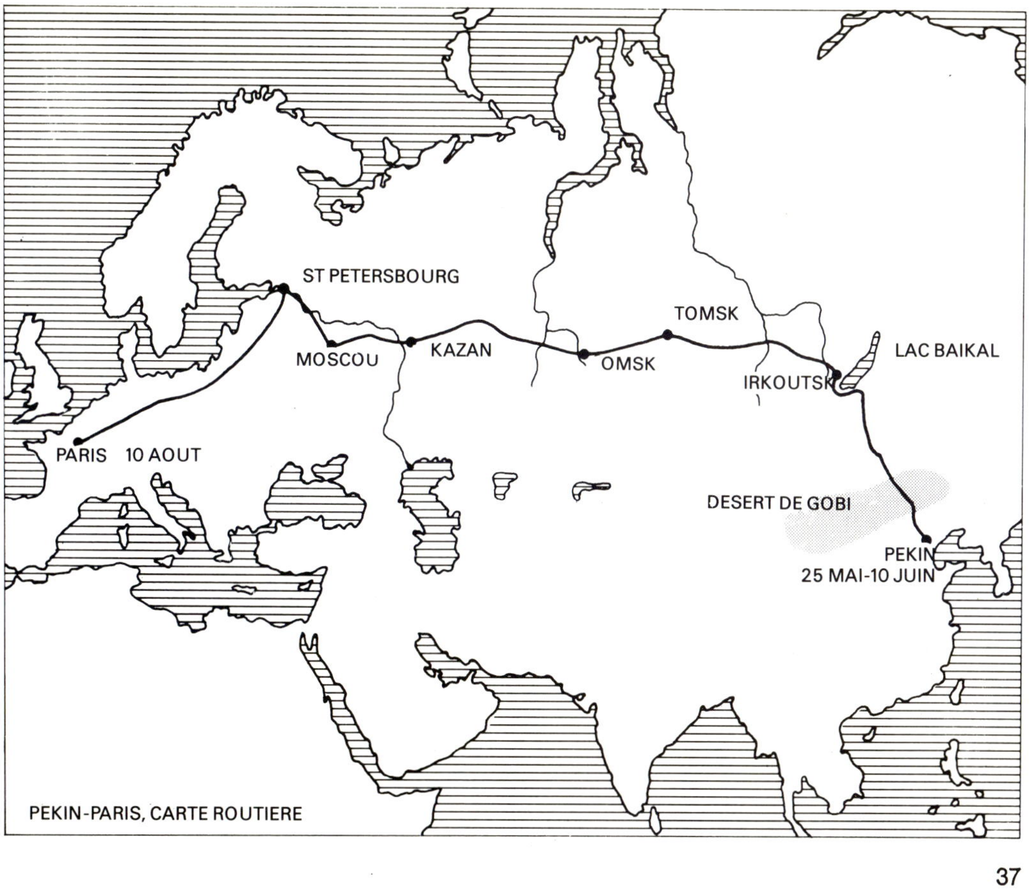

Ci-dessus : En attendant le départ : photo dédicacée du prince Scipione Borghese et de Luigi Barzini avec l'Itala à Pékin. Il avait fallu attendre interminablement que les Chinois veuillent bien délivrer des passeports pour traverser la Mongolie

En haut à droite : La tente, un abri pour homme et machine

A droite : Itinéraire de la course Pékin-Paris de 1907.

L'Itala au moment de l'effondrement du pont de bois, et lorsqu'elle fut sortie de là pratiquement intacte

Opel. Malgré tout cela, dit-il, ses amis du Gezira Sporting Club se payèrent sa tête. « Ton expédition à Suez, ce n'est rien...» Le prince Bentheim de Bavière et le comte Schlick d'Autriche parièrent avec lui et le baron Richard Vachelerwizec une somme de 100 livres, qu'ils n'atteindraient pas Luxor, en haute Egypte, en sept jours. Inutile de préciser que le défi fut relevé. L'Opel à moteur Fagnier fut équipé d'un banc et d'une malle pour la nourriture et l'équipement de camping. Des cordes comportant un épaulement de cuir furent installés sous les essieux pour permettre à quatre hommes de porter la voiture. Nos deux optimistes partirent début octobre, suivant les rives des canaux d'irrigation. Ils atteignirent Beni Suef le premier soir, Assiut le second et arrivèrent finalement à Louksor le soir du cinquième jour.

De tels exploits furent nombreux aux premiers temps de l'automobile ; mais ils étaient fort peu de chose en comparaison de la plus fantastique de toutes les épreuves de longue distance : la célèbre course Pékin-Paris de 1907.

C'est un des journaux français les plus importants, « Le Matin » qui en lança l'idée, en publiant le titre suivant : « Quelqu'un acceptera-t-il, l'été prochain, de rallier Pékin à Paris en automobile ? » Dans le tas des réponses (dont beaucoup stigmatisaient l'impossibilité d'un tel projet) se trouvait un télégramme fort concis émanant du prince Scipione Borghese, de la célèbre famille papale, s'inscrivant pour la course. D'autres firent de même, si bien que l'Itala 40 CV modifiée du prince, une Spyker 15 CV, deux De Dion Bouton 10 CV et un cyclecar Contal 6 CV se retrouvèrent au début du mois de juin de cette année-là dans la capitale de l'empire chinois.

Comme le disait Luigi Barzini, qui accom-

Ci-dessus : l'Itala vainqueur de la course Paris-Pékin sur la voie du Trans-Sibérien...

Hommes et chevaux étaient indispensables pour arracher les voitures de la boue. D'après un reportage de « The Autocar » (27 juillet 1907) 150 porteurs au moins furent nécessaires au tout début de la course

La De Dion de Colignon passant une rivière à gué en Mongolie. Les ponts étaient inexistants et les équipages devaient compter sur l'assistance de chevaux ou de mules

pagnait le prince Borghese et son chauffeur Ettore en tant qu'envoyé spécial du « Corriere della Sera » et du « Daily Telegraph », cette course semblait aussi irréelle qu'un rêve. « La seule présence d'une voiture dans cette vieille ville semblait aussi absurde qu'un palanquin traversant London Bridge » assurait-il, en ajoutant : « La civilisation chinoise a atteint une sorte de perfection, et, de peur de la perdre, a stoppé sa progression. Il n'y a qu'une chose qui avance en Chine, c'est le temps. » Quoiqu'il en fut, on donna le départ à 8 heures le matin du 10 juin et les cinq voitures partirent à la poursuite les unes des autres dans un labyrinthe de ruelles étroites, passant par le palais impérial, à une vitesse qui devait paraître magique à la foule des spectateurs. Les « Cent jours les plus formidables de l'histoire de l'automobile » avaient commencé, et le livre de Luigi Barzini « De Pékin à Paris », récit homérique du voyage se trouve en place d'honneur dans la bibliothèque de tous les foyers italiens, après la Divine Comédie de Dante (et le livre de cuisine d'Artusi « l'Arte di Mangiar Bene »). Sans parti pris, si l'on peut dire que la course Pékin-Paris fut une course d'endurance face aux difficultés de toute sorte, ce ne fut pas une épopée véritablement dangereuse (il n'y eut d'ailleurs aucune victime). C'était avant tout la première fois que des voitures participaient à un tel raid au travers de déserts, de plaines, de forêts et de montagnes, avec des sentiers à peine tracés en guise de route.

Après les gorges de Nankow, sillon étroit entre deux montagnes escarpées, après la Grande Muraille de Chine, accrochée aux montagnes, la route suivait le lit d'une rivière pleine de galets, de gros blocs de pierre et de manne. La traversée des montagnes, de là à Kalgan, dut se faire à l'aide de mules et de porteurs et il était parfois nécessaire d'élargir le chemin à l'aide de pioches. Puis ce furent les prairies de Mongolie et la solitude torride du désert de Gobi. Mais ceci n'était rien en comparaison de la route des caravanes, entre Urga et Kiakhta, où la lourde Itala fut soudain aspirée par des boues liquides.

« Le sol se soulevait sous nos pieds », raconte Barzini, « c'était comme si nous avions marché sur un morceau de liège flottant ». Notre voiture était perdue si nous ne réussissions pas à la dégager immédiatement. Pour tout arranger une tribu de Buriates fit son apparition et après avoir

Les deux De Dion Bouton quittant Irkoutsk. Cormier, le chauffeur de l'une d'entre elles avait utilisé des machines légères en Espagne et en Hongrie, et était persuadé que de petites voitures supporteraient mieux un tel voyage. Le succès de l'Itala prouva qu'un surplus de puissance pouvait justifier un poids et un gabarit supérieur

jeté un coup d'œil à la voiture qui s'enfonçait, refusèrent de nous aider ». « Il n'y avait plus rien à faire », dirent-ils. Par chance, des Mongols se trouvèrent à passer par là et se mirent au travail mais malgré les planches sous les roues et les bœufs qui tiraient, la boue retenait toujours la voiture. Quelqu'un eut alors une idée de génie et mit le moteur en marche. « Les quatre bêtes terrifiées par ce bruit soudain se mirent à tirer désespérément », raconte Barzini « et tout à coup la voiture se dégagea... ».

Après cette expérience effrayante, l'équipage de l'Itala reconnut systématiquement tous les terrains suspects avant d'y engager la voiture. Ils atteignirent enfin la rivière Iro, et de nouveau l'aide de bœufs fut nécessaire pour franchir un gué où l'eau atteignait la taille. Ils démontèrent la magnéto et recouvrirent le moteur de graisse. C'est là, en pleine tempête de sable, qu'ils quittèrent « l'Empire Céleste ». C'est le visage noir de poussière et les vêtements recouverts de boue qu'ils furent littéralement poussés dans le bureau du chef des quatre frontières russes à Kiakhta, qui leur donna des laisser-passer du gouverneur général de la police impériale, sans lesquels ils n'auraient jamais pu pénétrer en Sibérie.

C'était un pays fertile, en comparaison des plaines désertiques de Mongolie, ressemblant un peu à l'Ecosse, ou du moins à l'idée que s'en faisait Barzini, avec ses collines boisées et ses paysages sauvages. Malheureusement le temps était aussi très écossais et les pluies de l'été étaient particulièrement désagréables à supporter dans une voiture sans toit et sans parebrise.

Normalement cette grande mer intérieure qu'est le lac Baïkal se traverse en bâteau, mais, grâce aux documents impressionnants délivrés par Moscou, le prince Borghèse fut autorisé à le contourner en utilisant les voies du Trans-Sibérien.

Ils parcoururent quelques dizaines de kilomètres ainsi, les roues gauches entre les rails, les roues droites sur les traverses à l'extérieur. Tout à coup alors qu'ils traversaient un vieux pont de bois, il y eut un énorme craquement. La voiture bascula dans le vide, entraînant ses passagers, sous une pluie d'éclats de bois. Par miracle elle fut stoppée dans sa chute par une poutre qui résista et les quatre pneus de secours rangés à l'arrière absorbèrent en grande partie le choc. Par un autre miracle, elle était toujours en état de marche lorsqu'elle fut remise sur la voie de chemin de fer avec l'aide de la population locale. Elle échappa de justesse à la destruction totale lors du passage d'un train de marchandises.

Les quelques 10 000 kilomètres en Sibérie et en Russie furent une lutte permanente contre les éléments : « Que de gens différents avons-nous vu autour de notre voiture », disait Barzini, « la poussant, la tirant, la soulevant. Combien de personnes ont pu joindre leurs efforts aux nôtres ». Il est extraordinaire de constater que le moteur, la suspension, la transmission résistèrent à un tel traitement et que l'équipage lui-même ne mourut pas de fatigue. Mais au milieu de tout cela il y eut des moments inoubliables, comme les citations en latin du menuisier Mujic qui réparait une roue quelque part entre Perm et Kazan ou le télégraphiste de Nijni-Novgorod qui câbla les textes de Barzini en les lisant verticalement !

L'équipage du prince Borghèse atteignit Moscou alors que les autres concurrents étaient toujours en Sibérie. Ils y reçurent un accueil si enthousiaste qu'ils ne purent refuser de faire un détour par Saint-Petersbourg et la traversée de l'Allemagne, de la Belgique et du nord de la France fut pour eux un véritable triomphe. Ils furent même sur la fin escortés par trois Itala flambant neuves envoyées à leur rencontre par l'importateur parisien.

Douze jours avaient été nécessaires pour parcourir les mille premiers kilomètres en Chine, quarante-deux pour traverser l'empire du Tzar. Les derniers mille kilomètres furent avalés en deux jours et demi, malgré le temps perdu en cérémonies mondaines. L'Itala de Scipione Borghèse se trouva devant les bureaux parisiens du « Matin » le 10 août, deux mois exactement après son départ de Pékin. Les De Dion et le Spyker arrivèrent trois semaines et demi plus tard, ayant accompli le trajet en cent jours exactement (on eut jamais aucune nouvelle du cyclecar Contal).

Un demi-siècle plus tard Fiat eut l'idée d'organiser un raid commémoratif empruntant le même itinéraire mais le gouvernement chinois refusa les autorisations nécessaires.

Est-ce qu'une voiture moderne supporterait mieux ce genre d'épreuve ? Qui sait. Il serait de toute manière hors de propos de discuter ces conclusions de 1907 : « Le raid Pékin-Paris a prouvé que l'automobile est plus fiable et plus endurante qu'on ne l'avait pensé, et que les pannes fréquentes et autres inconvénients habituels sont dûs à la négligeance ou au manque d'habileté des chauffeurs, plutôt qu'aux faiblesses des voitures elles-mêmes. On peut donc dire que cette industrie approche de la perfection. »

Encouragé par cette épreuve « Le Matin » décida d'organiser conjointement au « New York Times » l'épreuve la plus longue et probablement la plus stupide jamais imaginée. Il s'agissait ni plus ni moins d'un tour du monde, par la Colombie Britannique, le Klondike et l'Alaska et il était prévu de traverser le détroit de Bering sur la glace.

Malgré l'opinion d'experts qualifiant cette entreprise de « folle », trois voitures françaises, une De Dion, une Motobloc et une Sizaine Naudin, une Protos allemande, une Züst italienne et une Thomas Flyer américaine prirent le départ devant les bureaux du « New York Times », dans la septième avenue le 12 février 1908 en présence de 50 000 spectateurs. Mais à peine les voitures avaient-elles quitté New York qu'elles furent stoppées par la boue et la neige. La Motobloc abandonna au bout de 110 kilomètres, la Sizaine Naudin faisant de même un peu plus tard. Le reste des concurrents parvint à Chicago au bout de trois semaines, aux prix d'énormes difficultés. La Thomas réussit à atteindre San Francisco le 24 mars et fut embarquée pour l'Alaska. Une courte reconnaissance prouva que la traversée de l'Arctique était impos-

Arrivée triomphale du prince Borghese à Paris. Les vainqueurs furent accompagnés par une escorte de voitures, deux patrouilles montées de la

Garde républicaine et une centaine de cyclistes devant l'immeuble du « Matin »

sible. C'est alors que son équipage découvrit que la Protos, après être venue au Wyoming en train, avait été embarquée à Seattle à bord du Glenlogan, tandis que « The Autocar » déclara qu'il aurait été sans doute préférable d'embarquer les voitures à New York pour le Havre et de faire Le Havre-Paris par la route.

L'affaire commençait à tourner à la plaisanterie. La De Dion fut vendue à un commerçant de Pékin, sous prétexte que la route asiatique avait été bouclée l'année précédente et qu'il n'y avait donc aucun intérêt à recommencer. La Thomas réussit à atteindre le Trans-Sibérien et entreprit la traversée de l'empire russe sur les traverses de la voie jusqu'à ce que sa boîte de vitesses rende l'âme et que la Protos la double. Les occupants de la Züst faillirent se noyer, et durent refaire les coussinets de vilebrequin à l'aide d'une vieille boîte de pastilles, de bois, de boue et de balles de fusil. Finalement, 69 jours et 2 heures après avoir quitté Vladivostok, 170 jours après le départ, ayant parcouru 19 500 kilomètres, l'équipage de la Thomas atteignit Paris pour être déclaré vainqueur, bien que la Protos soit arrivée avant. (Après tout quelle importance y avait-il à ne pas être passé par le Japon ?) La Züst, qui avait probablement parcouru plus de chemin que les autres par ses propres moyens était bloquée à Omsk où ses occupants avaient été arrêtés pour espionnage en envoyant un télégramme en Italie. Lorsqu'elle termina enfin l'épreuve, elle fut ramenée en Angleterre et détruite dans un incendie. La Thomas six cylindres 72 CV fut par contre ramenée à Buffalo et utilisée avant d'être exposée parmi les autres véhicules de la collection Harrah, à Reno.

Commentant cette remarquable performance technique, un journaliste américain écrit simplement : « Aujourd'hui ce qu'il faut ce n'est pas une voiture capable d'aller de New York à Paris, mais quelque chose de plus rapide et plus économique que le cheval, sur les routes ordinaires ainsi qu'en ville. » Ce à quoi un autre journaliste ajouta : « C'est une performance remarquable. Il ne semble cependant pas encore nécessaire d'écrire l'épitaphe du cheval ».

Borghese et son équipage ci-dessus, atteignant l'Europe après quatre mois en Asie et Russie. Bien que l'embrayage et quelques ressorts durent être changés à Moscou, la voiture supporta remarquablement bien cette épreuve. A l'arrivée, la boîte de vitesses était « comme neuve »

La course New York-Paris de 1908 : La Züst Habenne qui finit troisième derrière la Thomas américaine et la Protos allemande

Premiers Rallyes et courses de côtes

Dès la fin de la première décennie de Sport Automobile les premiers champions commencaient à se retirer, et Charles Jarrot écrivait déjà en 1905 que « Le démon du commerce est la ruine du Sport, et la dégénerescence de l'automobile en tant que sport est due aux enjeux financiers de chaque épreuve... le charme a disparu, et je peux prédire que d'ici peu de temps le monstre du commerce aura fait oublier toute idée de Sport ». Soixante-dix ans plus tard, cette prophétie est toujours d'actualité. Il est vrai que les voitures devenaient de plus en plus nombreuses, et que le sport lui-même commençait à se spécialiser en épreuves bien définies.

Les amateurs inconditionnels continuaient à se rassembler autour des nouveaux circuits — créés après l'interdiction de courir sur routes ouvertes — qui avaient succédé aux marathons inter-cités, pour assister aux épreuves telles le Tourist Trophy (couru pour la première fois dans l'Ile de Man en 1905) le Grand Prix de France, inauguré sur le circuit du Mans en 1906, et la Targa Florio, datant de la même année.

Certains autrefois préférèrent des épreuves de régularité, dont le premier exemple célèbre est sans doute l' « International Touring Car Competition ».

Ci-dessus : La Mercedes de De Laventhal, au départ de la course de côte de Gaillon, sur la route Paris-Rouen. A cette époque le départ de ce genre d'épreuve se donnait lancé

A droite : File d'attente des concurrents pour une épreuve spéciale, lors du Scottish Reliability Trial de 1906. Le nombre des engagés démontre la grande popularité de ce genre d'épreuve

4-29
RS-234
4-8
TS-78

En haut à gauche : Ravitaillement en eau à Inverness pour les voitures du Scottish Reliability Trial de 1907. Cette formule de sport automobile plus « tranquille » remporta un grand succès en Grande Bretagne, où l'automobile n'était pas très prisée des autorités gouvernementales.

Ci-dessus : La puissante Benz de Fritz Erle (7 479 cm3) remporta le Prince Henry Trial de 1908

Cette compétition, organisée pour la première fois en 1905 consistait en un parcours sans difficulté particulière de quelques 800 kilomètres allant de Francfort à Innsbruck et comportant une course de côte à Semmering puis une épreuve de vitesse sur une distance de 5,5 km à l'arrivée. Comme récompense, le gagnant recevait son portrait peint par le professeur Hubert Von Herkomer, qui finançait la course. Celle-ci à partir de 1908 porta le nom d'Henry de Prusse, jeune frère de l'Empereur, qui y avait participé. Il s'agissait d'une épreuve dont tout commerce était banni. Un certain nombre de pilotes professionnels avait cependant réussi à s'y infiltrer, dont un jeune homme nommé Ettore Bugatti (qui, s'étant endormi, avait percuté un arbre).

De ces excursions aristocratiques naquit le Rallye Autrichien des Alpes, qui devint rapidement une des épreuves routières les plus importantes d'Europe, avant de devenir la Coupe des Alpes. La première édition se déroula en juin 1910 sur un itinéraire relativement modeste, bien que comprenant les cols du Katschberg et du Tauern. En 1912, toutefois, le trajet avait été rallongé et ses 2 395 km comprenaient 13 cols difficiles. 72 des 84 partants terminèrent, et 25 d'entre eux n'eurent aucune pénalisation. En 1913 cette même épreuve s'étalait sur 2 607 km, comprenait 19 cols, et seules neuf voitures terminèrent sans un seul point de pénalisation. En 1914 les 75 concurrents durent parcourir quelques 3 000 kilomètres en 8 jours, dont certains tronçons étaient chronométrés. C'est ainsi que naquit en fait le schéma d'organisation de toutes les épreuves alpines qui allaient se dérouler par la suite.

Ces courses internationales portaient l'accent sur l'endurance plutôt que sur la vitesse pure et constituèrent bientôt l'une des bases du sport automobile européen.

En 1910, dans le courant de l'automne, M. A. Noghès, Président de l'Automobile et Cycle Club de Monaco, annonça qu'un rallye ouvert à toutes voitures privées aurait lieu en janvier, et qu'il consisterait à rallier Monte-Carlo en sept jours à partir

Page suivante : Une Marlborough 15 CV montant la côte de Greenan au cours de l'Irish Reliability Trial en 1909

de plusieurs points de départ. « The Motor » accueillit froidement la nouvelle, et la grande majorité des vingt-trois concurrents choisit le départ de Paris.

Les autres partirent de Berlin, Vienne et Bruxelles, et Henri Rougier, au volant d'une Turcat-Méry 25 CV remporta l'épreuve, malgré une protestation du Capitaine Van Esmarch, qui, parti de Berlin, fut illégalement retenu à la frontière française.

Cette lutte contre la rigueur hivernale — en un temps où il n'y avait pas de freins sur les quatre roues, où les pneus neige, l'antigel, les dispositifs de chauffage n'existaient pas, et où l'on disposait seulement d'un équipement rudimentaire — attira de nombreux automobilistes intrépides. En 1912 on ne comptait pas moins de quatre-vingt-sept engagés, au départ de villes telles Paris, Vienne, Berlin, Genève, Bruxelles, Le Havre, Amsterdam, Boulogne et Turin. Il y eut même un courageux pour partir de Saint-Pétersbourg. La moyenne imposée était de 25 Km/h, et bien que Chalet parcourut les 665 km de l'itinéraire de Genève à bord de sa Schneider 12 CV à une moyenne de presque 50 Km/h, c'est Beutler, aux commandes d'une Berliet, parti de Berlin, qui fut déclaré vainqueur. Le confort était un élément pris en considération dans le

Y88

total des points, qui cependant n'étaient pas divulgués après l'arrivée.

Malgré le succès de cette deuxième édition, il n'y eut plus de « Monte-Carlo » jusqu'en 1924, et les autochtones durent se contenter des courses de côtes de la Turbie et du Mont Ventoux.

L'art délicat du sprint sur une route en lacet a exercé de très bonne heure une attraction irrésistible sur de nombreux pilotes et le célèbre Mont Ventoux, offrant une dénivellation de 1 600 mètres sur 21,5 Km en est aujourd'hui le plus vieil exemple, puisque des courses s'y déroulent depuis 1902. A l'opposé, Shelsley Walsh, en Angleterre, bien que n'offrant qu'un parcours de 1 000 mètres a défié des générations d'aficionados depuis sa première édition, le 12 août 1905. Cette année-là, EMC Instone réalisa le temps de 77,6 secondes avec sa Daimler. Par comparaison le record appartient aujourd'hui à M. Brain, sur Cooper-Chrysler, en 30,72 secondes.

La Turbie, au-dessus de Nice est plus ancienne que ces deux épreuves, mais elle a maintenant disparu. C'était un parcours dangereux, une succession ininterrompue de virages en épingle, avec un précipice de plusieurs centaines de mètres d'un côté, qui nécessitait une dose de courage et de muscles hors du commun.

A.F.C. Hillstead se rappelle qu'un jour alors qu'il était enfant, il accompagna Louis, l'un de ses camarades de classe, chez son père le comte Eliot Zborowski. Ce vétéran, était décidé à remporter l'épreuve à n'importe quel prix. Quelques jours plus tard, alors qu'ils étaient en train de sonder les mystères de l'arithmétique, le directeur de l'école vint chercher son ami Louis. La nouvelle de l'accident dans lequel son père le comte Zborowski, avait trouvé la mort venait d'être connue. Il s'était produit tout au début du parcours, et le comte avait été tué sur le coup. Il avait paraît-il pris sa manche dans la manette de l'accélérateur en négociant le premier virage.

Ainsi le veut le sport automobile, Louis Zborowski vint à Brooklands après la guerre 14-18 avec une voiture extraordinaire appelée « Chitty Chitty Bang Bang ». Il se tua à Monza en 1924 avec sa Mercedes, et la légende dit qu'il portait ce jour là les boutons de manchettes qui avaient causé la mort de son père.

Ci-dessus : La Peugeot de Boillot en action au Mont Ventoux, qu'elle remporta en 1912. L'épreuve avait déjà dix ans et est aujourd'hui la plus vieille course de côte du monde.

A droite : La Benz de R.T. Hartmann dans la montée de Kop Hill lors de la course de côte de l'Essex Motor Club en 1914. Cette année-là Hornsted s'appropria, à Brooklands, le record de vitesse officiel aux commandes d'une Benz à la vitesse de 177,03 km/h

Les Courses sur le "Continent", le Tourist Trophy et Brooklands

L'intérêt des fanatiques du monde de la course se portait naturellement sur des épreuves comme le Grand Prix de France, le Circuit des Ardennes, la Targa Florio, le Kaiserpreis, le Tourist Trophy, dans l'Ile de Man, et aux Etats-Unis, la Coupe Vanderbilt. A partir de 1907 il y eut également le premier circuit jamais construit tout spécialement pour la cause : Brooklands.

Beaucoup de ces courses étaient dans une large mesure des rééditions de la Coupe Gordon Bennett. Le Grand Prix de France de 1906, par exemple, se courait sur six tours d'un immense circuit de 103 kilomètres près du Mans, pendant deux jours entiers. Il avait conservé la majeure partie du règlement de cette Coupe dont la fameuse limite de poids à 1 007 kg, ainsi que le maintien de la « participation proportionnelle ». Le plateau fut ainsi composé de 25 voitures françaises et de seulement 9 étrangères. La victoire revint à Szisz, sur une Renault, mais chacun s'accorda à trouver le circuit beaucoup trop long.

Le Grand Prix de 1907, couru à Dieppe tenait compte de ces défauts. Il se déroulait en un seul jour sur dix tours d'un circuit de 77 kilomètres, et une limite de consommation avait remplacé la règle du poids minimum, celui-ci favorisant l'apparition de machines surpuissantes aux châssis fragiles.

Le plateau était également beaucoup plus représentatif, car 24 voitures françaises se mesuraient à 14 voitures étrangères, représentant six pays, dont la Suisse et les Etats-Unis. Cette fois la Fiat de Nazzaro termina 6 minutes avant la Renault de Szisz, et

La ligne droite vallonée du circuit de la Sarthe entre Bouloire et Saint-Calais, théâtre du Grand Prix de France en 1906. Cette épreuve se disputa sur six tours de ce circuit de 103 kilomètres, en deux jours consécutifs

A droite : Porporato sur Berliet, aux coupes du Salon en 1905. Il se classa quatrième à la Targa Florio en 1908, avant de remporter la Targa Bologna

32A
39

Ferenc Szisz, gagnant du premier Grand Prix de France en 1906, fit une apparition spectaculaire lors de ses quatre-vingt-quinze ans par l'intermédiaire de son plus jeune frère, ci-dessus, qui, pour la circonstance, s'était substitué à lui

A gauche : De nombreux volontaires joignent leurs efforts pour sortir cette De Dion du fossé, lors de l'Irish Reliability Trial de 1908. Cette marque abandonna la compétition après 1899, mais ses voitures étaient très utilisées dans ce genre d'épreuve

En haut à gauche : Scène dans le « paddock » avant le départ du Kaiserpreis en Allemagne, en 1907. La voiture n° 32 A, la Martini Suisse de Beitler, qui termina douzième tandis que Beck, également à bord d'une Martini, finit quinzième

Page suivante : Nazzaro et sa Fiat dans la traversée du village de Petralia, lors de la Targa Florio de 1907 qu'il termina en vainqueur. Quarante-quatre voitures prirent part à l'épreuve cette année-là

arracha le ruban bleu du sport automobile à la France. L'année suivante ce fut une écrasante victoire des voitures allemandes qui se retrouvèrent à cinq dans les six premières. Cette course porta un coup si sévère à l'honneur gaulois que l'A.C.F. n'organisa le Grand Prix suivant qu'en 1912.

La coupe Vanderbilt se courait également selon le principe de la Coupe Gordon Bennett, tandis que le Kaiserpreis, organisé une seule fois en 1907 utilisait une partie du circuit du Taunus où elle s'était déroulée en 1904. Le circuit des Ardennes, épreuve belge disputée de 1902 à 1907 sur plusieurs tours d'un circuit fermé peut être considéré à juste titre comme l'ancêtre des circuits.

La Targa Florio, bien sûr, était pratiquement l'œuvre personnelle du Comte Vincenzo Florio, qui avait déjà malgré son jeune âge financé la « Coppa Florio » sur un circuit près de Brescia. Disputée chaque année depuis 1905 sur le difficile circuit des Madonies, la Targa Florio devint la plus ancienne course inscrite au calendrier international, et certainement l'une des plus prestigieuse.

En Angleterre le refus de l'administration de fermer les routes pour courir, ajouté à la limite de vitesse toujours fixée à 32 Km/h obligeait ceux qui pratiquaient le sport automobile à traverser la mer. Heureusement que l'Ile de Man était préparée, pour des raisons touristiques, à promouvoir de telles épreuves sur son territoire. Les essais éliminatoires de la Coupe Gordon Bennett eurent lieu en 1904 sur un circuit qui suivait la côte à partir de Douglas. Sur ce circuit, le 14 septembre 1905, se déroula le premier « Tourist Trophy » pour voitures de tourisme. Presque toute la production anglaise y était représentée, et à Douglas les conversations allaient bon train concernant la limite de consommation imposée, et toutes les astuces permettant de s'approcher aussi près que possible du poids minimum imposé. Les autorités de l'île firent même fermer les cinq passages à niveau du parcours... pour les trains qui devaient

traverser la route en moins de 30 secondes lorsqu'aucune voiture ne se montrait.

Les essais très animés furent marqués par de nombreuses sorties de route.

Au départ de la course, Charles Rolls manqua son double débrayage, et eut l'honneur d'être le premier pilote (et très probablement le dernier) à démonter la boîte de vitesses d'une Rolls-Royce. 6 h 9 mn plus tard John Napier franchit la ligne d'arrivée en vainqueur à bord de sa Arrol-Johnston deux cylindres, qu'il avait lui même dessinée, à la moyenne de 54,5 Km/h, juste devant une Rolls-Royce conduite par Percy Northey.

L'année suivante, Charles Rolls remporta l'épreuve, avec une demi-heure d'avance sur la Berliet de Bablot, et une bonne heure et quart d'avance sur l'Arrol-Johnston de Napier, qui termina septième.

Toutes les grandes épreuves ont leur atmosphère particulière, et incontestable-

En haut à droite : Le grand Georges Boillot, véritable incarnation du sport automobile français, ici au volant d'une Lion-Peugeot dans la coupe des Voiturettes à Boulogne en septembre 1910.

Tamagni (ci-dessus) au volant d'une Junior, attendant le départ de la Targa Florio en 1908. Cette course dans les montagnes de Sicile fut remportée par Trucco sur une Isotta-Fraschini

A droite :
Christian Lautenshlager (au volant de sa Mercedes) remporta le Grand Prix de France en 1908 à Dieppe, à 113 km/h de moyenne malgré les changements de pneus. Ce fut son premier grand succès, suivi d'une seconde victoire dans la même épreuve en 1914

ment les cinq premières années mouvementées du « T. T. », avant l'ouverture de Brooklands, constituèrent le centre du sport automobile britannique.

Brooklands, le premier circuit permanent au monde, fut construit par un riche amateur enthousiaste nommé Hugh Locke-King, sur ses propres terres à Weybridge dans le Surrey. Une armée de 2 000 hommes dégagea le terrain, détourna la rivière Wey et utilisa 200 000 tonnes de béton pour construire ce circuit en forme de poire de 4,42 Km. La large piste comportait deux lignes droites reliées par des virages fortement relevés. Tout ceci fut terminé en neuf mois, et déjà avant l'inauguration officielle, Selwyn Edge avait loué la piste pour une tentative contre le record de 24 heures détenu par les Américains. Seul au volant de sa Napier verte de 60 CV, bien qu'escorté par deux voitures identiques, il couvrit 2 544 Km à la moyenne de 106 Km/h, soit 800 Km de plus que le précédent record.

Dès la toute première épreuve, organisée le 6 juillet 1907, l'ambiance de Brooklands avait une forte coloration de course hippique : courses de courte durée et pilotes identifiables par leur jaquette style jockey. Cette tradition d'organiser des épreuves de courte durée permit à de nombreux amateurs de s'y essayer ; des épreuves réservées aux dames contribuèrent à élargir le domaine du sport automobile. Il était possible, moyennant une somme modeste, de s'y entraîner les jours où aucune course n'avait lieu. Plus d'une Landaulette négociant un virage à une vitesse d'escargot y perdit ses phares, son générateur d'acétylène et ses outils !

Il n'est donc pas étonnant que Brooklands hanta les rêves de tant d'automobilistes ! C'était une époque où les pilotes célèbres étaient des gens fortunés, et bien peu d'autres personnes avaient l'occasion de s'asseoir devant un volant. Mais cet aspect des choses ne choquait pas les imaginations. Le simple fait de tourner le plus vite possible sur un circuit impliquait que l'on accepta de mettre sa vie en jeu. Pendant les dix premières années de son existence, l'ambiance de Brooklands fut empreinte de beaucoup de gaieté, aussi bien au café tenu par Mme Billing, dans l'un des hangars d'avions (où se rencontraient les premiers aviateurs), qu'au bar du Club, où l'atmosphère plus raffinée n'empêchait pas que l'on discute des mérites du « super carburant », avec autant d'acharnement que dans le paddock.

Si Brooklands devint légendaire à cette époque, c'est à cause de la variété de ses activités. Elles comprenaient des tentatives de records, des essais de constructeurs, des épreuves internationales et des petites courses de club.

Ce circuit célèbre a magnifiquement servi la cause du sport automobile en Angleterre en procurant tant de joie aux milliers de spectateurs qui s'y sont succédés entre 1907 et 1939.

Cérémonie d'inauguration à Brooklands le 17 juin 1907. Mme Ethel Locke-King mène la procession des voitures. Elle continua à s'intéresser de très près au circuit après la mort de son mari en 1926 et mourut en 1956, à l'âge de quatre-vingt-dix ans

A gauche : H.F. Locke-King, fondateur et propriétaire du célèbre circuit de Brooklands dans le Surrey. Cette piste initialement prévue comme centre d'essais pour les constructeurs devint rapidement le lieu privilégié du sport automobile en Angleterre

Aux États-Unis

Une photographie prise au départ de la course Paris-Madrid nous montre William K. Vanderbilt au volant de sa Mors 70 CV, impeccablement vêtu d'un col dur et d'un chapeau melon. Malgré les penchants traditionnels de sa famille pour la course hippique, « Willie K. » s'était tourné de très bonne heure vers l'automobile, fondant dans un premier temps le National Automobile Racing Association, et organisant par la suite une course de côte à Newport, (qu'il remporta lui même). Il vint ensuite en Europe, et se consacra en 1902 aux records de vitesse, réussissant le kilomètre départ lancé à la vitesse de 123,28 Km/h. Il termina le circuit des Ardennes en troisième position, derrière la Panhard de Jarrot et la Mors de Gabriel. Bien qu'il termina Paris-Madrid dans un fossé, il n'en décida pas moins en 1904 de créer la Coupe Vanderbilt.

Courue sur un circuit triangulaire à Long Island, la première édition de cette épreuve attira une foule considérable qui envahit la piste lorsque le pilote local George Heath franchit la ligne d'arrivée en vainqueur au volant de sa Panhard. L'année suivante, les Européens furent nombreux à traverser l'Atlantique, attirés par la conquête du marché américain, et l'épreuve fut remportée par la Darracq d'Hémery. Une autre Darracq pilotée cette fois par Louis Wagner, remporta l'édition 1906.

Cependant l'intérêt de ces courses fut assombri par les nombreux accidents dont furent victimes les spectateurs, et, la situation empirant chaque année, Vanderbilt dût renoncer à organiser son épreuve sur route et fit construire un circuit : le « Long Island Motor Parkway ». C'est là que George Roberston remporta l'épreuve en 1908.

Entre-temps l'intérêt de tous les concurrents s'était reporté sur Savannah, où était organisé le premier Grand Prix de l'automobile Club of America. Cette épreuve se courait sur 16 tours d'un circuit sinueux long de 40 kilomètres, et fut dominée par les voitures et les pilotes européens. Wagner, sur Fiat remporta la course, précédant de 56 secondes la Benz de Hémery,

Instant dramatique de la Coupe Vanderbilt à Long Island, lorsque le pilote belge Arthur Duray manque de perdre son mécanicien et sa roue de secours. Il amena sa De Dietrich 130 CV de 18,1 l de cylindrée à la troisième place, derrière la Darracq de Wagner et la Fiat de Lancia. Tous trois terminèrent cette épreuve de 478 km à plus de 96 km/h de moyenne

18

et une autre Fiat, conduite par Nazzaro termina en troisième position. C'est également au cours de cette épreuve que l'on vit pour la première fois une voiture à moteur suralimenté.

Le Grand Prix suivant eut lieu en 1910 à Savannah, sur un nouveau circuit construit par des forçats. Il fut remporté par David Bruce-Brown aux commandes d'une voiture d'usine Benz, avec une fraction de seconde d'avance sur son camarade d'écurie Hémery qui pilotait un modèle similaire. Bruce-Brown remporta à nouveau la victoire en 1911, mais se tua lors des essais de l'édition 1912.

Malgré tout, le public américain montrait de plus en plus d'enthousiasme pour les courses sur circuit, si bien qu'un groupe d'industriels d'Indianapolis décida de construire un circuit permanent à la sortie de la ville. A cette époque Indianapolis était le premier centre en matière de construction automobile. On était loin alors d'imaginer que cette piste rectangulaire de 4 Km allait devenir non seulement une institution nationale, mais aussi le plus ancien circuit du monde à avoir été utilisé sans interruption depuis sa construction.

Cependant, aussi étrange que cela puisse paraître, lorsque l'on ouvrit le circuit le 19 août 1909, ce fut pratiquement un échec. Le revêtement s'était désintégré, il y avait eu de nombreux accidents, et il était fortement question de ne plus y courir. Les promoteurs décidèrent alors de refaire le revêtement de la piste en utilisant 3 200.000 pavés en brique. De plus, pensant que de trop fréquentes courses seraient préjudiciables aux affaires, ils annoncèrent qu'une seule épreuve serait organisée chaque année. Après avoir réfléchi au problème, ils se décidèrent pour une épreuve de 500 miles courue de jour.

Quatre-vingt mille spectateurs assistèrent à la première épreuve des « 500 miles », en 1911. A mi-parcours les américains s'emparèrent du commandement, et un duel s'engagea entre la Marmon Wasp de Ray Harroun et la Lozier de Ralph Mulford. Haroun

Ci-dessus : Les « 500 miles d'Indianapolis » en 1914. Quinze des quarante-cinq concurrents étaient Européens ; René Thomas remporta l'épreuve à bord d'une Delage

A droite : Goux, changeant une roue de sa Peugeot au cours des « 500 miles d'Indianapolis » en 1913. Il s'adjugea la victoire à 130,24 km/h de moyenne, devant une Mercer et une Stutz. L'autre pilote vedette de Peugeot était Boillot ; ces deux hommes se complétaient très bien, Goux étant meilleur sur les longues distances

Page suivante : Une roue se détache de la Mercer de Pullen, dans le « Virage de la mort » au cours de la Coupe Vanderbilt 1914 à Santa-Monica. Pullen remporta le Grand Prix cette année-là à Santa-Monica, signant la première victoire américaine dans cette épreuve

La Sunbeam de Johnny Marquis se retournant dans le « Virage de la mort » au cours du Grand Prix International à Santa-Monica en mars 1914. L'accident eut lieu au trente-cinquième tour. Pilote et passager furent blessés

Ci-dessus à droite : La Coupe Vanderbilt 1914 à Santa-Monica. Départ du premier concurrent, Grant, sur une Isotta-Fraschini. Cette voiture était plutôt une voiture de sport qu'une voiture de course proprement dite, et les trois engagées à Indianapolis l'année précédente furent contraintes à l'abandon

remporta l'épreuve à la moyenne de 120 Km/h, soit la moitié du temps de qualification actuel. Cette formule était la bonne, et l'année suivante Joe Dawson remporta « le plus grand spectacle du monde ». Il empocha les 50 000 dollars de la victoire, après que la Mercedes de De Palma ait coulé une bielle en vue de l'arrivée.

L'Europe vint en force en 1913 et Jules Goux mena sa Peugeot à la victoire.

Alors que sur le vieux continent, la Grande Guerre avait porté un coup d'arrêt au sport automobile, à Indianapolis les voitures continuaient de courir. Delage, Peugeot et Mercedes dominèrent l'épreuve jusqu'à l'impressionnante victoire de Gaston Chevrolet à bord de sa Monroe-Frontenac spéciale de 3 litres en 1920.

La fin des monstres

Aux débuts du sport automobile, les constructeurs conçurent leurs voitures selon une règle très simple : « plus le moteur est gros, plus la voiture va vite ». Cependant, dès le tout début, les petits trois-roues de Léon Bollée obéissaient à des principes contraires. Les frères Renault, entre autres, avaient démontré qu'une petite machine bien équilibrée pouvait mettre la force brute et le muscle en échec.

La création d'une catégorie séparée pour les voitures légères (jusqu'à 400 kg), désignées sous le nom de voiturettes date de 1898. En 1902, Renault remporta Paris-Vienne à bord d'une 3,7 litres, une naine en comparaison des géantes 18 litres de l'époque, et l'année suivante il était en deuxième position dans Paris-Madrid lorsque survint l'accident qui lui coûta la vie.

On assistait à la naissance d'une école préférant la technique à la taille et à partir de 1905 le célèbre journal français l'Auto (aujourd'hui l'Equipe) accéléra ce mouvement en créant une Coupe des Voiturettes, pour encourager les voitures légères. Le règlement de cette épreuve imposait une limitation du poids et de la cylindrée. Chose étrange cependant, en 1909 cette limitation ne portait que sur l'alésage et non sur la

Les limitations de poids et de l'alésage favorisèrent **l'apparition de machines bizarres, telle à droite, cette bicylindre Lion-Peugeot, que l'on voit ici aux mains de Georges Boillot lancée à 120 km/h au cours d'une tentative de record à Brooklands. Le mécanicien n'a pas l'air de beaucoup apprécier la situation La forme curieuse de la Lion-Peugeot ci-dessous, n'empêcha pas Jules Goux de remporter la Coupe des Voiturettes en 1910. 1912 sonna le glas de ces voitures, qui furent remplacées par celles conçues par le brillant ingénieur Henry**

En 1912 la Lion-Peugeot, à gauche, était devenue plus conventionnelle d'aspect. René Thomas au volant d'une des dernières d'entre elles, lors du Grand Prix de France des Voiturettes jusqu'à 3 000 cm3, organisé au Mans
H.T.S. Morgan, ci-dessus, lors d'une tentative de records à Brooklands en 1912, avec l'une de ses « trois roues » sur laquelle il atteignit la vitesse de 96 km/h

course des pistons. Cela fit apparaître des monstres comme le mono-cylindre Lion-Peugeot. A cause de sa course de 250 mm, elle avait un capot si haut que le conducteur, incapable de voir quoique ce soit par dessus, devait se pencher sur le côté pour voir la route. De telles monstruosités avaient cependant leur côté positif, car la vitesse des pistons atteignait des valeurs inconnues à l'époque, et la Lion-Peugeot remporta le Grand Prix des Voiturettes, la Coupe de Sicile et la Coupe de Catalogne cette année-là.

Une quarantaine d'autres constructeurs s'intéressèrent aux épreuves réservées aux voiturettes, et des marques comme Delage ou Hispano-Suiza renommées plus tard pour leurs voitures de grand luxe obtinrent leurs premiers succès dans les courses de voiturettes entre 1906 et 1910.

C'est aussi à cette époque que débuta, surtout en Angleterre et en France, la mode des cyclecars. Ces précurseurs de la formule 3, utilisant des moteurs de motos, ne nécessitaient qu'un budget modeste. Ils connurent un succès tel que l'A.C.F. dut dès 1913 organiser deux épreuves spéciales l'une à Amiens, l'autre au Mans, auxquelles participèrent également des tricycles et des motos avec side-cars. Bien que quelques-uns de ces véhicules donnassent l'impression d'avoir été bricolés à la hâte, et eussent tendance à rendre l'âme à grand fracas, le monde du cyclecar tira un grand profit de la compétition. Sir Francis Samuelson et sa femme consacrèrent même leur lune de miel à piloter une Marlborough à Amiens.

A l'autre bout de l'échelle, les règlements furent modifiés en 1911 afin d'exclure les véhicules par trop bizarres. Après dix années placées sous le signe du gigantisme les ingénieurs mettaient au point les bases qui allaient déterminer les voitures pour des dizaines d'années. Ettore Bugatti, par exemple, fabriquait un petit moteur de 1 400 cm3 original et très bien conçu, placé derrière ses radiateurs en fer à cheval. Ferdinand Porsche venait de terminer la fameuse Austro-Daimler « Prince Henry » propulsée par un moteur à quatre cylindres de 5,7 litres développant 86 ch.

Mais parmi tous ces jeunes ingénieurs c'est incontestablement Ernest Henry qui fit le plus progresser la technique, et fut le véritable précurseur de la technique de compétition moderne. En 1911, Robert Peugeot, dont la firme Lion-Peugeot venait de fusionner avec les établissements Peugeot d'Audincourt, engagea Henry, qui avait alors 27 ans. Il lui donna une planche à dessin et une feuille blanche. Le résultat changea le cours de l'histoire. Georges Boillot mena l'élégante nouvelle Peugeot propulsée par un 7 600 cm3 à soupapes en tête à la victoire au Grand Prix de Dieppe en 1912. Il devança les gigantesques et archaïques Fiat, et remporta Indianapolis l'année suivante à 150,5 Km/h de moyenne.

Les conceptions d'Henry s'appuyaient sur les idées et l'expérience de Georges Boillot, Jules Goux et Paul Zuccarelli : obtenir de hauts régimes grâce à l'utilisation de deux arbres à cames en tête entraînés par arbre, actionnant quatre soupapes inclinées pour chacun des quatre cylindres. Comme le châssis était également beaucoup plus léger et tenait beaucoup mieux la route que les monstres des premiers âges, la nouvelle Peugeot devint très rapidement la voiture à battre.

En 1913 Goux (ci-dessus) pilota à Brooklands une Peugeot de Grand Prix de 7,6 litres de cylindrée conçue par Henry. Cette voiture possédait une carrosserie très aérodynamique, et s'empara du record du monde de l'heure à 170,94 km/h de moyenne

Ci-contre, à droite : Une voiture rare fabriquée en Belgique : le baron de Woelmont au volant d'une Sava 3 litres au Grand Prix de Belgique à Spa en 1913 Lautenschlager (ci-dessus à droite) sortant du virage dit « Piège de la mort » pendant le Grand Prix de France à Lyon en 1914. Cette extraordinaire victoire marqua la fin de sa carrière de pilote de course

En 1913, Boillot remporta à nouveau le Grand Prix de Dieppe, son camarade d'écurie Goux terminant à la seconde place. (Il faut toutefois dire que la victoire se présenta à eux après que Guyot, au volant de la Delage, en tête à mi-distance, ait eu le malheur d'écraser son mécanicien devant les stands). Quoi qu'il en soit, comme le Grand Prix de France était l'épreuve la plus renommée du calendrier international, celui qui le remportait était indiscutablement le Champion du Monde.

C'est donc à Boillot et sa Peugeot que revint la tâche de défendre l'honneur de la France l'été suivant, face au défi des Fiat et Mercedes. Pour le Grand Prix de 1914, que les experts considèrent comme la fin d'une période et l'avènement d'une ère nouvelle. L'A.C.F. avait choisi un circuit tortueux de 37 kilomètres et demi dans la campagne vallonnée près de Lyon. Après une ligne droite ondulée de 10 Km, ce circuit plongeait à pic vers deux virages à angle droit, puis vers l'épingle dite « Piège de la mort ». Courue sur vingt tours, cette course mettait à rude épreuve la tenue de route, les freins

28

11
10311

et les moteurs. Le plateau était composé de trente sept voitures de six nations différentes, et « The Motor » comparait les préparatifs à ceux d'une grande bataille. Mercedes en particulier était venu en force. L'on rapportait que les directeurs de la firme avaient, pour des raisons de propagande, décidé de gagner le Grand Prix de France cette année là. Les Italiens, au contraire semblaient mal organisés. Les Vauxhall, elles, arrivèrent en retard au contrôle technique. Les Français quant à eux étaient si confiants que leurs pilotes vedettes, y compris Boillot, ne rentrèrent d'Indianapolis que la veille de la course.

Ils trouvèrent Lyon en état d'effervescence, et trois cent mille spectateurs s'étaient amassés au bord du circuit. A huit heures du matin le départ fut donné aux voitures, deux par deux, toutes les trente secondes. La Peugeot de Boillot passa la première ayant bouclé le tour en 21 minutes, mais la Mercedes de Sailer passa 72 secondes plus tard, ce qui voulait dire qu'elle était en tête avec 18 secondes d'avance en temps compensé. Elle compta jusqu'à 2'45'' d'avance au cinquième tour, mais dut abandonner au sixième, une bielle coulée. La Peugeot bleue de Boillot repassa en tête. Boillot conduisait comme jamais il n'avait encore conduit, sans aucun ménagement pour sa mécanique. Il comptait encore 14 secondes d'avance après six heures de course, mais son moteur se mit à tourner sur trois cylindres au début du dernier tour, et expirer un peu avant l'arrivée. Lauten Schlager plongea alors dans « le piège de la mort », remportant la victoire. Mercedes, pour la première fois dans l'histoire des grands prix enleva les trois premières places.

La foule immense observa un profond silence lorsque retentit le « Deutschland Uber alles », avant d'applaudir le succès de Mercedes. Avec cette arrivée mouvementée prenait fin la « Belle Epoque » du sport automobile, car trois semaines plus tard l'Europe était en guerre.

La Stracker Squire (ci-dessus) : 4 cylindres, 3 300 cm3 de Witchell dans un nuage de poussière au Tourist Trophy en 1914. La course se déroulait en deux jours, sur une distance totale de 1 092 km. Elle fut remportée par Guinness sur une Sunbeam, Witchell terminant quatrième
A droite : La formidable équipe Mercedes qui remporta les trois premières places du Grand Prix de France en 1914, avec en médaillon (de gauche à droite) : Lautenschlager, le vainqueur, Wagner et Salzer

Renaissance du sport

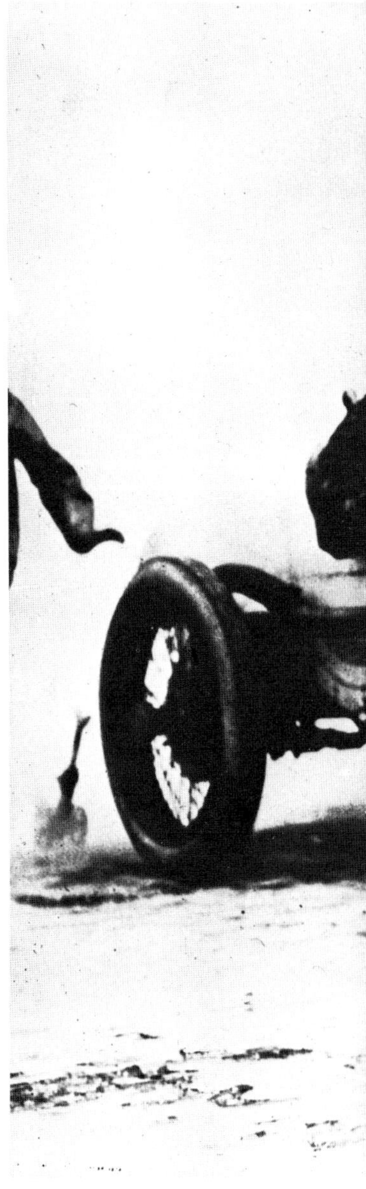

A peine l'Armistice venait-il d'être signé en novembre 1918 qu'à Paris l'on commença à parler d'une reprise du Grand Prix, en Alsace-Lorraine cette fois, pour célébrer son retour à la France.

Mais les séquelles de la guerre ne pouvaient disparaître si facilement et tout sport automobile fut officiellement interdit en Europe pendant deux années encore. Les seules courses importantes de 1919 et 1920 furent en fait Indianapolis et la Targa Florio.

Tant que les Etats-Unis n'avaient pas été directement mêlés au conflit, la course là-bas continuait, notamment à Indianapolis et, Allemands et Français vidaient leurs querelles sur ces circuits. Mercedes gagna Indianapolis en 1915, Peugeot remporta l'édition de 1916, raccourcie à 300 miles, puis le circuit fut réquisitionné par les autorités militaires pour être transformé en aérodrome. De chaque côté de l'Atlantique le sport repartait de plus belle. En 1919, Ralph de Palma entreprit la conquête de plusieurs records, à bord de sa Packard V 12, tandis qu'Ernest Ballot juste après l'Armistice mit sur pied une nouvelle écurie de course pour participer aux « 500 miles » de l'après-guerre à Indianapolis.

Dessinées par Ernest Henry et construites en 101 jours (il fallait en effet, pour ne pas manquer le bâteau, quitter Paris au plus tard le 26 avril) ces quatre Ballot ressemblait étrangement aux Peugeot d'avant-guerre, ce qui n'est pas surprenant. En effet, pendant la guerre, Ernest Henry avait travaillé au département moteurs d'avions chez Bugatti, et ses voitures étaient maintenant équipées d'un moteur huit cylindres en ligne, qui allait rapidement faire école dans le monde du sport automobile (en 1921 plus de la moitié des voitures courant à Indianapolis étaient des huit cylindres).

Comme l'on devait s'y attendre, ces voitures, bien que les plus rapides au tour, connurent des ennuis de pont arrière, et

Saegrave (ci-dessus à gauche) dans sa Talbot-Darracq au Grand Prix de France en 1921. Il termina neuvième après une course émaillée de nombreux incidents dont quatorze crevaisons.

Ci-dessus : Ralph de Palma aux commandes de la très rapide Packard V 12, qui remporta de nombreuses courses et battit de nombreux records en Amérique, entre 1917 et 1920. De Palma, né en Italie, vint aux Etats-Unis avec ses parents à l'âge de 10 ans, et devint l'un des plus célèbres pilotes américains

c'est une Peugeot d'avant-guerre qui remporta l'épreuve aux mains de Howard Wilcox.

Pendant ce temps en Sicile le Comte Vincenzo Florio s'occupait à remettre sur pieds la Targa Florio, apparemment peu concerné par l'interdiction pesant sur le sport automobile. Cette édition 1919 fut courue le 23 novembre en pleine tempête de neige. C'était la première participation à une course de Enzo Ferrari, qui prit le départ le premier, suivi par Ascari. Mais le héros du jour fut incontestablement André Boillot (frère du célèbre Georges Boillot) qui, après six sorties de route percuta le mur des tribunes à dix mètres de la ligne d'arrivée. Sous le choc sa Peugeot partit en tête à queue et traversa la ligne d'arrivée en marche arrière. Pour éviter la disqualification il poussa sa voiture en arrière, et s'écroula sur le volant en passant la ligne d'arrivée en criant : «C'est pour la France».

Petit à petit les interdictions furent levées et le sport automobile reprit son essor. En plus du Grand Prix de France, considéré jusque-là comme l'épreuve reine, fu-

Le comte Masetti (en haut) remportant la Targa Florio au volant d'une Mercedes 4,5 litres en 1922. Il avait déjà gagné cette course l'année précédente, avec une Fiat GP de 1914

Ci-dessus : Pietro Bordino, un des plus grands pilotes d'Italie dans les années 20, ici à la Targa Florio en 1924 au volant d'une Fiat 2 litres.

A droite : Alexandre Cagno (n° 4) remporta le Gran Premio Vetturette à Brescia en Italie en 1923, au volant d'une Fiat à compresseur 1 500 cm3

rent organisés le Grand Prix d'Italie, et d'autres épreuves similaires ; Brooklands reprit son activité et fut imité par d'autres pays : c'est ainsi que naquirent le circuit de Monza, dans les bois des environs de Milan et sa contre partie française, dans le parc du Château de Montlhéry au sud de Paris. Le circuit de l'Avus, dont les premiers projets remontaient à 1909 fut terminé en 1920 (Fritz Von Opel remporta la course d'inauguration à bord d'une voiture de sa propre marque). Puis apparurent des « épreuves reines » telles les 24 Heures du Mans, les Mille Milles, la Coupe des Alpes et le Rallye de Monte-Carlo.

Le premier Grand Prix de France de l'après-guerre réservé aux 3 litres, fut disputé au Mans en juillet 1921. Grâce à l'intervention d'Albert Champion, dont le nom est devenu depuis célèbre grâce aux bougies, Fred Duesenberg put s'engager, représentant ainsi le premier défit des Etats-Unis, tandis que les Fiat et les Sunbeam Talbot Darracq n'avaient pu effectuer le déplacement à cause des grèves sévissant dans leurs pays respectifs.

Le Grand Prix se déroulait sur le circuit permanent de la Sarthe, long de 17,6 Km, comprenant deux des routes principales arrivant dans la partie sud de la ville du Mans si mal revêtues que les pierres faisaient exploser les pneus. Il y avait peu de différence de puissance entre les Ballot Talbot Darracq et Duesenberg, mais, ces dernières bénéficiaient d'un freinage hydraulique leur donnant un avantage substantiel. Jim Murphy, le pilote américain qui allait remporter Indianapolis l'année suivante avant de se tuer dans une épreuve mineure près de New-York en 1924, eut un accident lors des essais et se cassa trois côtes. Enroulé dans d'impressionnants bandages, il prit la tête, retardant au maximum son freinage, coupant les virages de Mulsanne et de Pontlieue à l'intérieur. Et bien que la Ballot bleue de Chassagne prit ensuite la tête pendant six tours, avant qu'une pierre ne transperce son réservoir d'essence, c'est Murphy qui franchit la ligne d'arrivée en vainqueur un pneu à plat et un jet de vapeur sortant de son radiateur percé. On dut le hisser hors de son siège, mais pour la première fois une voiture entièrement américaine, pilotée par un américain remportait la course suprême. Quarante et une années allaient s'écouler avant qu'un autre américain, Dan Gurney, ne remporte à nouveau le Grand Prix de France (à Rouen, sur Porsche).

En 1922, la première année de la formule deux litres, le vétéran Nazzaro (qui avait triomphé à Dieppe en 1907 au volant de sa Fiat) inscrivit la dernière victoire de Fiat dans le Grand Prix de France. L'année suivante ce fut au tour des Anglais de se réjouir. Après une lutte épique contre les Fiat, Henry Segrave mena sa Sunbeam à la victoire.

Cette épreuve se déroulait à Tours, et les Fiat largement favorites, étaient parties en tête, jusqu'à ce que des gravillons fussent aspirés par leurs compresseurs, les contraignant à l'abandon.

Segrave se rappelle son excitation, lorsqu'il vit la voiture rouge de Salamano sur le bord de la piste, juste avant l'arrivée. « Mettant ses mains en porte voix contre mon oreille, mon mécanicien, Dutoit, cria « c'est le 14 qui est en panne, nous sommes en tête ! ». Je n'en croyais pas mes oreilles ; pour la première fois une voiture anglaise était en tête à un tour de la fin. Comment oublier ces derniers kilomètres, au cours desquels chaque virage semblait impossible, chaque bruit de moteur nous parvenait tellement exagéré. Je ne pouvais plus coordonner mes mains et mes pieds. Mais la chance était avec nous ! ».

Les Sunbeam faillirent remporter les trois premières places car Kenelm Lee Guinness cala dans le dernier tour, permettant à la Bugatti de Friderich de le dépasser et de prendre la troisième place. Mais cela importait peu. Conçues par Vincenzo Bertarione que l'on avait fait venir de Turin, les

H.O.D. Segrave (ci-dessus) en action, vainqueur du Grand Prix de France 1923 aux commandes de sa Sunbeam n° 12. Né dans le Maryland d'un père irlandais et d'une mère américaine, il fut le seul pilote « Britannique » à remporter un Grand Prix sur le vieux continent à bord d'une voiture anglaise. Il fut d'ailleurs fait Chevalier pour avoir servi le prestige de l'Angleterre

A droite : L'Alfa 1 500 cm3 à compresseur Marinoni lors d'un changement de pneus au stand, pendant la Targa Florio 1928. Le vainqueur, cette année-là, fut Divo sur Bugatti

Sunbeam pouvaient bien être « des Fiat peintes en vert ». Quoi que l'on dise bien que peintes en vert, leur victoire n'en était pas moins impressionnante !

Brooklands dans l'entre-deux guerres

Cependant l'automobile était encore l'apanage d'un petit nombre. Les fabrications en série n'en étaient qu'à leur tout début, et exceptés Ford, Citroën, etc., beaucoup étaient assemblées à la main. De la plus luxueuse à la plus modeste, elles pouvaient avoir encore des roues en bois et la grande majorité d'entre elles étaient des voitures découvertes équipées d'une capote repliée à l'arrière, que l'on installait en cas de mauvais temps. Les essuie-glaces n'avaient pas encore été inventés, et il fallait ouvrir la partie supérieure du pare-brise pour voir où l'on allait.

Il était nécessaire de s'emmitoufler dans des pelisses, et les dames devaient attacher leurs chapeaux sous le menton, même si quelquefois un second pare-brise était prévu pour protéger les passagers assis à l'arrière. Peu de voitures possédaient un démarreur électrique, sauf aux Etats-Unis, et il fallait lancer le moteur à la manivelle. Les freins avant étaient inconnus, et la moindre pente faisait bouillir l'eau des radiateurs. Malgré toutes ces particularités, elles procuraient le vrai plaisir de conduire les cheveux au vent et le visage au soleil. Toute ressemblance avec leurs ancètres hippomobiles n'avait pas encore totalement disparue. Ces voitures des années vingt étaient dans l'ensemble mieux conçues que leurs devancières, grâce à l'expérience acquise pendant la guerre dans le domaine de la métallurgie, et en particulier des métaux légers. Elles étaient mieux finies que celles qui leur succédèrent. Une absence totale de signalisation caractérisait aussi ces jeunes années de l'automobile : pas de panneaux, pas de feux, pas de sens uniques. Pas non plus de problèmes de parking. Le cauchemard moderne des embouteillages et du bruit était pratiquement inconnu, et il était possible de pique-niquer n'importe où en paix dans la campagne.

Peu d'endroits étaient aussi passionnants que Brooklands. Ce circuit fut en effet entre les deux guerres une véritable ruche automobile où il se passait toujours quelque chose. Que ces temps semblent lointains ! Les bureaux de Vickers-Armstrong ont pris possession du Club, le virage de Byfleet a été rasé pour permettre l'attérissage des avions, et les arbres poussent ici et là dans les crevasses de la piste en béton.

Blotti au cœur du verdoyant Surrey près de Mayfair, c'était d'une part un Club élégant, où il était possible de faire la sieste au soleil sous les rhododendrons, ou de jouer au tennis, de dîner et de danser... Mais c'était avant tout le lieu de rencontre des voitures de Grand Prix et des voitures de tourisme rapides, ainsi que des voitures

Le comte Louis Zborowski (ci-dessus à gauche) à Brooklands au volant de sa célèbre « Chitty Chitty Bang Bang I », propulsée par un moteur d'avion Maybach de 23 litres de cylindrée. Il cessa de l'utiliser en 1922 après un accident consécutif à une crevaison. Cette voiture boucla le circuit à 182,58 km/h

Ci-dessus : Le départ des premières « 200 Miles » à Brooklands en 1921. Il est possible de discerner la GN d'Archie Frazer Nash (n° 2), la Deemster de A.V. Phillip (n° 4), la Baby Peugeot de Topping (n° 5), la Coventry Premier de Dixon (n° 8) et la Temperino de Wood (n° 10)

préparées par des amateurs enthousiastes. Pendant la première guerre mondiale, Brooklands avait été réquisitionné par les Royal Flying Corps, et les lourds camions à bandages pleins avaient complètement détérioré la piste. Celle-ci ne fut jamais convenablement réparée, et il fallait que les pilotes résistent aux secousses et aux cahots, en particulier ceux du pont de la rivière Wey, qui les faisaient décoller de leurs sièges.

La course reprit néanmoins en 1920, et Malcolm Campbell remporta la première épreuve au volant de sa Talbot. Un jeune homme d'Eton, Henry de Hane-Segrave se fit rapidement connaître. On put également y voir Archie Frazer Nash, et Kenelm Lee Guinness qui battit un record de vitesse aux commandes de sa Sunbeam 350 V 12, que l'on peut maintenant admirer au Musée Montagu.

Les monstres foisonnaient. Le Comte Zborowski nourrissait un penchant particulier pour les voitures à moteurs d'avion. Il construisit quatre « Spéciales » à partir de châssis Mercedes d'avant guerre, et de moteurs Maybach, Benz, Mercedes et Liberty. La plus célèbre, propulsée par un moteur Maybach de 23 litres de cylindrée (utilisé sur les Zeppelins) dont l'échappement sourd faisait « Chitty Chitty Bang Bang, Chitty Chitty Bang Bang», fut surnommé «Chitty I». Louis Zborowski venait de sa propriété près de Canterbury en voiture, avec un équipage vêtu de casquette à carreaux trop grandes et de chemises noires. Malheureusement un jour qu'il « tâtait la piste » comme l'on disait à Brooklands, un pneu éclata. Sa voiture percuta le parapet et partit en tête à queue écrasant un poste de chronométrage, manquant de peu le chronométreur. (Ce dernier fut d'ailleurs tué un peu plus tard par une moto qui manqua son virage).

Zborowski ne pilota jamais plus « Chitty I » à Brooklands, bien qu'il continua à courir avec « Chitty II », sa Mercedes blanche. Ce personnage dynamique avait lancé la mode des voitures à moteurs d'avions, car si les voitures nouvelles étaient très chères juste à la fin de la guerre, les moteurs d'avions, eux pouvaient s'acheter aux surplus, et les longs châssis dans lesquels on pouvait les installer étaient disponibles.

Un pilote particulièrement optimiste construisit la voiture de ses rêves avec un moteur d'avion Clerget de 20 litres, et se tua. Ernest Eldridge, lui, fit l'acquisition de la vénérable Fiat de Nazzaro, « Méphistophélès », rallongea le châssis de quelques décimètres et y installa un six-cylindres Fiat

On ne peut rien imaginer de plus varié que Brooklands (ci-dessus, à gauche). 50 voitures légères, par exemple, prirent part à une course de longue distance en 1925. Le parcours utilisait une partie du circuit et des routes privées. Le passager de l'Amilcar de Vernon Ball est ici « en rappel » pour essayer d'éviter le sort de la numéro huit

Il est presque possible de sentir l'odeur de la Castrol R ! ci-dessus, départ de la catégorie 1500 cm3 aux 500 Miles de Brooklands en 1929. De gauche à droite : une OM, trois Bugatti et la voiture d'Archie Frazer Nash « La Limace »

A droite : Duel des Titans : la Bentley Speed Six de J. Dunfee, aux côtés de la Mercedes Blanche de John Noel propulsée par un moteur d'avion, au départ des « 500 Miles du BRDC », en 1929. La course fut gagnée par Barclay et Clément à 173 km/h de moyenne

de 300 CV. Cette machine extraordinairement rapide s'empara du record de vitesse en 1924. Alistair Miller construisit « Vipère I » à partir d'un V 8 Hispano Suiza à l'usine Wolseley, et cette machine, aux mains de Kaye Don faillit quitter la piste dans le haut virage en remblai.

Parmi les personnages de légende figurait Parry Thomas, le brillant ingénieur gallois de la Leyland Motor Company qui fit de sa Leyland à moteur 8 cylindres en ligne de 7 litres une des machines les plus rapides de son époque, remportant épreuve sur épreuve. L'un des hauts faits de Brooklands fut son duel épique avec la Méphistophélès d'Eldridge. 500 Livres étaient en jeu, et les deux voitures partirent comme des boulets. Eldridge, en tête pendant la course à plus de 200 Km/h ne fut doublé par Thomas que juste avant l'arrivée.

Puis il y eut Sir Henry Birkin, qui, comme W. O. Bentley pilota une D.F.P. puis une Rolls Royce avant de s'occuper des Bentley à compresseur, Tommy Hann et sa curieuse Lanchester Special qu'il abandonna au profit d'une deux places jaune appelée « Softly Catch Monkey ». Mais la palme du psychédélique revint indiscutablement à la Straker-Squire de Kensington Moir, peinte en zigzag blancs et noirs.

Parallèlement aux monstres à moteurs d'avion (en quelque sorte les précurseurs des Dragsters d'aujourd'hui) et aux voitures sophistiquées du genre Bentley, apparurent de petites voitures toutes simples comme les GN et les Morgan. Des voitures de course de taille plus raisonnable furent également fabriquées comme les Calthorpe, les Hillman, les Aston Martin à soupapes latérales, les Frazer-Nash à transmission par chaîne, ainsi que les Amilcar et Salmson en France. C'était l'époque où les petites quatre-cylindres double arbre à cames en tête Talbot-Darracq 1,5 litre de Louis Coatalen dominaient sans partage les épreuves réservées aux voiturettes. C'est alors qu'Herbert Austin sortit sa « Seven », le plus beau jeu de Meccano jamais produit. Elle fut la manne d'une génération de préparateurs. Cette voiture remporta un nombre incalculable d'épreuves, et se vendait à l'époque 2 700 francs, munie d'un certificat de Brooklands garantissant une vitesse de 120 Km/h. Pendant ce temps Cecil Kimber travaillait nuit et jour sur la Morris Cowley, au garage Morris à Oxford, et créa la première M.G., qui, avec les Austin, mit non seulement l'automobile, mais le sport automobile à la portée d'une clientèle beaucoup plus large. De nombreux pilotes devenus célèbres par la suite débutèrent à Brooklands au volant d'une Austin Seven ou d'une M.G. Il devint alors nécessaire de créer un système de handicap pour permettre à toutes ces voitures de courir. L'on commença par lester certaines voitures mais ce procédé fut très rapidement abandonné pour être remplacé par un système de temps compensé. En 1921 le Junior Car Club (fondé en 1912 et devenu depuis le British Automobile Racing Club) mit sur pieds la première épreuve importante jamais organisée à Brooklands, une course de 320 km pour voiturettes. Quatre années plus tard se courut le « One Hour High Speed Trial », pour voitures de sport et de tourisme. En 1926 le R.A.C. organisa le premier Grand Prix d'Angleterre à Brooklands (remporté par Sénéchal et Wagner sur Delage) et en 1929 ce fut le tour du British Racing Driver's Club d'y organiser la première épreuve de 500 Miles pour

A droite : Spectateurs examinant les voitures dans le parc des concurrents, lors de la première course de la saison 1930. Au premier plan la fameuse Bugatti Grand Prix et ses roues en alliage léger

Malcolm Campbell, ci-dessus, négociant un virage à grande vitesse au volant de sa Bugatti à Pagne 1931 à Brooklands. Le programme de ce week-end comprenait neuf courses et une démonstration de planeurs

voitures de course. Cette épreuve se déroula sur le grand circuit selon un système de handicap, et fut remporté par Jack Barclay et F.C. Clément à bord d'une Bentley de 4,5 litres de cylindrée.

Ce n'était pas tout : l'Essex Motor Club y organisa une course d'endurance de six heures en 1927, sorte de « Le Mans en miniature », suivie par une course de deux fois douze heures patronnées par le J.C.C. Le Light Car Club organisait une course relais annuelle, et à partir de 1930 il y eut même des courses d'ancêtres, organisées par le vétéran Car Club nouvellement créé. Tout ce que l'on pouvait imaginer se déroulait effectivement à Brooklands.

Plusieurs femmes s'illustrèrent sur le circuit, comme Jill Thomas, Elsie Mary Wisdom, Gwenda Stewart et Kay Petre, qui faisalent le tour du circuit à plus de 195 Km/h de moyenne ! Kay Petre d'apparence plutôt menue, et que l'on n'aurait jamais pensé capable de conduire une Delage V 12 de 10,6 litres de cylindrée se mesura à Gwenda Stewart, qui pilotait une Derby-Miller 8 cylindres à compresseur de 1 600 cm3 pour le titre officieux de « femme la plus rapide du monde ».

Kay partit la première et boucla le premier tour à 216 Km/h de moyenne. Malheureusement le bouchon de réservoir sauta au quatrième tour, répandant du carburant sur l'arrière de la voiture. Gwenda venait de tourner à plus de 213 Km/h lorsque son collecteur d'échappement rendit l'âme au passage d'une bosse, et elle dut laisser la victoire à Kay Petre. Mais elle fit réparer son échappement, et dès le lendemain arracha le record des mains de Kay à plus de 217 Km/h.

C'est à la faveur de tels évènements que Brooklands entra dans la légende.

Page de droite : Raymond Mays, remportant l'International Trophy à Brooklands en 1937 avec sa Era 2 litres à compresseur Zoller. Il avait terminé en seconde position l'année précédente, laissant la victoire au prince Chula de Siam, qui pilotait également une Era. Cette voiture fut construite en 1933-34 par Mays, Humphrey Cook et Peter Berthon, aidés par Reid Railton. Ce fut une des meilleurs voitures de la fin des années 30

Menue, les cheveux bruns, Kay Petre était l'un des personnages les plus populaires de Brooklands pendant les années 30. Elle fut sérieusement blessée en septembre 1937 lorsque sa voiture quitta la piste en haut du virage en remblai, après une collision avec une autre voiture. On la revit au volant d'une Riley 1 500 cm3 à compresseur dès le mois de mars de l'année suivante

Bentley au Mans

Si aux yeux des Anglais voiture de sport était synonyme de Bentley, Bentley en tout cas était synonyme du Mans. Cette ville de province française était la véritable capitale du sport automobile, depuis le tout début du siècle, le premier Grand Prix y fut organisé en 1906, et de nouveau en 1921. Mais la véritable raison de sa réputation, c'était les 24 Heures du Mans, aujourd'hui encore l'épreuve internationale la plus célèbre.

Une course sur un tour complet d'horloge n'était absolument pas une nouveauté lorsque Charles Faroux et Georges Durand eurent l'idée d'organiser les 24 Heures en 1923. De telles épreuves avaient déjà été courues sur des pistes américaines, comme à Brighton Beach à Coney Island, et aussi dans la région d'Indianapolis. Mais le public eut immédiatement le coup de foudre pour l'épreuve Sarthoise.

Le départ de la première course sur le circuit de la Sarthe fut donné à 16 heures le 26 mai 1923, sous une averse de grêle. Les virages étaient éclairés par des projecteurs de l'armée et par des lampes à acétylène pour aider les coureurs dans le noir. Tout était prévu pour la distraction des spectateurs : cinémas, concerts de Jazz, etc... Legache et Léonard remportèrent l'épreuve à bord de leur Chenard et Walcker 3 litres, ayant parcouru 2 209,53 km à la moyenne de 92,055 Km/h. Déjà pourtant John Duff avait fait parler des Bentley,

Avant de construire des voitures pour son propre compte, W.O. Bentley (ci-dessus) était le concessionnaire londonien des voitures D.F.P., avec lesquelles il courait. Il est ici au volant de la D.F.P. 12 CV, avec laquelle il s'appropria quelques records de classe B à Brooklands en février 1914

A droite : Départ des 24 Heures du Mans 1928. Trois Bentley démarrent en tête, accompagnées d'un roadster Chrysler. Les Bentley étaient pilotées par Clément/Benjafield, Birkin/Chassagne et Barnato/Rubin

A gauche, ci-dessus : Changement de pilote lors d'un arrêt au stand de la Bentley de Clément et Chassagne, au cours des 24 Heures du Mans 1929. Cette voiture termina en 4e position, complétant ainsi la magnifique victoire de la firme qui plaça quatre voitures aux quatre premières places

A droite : La Bentley victorieuse, pilotée par Woolf Barnato et Bernard Rubin. Ce nouveau modèle 4,5 litres qui avait couru pour la première fois au Mans l'année précédente développait 110 ch contre 88 pour la 3 litres

en battant le record du tour des voitures de sport à la vitesse de 107,3 Km/h couvrant la plus grande distance avant de tomber en panne sèche. Il réussit toutefois à terminer en cinquième position.

Une telle erreur ne se reproduisit plus l'année suivante, et bien que retardés par une clavette qui bloquait le changement de vitesses, Duff et Clément menèrent leur Bentley 3 litres à la victoire en 1924 à la moyenne de 86,55 Km/h, moyenne inférieure à celle de l'année précédente.

En 1925 le plateau des voitures s'enrichissait de deux Chrysler, venues des U.S.A. ; c'est cette année-là que fut inauguré le départ « Style le Mans ». Les pilotes devaient traverser la piste en courant vers les voitures rangées en épi, installer les capotes préalablement repliées, avant de pouvoir lancer les moteurs et démarrer. Egalement cette année là survinrent les premiers accidents mortels (André Guilbert dans sa Ravel et Mestivier, qui perdit le contrôle de son Amilcar dans la ligne droite). Aucune des deux Bentley engagées ne terminèrent l'épreuve. Courcelles et Rossignol franchirent en vainqueurs la ligne d'arrivée, à bord de leur Lorraine-Dietrich 3 500 cm3. L'édition 1926 fut placée sous le signe du match triangulaire Lorraine - Peugeot - Bentley. A 8 heures dimanche matin la première Bentley comptait trois tours de retard sur la Lorraine de tête, lorsqu'une rupture de culbuteur la contraignit à l'abandon. A vingt minutes de la fin Sammy Davis, aux commandes de la seconde Bentley manqua le virage de Mulsanne et s'ensabla, permet-

tant ainsi aux Lorraine de se classer aux trois premières places, devant deux OM.

C'est avec le millésime 1927, en fait, que prit corps la légende des Bentley. Sammy Davis, qui pilotait « La Vieille n° 7 » se rappelle du petit nombre de voitures au départ (l'équipe Tracta, partie s'amuser la nuit précédent le départ avait eu un accident et pilotes et mécaniciens s'étaient retrouvés à l'hôpital). Après le départ, le calme revint dans les stands, et les chronomètreurs commençaient à remplir les feuilles de pointage. Toutes les 8 mn 45 s, les Bentley apparaissaient, passaient devant les stands dans un vacarme assourdissant et disparaissaient en direction de Pontlieue.

Mais soudain, une heure après la tombée de la nuit, plus rien. Pas seulement une, mais les trois Bentley étaient en retard. Les minutes s'écoulaient et toujours pas un bruit ni une lueur de phare. Quelques petites voitures passèrent. Toute l'équipe Bentley avait disparu au cours du même tour.

Enfin on entendit monter le bruit d'un moteur et la n° 7 fit son apparition dans la lumière des stands. Ses phares ne fonctionnaient plus, l'une des roues avant était complètement faussée, et un morceau d'aile tordu dépassait par dessus le capot.

Davis raconte qu'à la tombée de la nuit il avait quelque peu accru l'écart entre lui et son camarade d'écurie, pour éviter de l'éblouir avec ses phares. Il vit la Bentley qui le précédait foncer dans la descente, franchir le petit pont et disparaître dans le virage.

« En plein dans le virage à droite, j'aperçus sur la piste des mottes de terre et des éclats de bois. J'aurais dû me douter du danger, mais en fait je ralentis à peine, me tenant néanmoins sur mes gardes. J'étais alors dans le virage, presque à fond quand je vis dans le pinceau de mes phares un incroyable enchevêtrement de ferraille tordue, juste au milieu de la route devant moi. Ecrasant la pédale de freins, je braquai désespérément à fond pour essayer de mettre la voiture en travers. Le choc me projeta contre mon volant et toutes les lumières s'éteignirent ».

Réussissant à se dégager, il aperçut là une des Bentley, apparemment encastrée sous l'autre ! L'accident s'était produit lorsque Callingham, pilotant la Bentley 4,5 litres de tête s'était trouvé face à face avec une Schneider à la sortie du virage. Le choc était inévitable. Quelques secondes plus tard, Duller, aux commandes de la 3 litres réussit à éviter la Schneider, mais percuta la 4,5 litres. Sammy Davis fit de même. Sa Bentley était la seule des trois en état de poursuivre la course. Elle était à peine dégagée qu'une autre voiture vint percuter les épaves.

De retour au stand, les dégats furent examinés. Le châssis était faussé, les phares hors d'usage, mais la voiture pouvait continuer. Impossible de prétendre à la victoire, mais Sammy était décidé à aller jusqu'au bout.

L'Ariès de Chassagne et Laly était loin en tête, et la pluie s'était mise à tomber. Mais petit à petit « Doc » Benjafield ayant pris le relais au volant de la voiture accidentée réduisait l'écart réussissant à reprendre en fait un tour complet aux hommes de tête. Et soudain, alors qu'il restait moins d'une heure à courir, l'Ariès s'arrêta sur le bord de la piste et dut laisser passer la Bentley dont le garde boue claquait au vent. Chez Bentley l'espoir commençait à naître, à mesure que la nº 7 refaisait le terrain perdu. Il restait encore une quinzaine de kilomètres à rattraper, mais l'Ariès repartit, toujours en tête. Enfin dans la montée avant Mulsanne Benjafield aperçut la longue Ariès bleue, capot ouvert. « Des moments comme celui là sont indescriptibles » dit Davis. « A partir de ce moment là, Benjy savait que l'incroyable allait se produire, la vieille voiture allait gagner ».

C'est Sammy Davis qui franchit la ligne d'arrivée. Il fut noyé de champagne et de fleurs par une foule en délire. Une inspection rapide de la voiture après coup montra aux deux pilotes qu'ils avaient eu beaucoup de chance !

Le dîner célébrant cet évènement eut lieu au Savoy à Londres. Sir Edward Iliffe, le Président, se leva soudain en déclarant qu'une dame qu'il avait invité, attendait dehors. Les portes s'ouvrirent alors et la nº 7,

Ci-dessus : Le fameux départ du Mans fut institué en 1925. Il y avait cette fois-là 49 voitures au départ, dont 2 Chrysler, 2 Bentley, des Diatto, OM et même une Austin Seven. Ici les pilotes traversent la piste en courant lors de l'édition 1931. L'on peut voir une Mercedes blanche et trois Bugatti 4,9 l noires, particulièrement imposantes

A droite : Une des voitures les plus rapides sur le grand circuit à Brooklands, la Barnato-Hassan 8 l à moteur Bentley d'Oliver, ici avant le départ des « 500 miles » en 1935. Le jeune mécanicien, deuxième à partir de la droite est Wally Hassan, qui avait conçu la voiture

tous phares allumés, dans un grand bruit, pénétra dans la salle.

C'est ainsi que naquit la légende des Bentley au Mans. 1928 vit la victoire de Woolf Barnato (un des financiers de la firme) et Bernard Rubin, sur une 4 litres et demi, malgré l'opposition des équipes américaines Stutz et Chrysler. Sir Henry Birkin, qui ne plaça sa Bentley qu'en cinquième position s'appropria le record des voitures de sport lors du dernier tour, à la vitesse de 127 Km/h.

En 1929 c'était déjà « Bentley contre les autres », et la marque enleva les quatre premières places, Barnato signant sa deuxième victoire consécutive à plus de 115 Km/h de moyenne.

En 1930, l'on vit apparaître la Mercedes 7 litres SS de Christian Werner et Caracciola. Bentley engagea deux équipes distinctes : l'équipe d'usine des «Speed Sixes», sous la direction de W.O. Bentley et les trois 4,5 litres de Dorothy Paget, sous la responsabilité de Kensington Moir. Parmi les autres concurrents figuraient des Stutz, deux Lagonda, la 1750 Alfa Romeo de Earl Howe, la première M.G. 846 cm3, et également les premières femmes pilotes : Mmes Mareuse et Siko au volant d'une Bugatti 1 500 cm3. Le départ fut très rapide ; la Mercedes prit la tête, pourchassée par la meute des Bentley, mais rendit l'âme à 2 heures du matin. Une des deux Stutz prit feu à Mulsanne, l'autre cassa son essieu arrière. Les Bentley à compresseur elles mêmes durent abandonner, à cause d'ennuis de soupapes et de pistons. C'est finalement les deux 6,5 litres d'usine, conduites par Barnato-Kidston et Clément-Watney qui l'emportèrent, la vieille n° 1 s'inscrivant au palmarès pour la deuxième fois. Ce fut malheureusement la dernière participation de l'équipe officielle Bentley à la prestigieuse épreuve. L'année suivante les problèmes financiers contraignirent W. O. Bentley à vendre son affaire à Rolls Royce.

Avec ce retrait sonnait indiscutablement la fin de toute une époque.

Les Grands Prix des Années 20

Pour les grandes épreuves sportives, 1924 est incontestablement l'année au sommet. La nouvelle formule 2 litres avait été conçue en 1922 pour susciter la création de moteurs à hauts rendements. Une nouvelle génération de voitures vit le jour, écrivant l'une des plus belles pages du sport automobile.

Les Italiens, naturellement, montrèrent l'exemple. Ils étudièrent avec soin les problèmes d'admission et de lubrification de leurs moteurs, afin de pouvoir les suralimenter. C'est le département compétition de Fiat qui ouvrit la voie, avec d'abord le type 804 et ensuite le type 805 suralimenté. Fiat possédait non seulement les machines les plus rapides (Bordino s'était emparé du record du tour de toutes les épreuves importantes en 1922 et 1923) mais aussi les meilleurs pilotes, et la meilleure organisation dans les stands. La domination quasi-absolue de la marque n'est donc pas surprenante. Au Grand Prix de France, qui se déroulait cette année là à Tours, apparurent pour la première fois dans un Grand Prix les voitures à compresseurs. Elles ne purent d'ailleurs terminer l'épreuve.

A Monza, trois mois plus tard, alors que l'on avait remédié aux petits ennuis du début, elles anéantirent l'opposition. Le

L'Alfa Romeo P2 d'Antonio Ascari (ci-dessus) après son accident mortel, lors du Grand Prix de France en 1925. Il était en tête et la piste était mouillée, lorsque l'extrémité de l'un des moyeux se prit dans une clôture, faisant se retourner la voiture

A droite : Départ sous la pluie pour une course de « formules libres » organisée en lever de rideau au Grand Prix de France en 1927. Elle fut remportée par la Talbot de Divo. Les autres Talbot furent contraintes à l'abandon pendant ce même Grand Prix. La firme se retira de la compétition à la fin de cette année-là

BOSCH
L.M.C.
S.E.V.
S.E.V.

Ci-dessus : Les Mercedes 2 litres à compresseur, au départ de la course de Solitude en Allemagne en mai 1925. Otto Merz, le vainqueur, ici au volant de la voiture n° 15, et Karl Sailer, au volant de la n° 14. Le circuit de Solitude se composait d'un réseau de routes autour du château de Solitude, près de Stuttgart, et fut utilisé pour la dernière fois en 1965

Henry Seagrave (photographie page de droite), ici en conversation avec le roi d'Espagne Alfonso, après son abandon au Grand Prix d'Espagne à San Sebastian en 1926. Parmi les dix partants figuraient neuf voitures françaises et la Sunbeam, qui, bien que favorite, dut abandonner au sixième tour. La course fut remportée par Costantini sur Bugatti

Grand Prix d'Italie fut donc la première course internationale remportée par une voiture suralimentée, et à partir de cette date une seule épreuve, la Targa Florio, continua jusqu'en 1939 à voir la victoire de voitures sans compresseurs.

La concurrence, qu'un tel succès ne pouvait laisser indifférente, fit aux ingénieurs de Fiat des offres si alléchantes que la marque décida de se retirer de la compétition à la fin de la saison 1924. Peut-être les dirigeants de la firme turinoise ont-ils pensé qu'il ne fallait pas trop tenter la chance. En aucune manière ils ne voulaient courir le risque d'être battu par des mécaniques dessinées à l'origine à Turin ! Mais déjà un extraordinaire successeur attendait dans les coulisses.

Nicolas Romeo s'était joint pendant la guerre à la Societa Anonima Lombarda Fabrica Automobili, la rebaptisant Alfa Romeo. Il nomma Enzo Ferrari au poste de directeur général, et Vittorio Jano (transfuge de chez Fiat) au poste d'ingénieur en chef. Le résultat fut un merveilleux 8 cylindres à compresseur double arbre à cames en tête de deux litres de cylindrée, appelé P 2. A partir de cette époque, jusqu'en 1951 Alfa Romeo allait toujours se tenir aux avant-postes, excepté au cours des années 30, qui furent une période dominée par Mercedes et Auto-Union.

1924, surtout, fut une année exceptionnelle. Duesenberg s'appropria un nouveau record à Indianapolis, Mercedes fit sa rentrée en Grand Prix et remporta la Targa Florio. Le Grand Prix de Suisse vit le jour (en tant que course pour voiturettes) ; de nouveaux circuits furent construits à Montlhéry et Miramas, et le Grand Prix de France fut un extraordinaire succès. Il fut disputé à Lyon, sur une partie du célèbre circuit de 1914. Vingt-deux voitures prirent le départ. Pour sa dernière participation à un Grand Prix, Fiat avait aligné quatre 805 à compresseurs (dont deux neuves, pilotées par Nazzaro et Bordino), tandis qu'Alfa Romeo, qui faisait ses débuts, avait confié trois P 2 à Ascari, Camparilet Wagner. Les Delage V 12 conçues par Planchon étaient à admission

Page suivante : Une Peugeot en action au cours de la Targa Florio 1925. Cette célèbre épreuve sicilienne fut gagnée cette année-là par Bartolomeo Costantini sur Bugatti

MARSALA FL
B. FERRERI
TROMBETTA
PALERMO
CATANIA
MESSINA

27 APRILE 1924
RIO
ANSALDO
PIRELLI
MICHELIN

Bien que Fiat ait stoppé toute participation aux grandes épreuves, en 1924 Bordino fit une tournée de démonstration en Amérique du Sud en 1925. Ci-dessus, il est au volant d'une monoplace Tipo 805

Ci-contre : L'un des plus grands pilotes des années 20, Antonio Ascari, qui atteignit le sommet de sa gloire après avoir remporté le Grand Prix d'Italie en 1924 et le Grand Prix d'Europe en 1925 à Spa, au volant d'une Alfa Romeo P2 huit cylindres. Il est ici en tête à Spa, sa dernière victoire avant l'accident qui lui coûta la vie lors du Grand Prix de France à Montlhéry

atmosphérique ; elles furent pilotées par Divo, Benoist et Thomas. Enfin Ettore Bugatti avait engagé pour la première fois sa type 35,une des plus jolies voitures jamais produites, précurseur de tant de célèbres machines de Grand Prix.

Les Sunbeam, toutefois, partaient favorites, et elles espéraient rééditer leur victoire de 1923. Les circonstances, malheureusement en décidèrent tout autrement, comme nous le dit Laurence Pomeroy dans son compte-rendu de ce qu'il est convenu d'appeler « l'affaire Bosch ».

« Les voitures anglaises étaient tellement supérieures aux autres que les gens de chez Alfa prirent directement contact avec la direction sportive de Sunbeam, pour lui demander si elle serait d'accord pour laisser les deuxième et troisième places aux Alfa. En contrepartie, Sunbeam pourrait remporter la victoire sans forcer outre mesure. Cette conversation eut probablement lieu devant un bon verre de vin, et il semble à peu près certain que l'équipe Sunbeam prit le départ confiante dans la victoire. Mais les choses se déroulèrent tout autrement. Elle reçut le soir précédent la visite des techniciens Bosch, qui s'étonnèrent de voir que les couvercles des rupteurs des magnétos étaient brulés. Les magnétos étaient en effet disposées à l'arrière du moteur, près de l'échappement, et n'avaient pas été changées depuis l'année précédente. De plus le montage d'un compresseur avait considérablement augmenté la température des tuyaux d'échappement. Les mécaniciens de Bosch entreprirent de remplacer les magnétos par des modèles récents, qu'ils venaient de recevoir de Stuttgart.

Pendant toute la course les Sunbeam eurent des ennuis d'allumage. Leur vitesse de pointe supérieure fut confirmée par le chronomètre, mais leurs moteurs irréguliers ne leur permirent jamais de prétendre à la victoire. Cette malchance profita à Alfa Romeo, qui remporta ainsi le Grand Prix de France dès sa première participation. Dans la nuit qui suivit, le capitaine Jack Irving, ingénieur responsable du département compétition Sunbeam, sauta de son lit, courut aux hangars, remit les vieilles magnétos et constata que tout ennui d'allumage avait disparu. Cet incident priva la firme de Wolverhampton d'une deuxième victoire consécutive dans le Grand Prix de France.

Mais ceci n'était qu'un aspect de cette course, qui est restée dans les annales comme « Le Grand Prix le plus extraordinaire » jamais disputé, surpassant la course de 1914. Trois pilotes de trois marques différentes furent tour à tour en tête ; Ascari cassa son moteur à trois tours de la fin, alors qu'il entrevoyait la victoire. La Delage de Divo passa en tête, soutenue par une foule en délire, mais les espoirs français devaient être déçus, car Giuseppe Campari franchit la ligne d'arrivée avec une minute d'avance sur la voiture bleue, après sept heures de course. C'était un début prometteur pour Alfa Romeo dont le nom ainsi que celui d'Enzo Ferrari fut synonyme pendant plus d'un demi siècle, de succès.

Henry Segrave renoua avec la victoire six semaines plus tard à San Sebastian, et Antonio Ascari remporta le Grand Prix de clôture de la saison 1924, à Monza. Il réédita d'ailleurs cet exploit en remportant la première course de la saison 1925, le Grand Prix de Belgique, à Spa. C'était là malheureusement la dernière victoire de ce pilote extraordinairement populaire, car il se tua à Montlhéry pendant le Grand Prix de France, alors qu'il était en tête, sous la pluie. Les Alfa. qui paraissaient imbattables furent immédiatement retirées de la course en signe de deuil, laissant la victoire à Divo sur Delage, devant une autre Delage et la Sunbeam de Masetti.

Ces quatre saisons (1922-1925) furent placées sous la domination des Italiens. Les puissances doublèrent et les vitesses en conséquence augmentèrent considérablement. Dans les années qui suivirent de grands progrès furent accomplis en matière

La Talbot de Divo (ci-dessus) (n° 4) et la Delage de Benoist (n° 6) se battent pour la première place au départ du Grand Prix de France à Montlhéry en 1927. Benoist finit par l'emporter devant deux autres Delage

de tenue de route et de freinage, mais l'on vit peu de voitures plus rapides.

Inquiète des vitesses atteintes par les 2 litres (le cap des 200 Km/h était franchi dès 1926) l'A.I.A.C.R. promulga un nouveau règlement limitant la cylindrée à 1 500 cm3. Ce fut un fiasco. Trois Bugatti seulement, s'alignèrent au départ du Grand Prix de France, à Miramas. Deux d'entre elles abandonnèrent, et la plus ancienne course du calendrier international se résuma au spectacle de Goux tournant inlassablement sur cette piste sans intérêt.

Ce fut à peine mieux l'année suivante à Montlhéry. Sept voitures prirent le départ, et Delage enleva les trois premières places, devant une Talbot. En 1928 le Grand Prix de France en était réduit à une simple course de voitures de sport. Si ces nouveaux règlements étaient une catastrophe du point de vue sportif, ils eurent du moins le mérite de faire apparaître quelques belles machines. D'autre part, ils contribuèrent également à faire renaître la « Gloire de la France » dans la mesure où ils provoquèrent le retrait d'Alfa Romeo et de Sunbeam. En 1926 apparut une version à compresseur de la Bugatti type 35, qui s'appropria de nombreuses victoires, à Rome, à la Targa Florio, à Monza, au Grand Prix d'Espagne (pour ne pas mentionner le Grand Prix de France à Miramas). La Delage 1 500 cm3 huit cylindres en ligne double arbre à cames en tête en fit de même en 1927. Il faut préciser que Delage engagea vingt voitures en sept courses et en gagna cinq. Pomeroy considérait que ces voitures représentaient « un véritable tour de force technique, tant du point de vue de la conception que de la construction », et Dick Seaman, dix ans plus tard fit toute une saison avec la même voiture, gagnant trois courses d'affilée sans qu'aucune intervention des mécaniciens n'ait jamais été nécessaire.

Mais en se démocratisant, l'automobile avait atteint un stade où les ventes n'étaient plus directement affectées par le succès

Ci-dessus : Christian Werner sur Mercedes franchit en vainqueur la ligne d'arrivée du Grand Prix d'Allemagne au Nurburgring en 1928. Sur ce circuit il avait gagné la course d'inauguration l'année précédente

André Boillot (à droite), frère du célèbre Georges Boillot, photographié ici à Montlhéry en 1927, après sa victoire dans la « Coupe de la Commission Sportive ». (Au moment de la photo, il est en proie à une violente rage de dent.)

Nuvolari (ci-dessus) en action au Tourist Trophy sur le circuit d'Ards près de Belfast. Alfa Romeo remporta les trois premières places de l'édition 1930, Nuvolari se classant premier devant Campari et Varzi

L'Alfa Romeo 2,3 litres de Caracciola devant le « David » de Michel-Ange, place Michel-Ange à Florence au cours des « Mille Milles » 1932. Caracciola avait interrompu momentanément la suprématie italienne dans cette épreuve, en la remportant l'année précédente avec une Mercedes en compétition. Les voitures populaires n'étaient-elles pas après tout d'une race entièrement différente des voitures de course ? L'un après l'autre, les constructeurs abandonnèrent la compétition. Talbot et Delage se retirèrent à la fin de l'année 1927.

L'A.I.A.C.R. promulga pour 1929 une formule encore inadaptée, si bien que les Grands Prix de France et d'Espagne furent les seules épreuves inscrites au calendrier international, tout le reste se courant sous le couvert de la « formule libre ».

C'est au moment où les constructeurs se retiraient les uns après les autres que l'intérêt du public pour la compétition automobile semblait décupler. Le calendrier était rempli d'épreuves secondaires et de mai à septembre il n'y eut aucun week-end sans compétition.

Si le sport classique connaissait des moments difficiles, cette période fut l'âge d'or des amateurs. Des pilotes indépendants comme Tim Birkin, William Grover Williams, René Dreyfus, Phiphi Etancelin et le comte Czaykowski purent se mesurer à armes égales aux professionnels d'alors. Ce fut aussi l'âge d'or des Bugatti. La 35 était une si belle voiture, avec son mince radiateur en forme de fer à cheval, et sa longue queue, « qu'il suffisait de la voir pour l'acheter » comme disait W. F. Bradley. Bugatti remporta en fait plus de victoires entre les deux guerres que n'importe quelle autre marque, et même plus que toutes les autres marques ensemble : 1 045 victoires de 1924 à 1926, 806 en 1927. Le modèle 35 B se vendit si bien dans les trois années qui suivirent que l'on assista en France à des courses sans aucune autre voiture au départ !

Deux évènements d'importance marquèrent cette période, faste pour les uns, sombre pour les autres : la construction du Nurburgring, dans l'un des plus beaux sites d'Allemagne, avec ses 89 virages à gauche, ses 85 virages à droite, et son tracé de 28,16 km, et la création par Anthony Noghès du circuit de Monte-Carlo dans les rues de la ville, entièrement en territoire monégasque, et qui allait devenir le théatre de l'un des plus célèbres Grand Prix du monde.

La belle époque des Rallyes Internationaux

L'amateurisme roi à une course de côte des années 20 : une AC à Shelsley Walsh. Le record appartenait alors à B.H. Davenport, en 48,8 s

Je me rappelle, au cours de ma première année à Oundle College, avoir passé des heures en embuscade derrière la fenêtre du dortoir, tous les week-ends, pour regarder les courses improvisées des « Grands », qui fonçaient dans les rues étroites avec leurs Midget J 4 et Singer « type le Mans », sous le regard indulgent de la police.

L'été suivant il me fut donné d'assister au passage des voitures du Rallye des Alpes au contrôle de St Moritz et je me rappelle m'être levé aux aurores pour assister au départ des concurrents, toutes les deux minutes, devant le Grand Hôtel.

Le Rallye des Alpes était une des classiques de l'été, mais la grande aventure de l'hiver, qu'aucun amateur passionné n'aurait souhaité manquer, c'était le Rallye de Monte-Carlo. En effet, si les Grands Prix étaient devenus une affaire de professionnels, les rallyes eux , continuaient à se disputer entre sportifs fortunés, à la recherche d'une distraction particulièrement passionnante.

Dans les années qui suivirent la guerre, des difficultés administratives de toutes sortes — comme l'institution de passeports et de visas — contrarièrent considérablement l'organisation des rallyes internationaux.

Le Rallye de Monte-Carlo ne put être organisé qu'à partir de 1924, sans grand retentissement d'ailleurs cette année là.

L'édition 1925, remportée par Repusseau sur Renault 45 cv connut par contre un grand succès.

En 1926, Victor Bruce, parti de John O'Groats, à l'extrême pointe nord de l'Ecosse, s'adjugea la victoire à bord de son AC. C'est la première fois que l'épreuve voyait la victoire d'un Anglais et d'une voiture anglaise. Sa femme remporta l'année suivante l'édition inaugurale de la Coupe des Dames.

L'idée de descendre sur la Riviera au milieu de l'hiver s'était imposée, et à cette époque il était possible de partir de Tallinn,

Sunbeam dans la neige au cours du Rallye de Monte Carlo en 1930. A cete époque, rallier Monaco était une performance remarquable. Des épreuves spéciales en montagnes notamment, attendaient les concurrents arrivés dans la Principauté au poste de contrôle que l'on voit ci-dessous

en Estonie, comme le firent les vainqueurs en 1933 ou de Bucarest. Souvent le temps décidait de l'échec ou du succès. Les concurrents quittant le soleil de l'Afrique du nord étaient pris dans les averses torrentielles d'Espagne, et pendant de nombreuses années, aucun équipage parti d'Athènes ne réussit la jonction. On trouve cependant parmi les vainqueurs des six dernières années avant la deuxième guerre mondiale quatre pilotes ayant pris le départ dans cette ville. La Scandinavie était un des points de départ favoris : le docteur Van Eijk, parti de Stockholm en 1929 à bord de sa Graham-Paige, remporta l'épreuve. Donald Healey fit de même en 1931, et fut coiffé sur le poteau l'année suivante par la Hotchkiss de Vaselle, parti comme lui de Umea au nord de la Suède.

Des points de bonus étaient attribués, selon les endroits de départ. Partir d'Athènes, par exemple, représentait un supplément de 1 000 points, Bucarest 935, Tallinn 910 et John O'Groats 850.

Au bar du Métropole Hôtel les conversations allaient bon train : l'équipage de Budapest avait dû débourser une fortune pour que des paysans le sorte de la neige avec leurs bœufs ; une Bentley, une Crossley et une Mercedes à compresseur étaient sorties de la route au même endroit près de Glasgow, et n'avaient pu rattraper le temps perdu que grâce à l'intervention du forgeron local ; la Ford de Whalley avait échappé de

Départ du Tourist Trophy en Irlande du Nord en 1931. La petite M.G. Midget 750 CC à compresseur n° 42, pilotée par Norman Black remporta l'épreuve. Le circuit des Ards, où cette épreuve eut lieu de 1928 à 1936 formait un triangle entre Dundonald, Newtownwards et Camber, à l'est de Belfast

justesse à un train au Danemark, mais la Triumph de Donald Healey n'avait pas eu la même chance. Que dire de Louis Chiron, qui ayant réussi à sortir sa voiture du fossé après plusieurs heures d'effort, la vit s'y faire précipiter à nouveau par un autre concurrent. Tout ceci faisait partie du jeu. En fait l'épreuve de régularité du Col de Braus, que les concurrents devaient parcourir à la moyenne exacte accomplie lors du parcours de concentration, déterminait le vainqueur.

Comme une seconde ou deux pouvaient avoir une importance déterminante on essayait de contourner le règlement. Le Rallye de Monte-Carlo devint une guerre d'arguments. Il fallait pouvoir gagner sans tricher, et pour ce faire, examiner minutieusement les règlements pour y trouver une faille, l'exploiter au maximum, et mettre au point la contre-attaque au cas où il y aurait des protestations.

Le Rallye international des Alpes, dont l'origine remontait bien avant la guerre, fut ressuscité en 1928 par l'effort conjugué de plusieurs Automobiles Clubs Nationaux.

D'après « The Autocar » son objectif était de devenir « l'épreuve des épreuves » en imposant aux voitures et aux hommes les conditions les plus difficiles qui soient. L'itinéraire changeait tous les ans, mais comprenait toujours les cols les plus hauts et les plus difficiles des Alpes et des Dolomites. Son but fut sans aucun doute atteint.

Les voitures devaient nécessairement être de série. Certaines pièces, comme par exemple les bouchons de radiateurs étaient plombés. Cela empêchait de refaire le niveau d'eau en cours de route. De plus il n'y avait pas à proprement parler de gagnants. Tous ceux qui avaient terminé l'épreuve sans points de pénalité se voyaient remettre la « Coupe des Alpes » tant convoitée, qui était aussi décernée à la meilleure équipe.

Les professionnels vinrent bientôt se mêler aux amateurs. En 1929 par exemple, Caracciola et Werner s'inscrivirent, avec leur Mercedes d'usine à compresseur, tandis que Fiat déléguait Nazzaro, Salamano et Cagno. Cependant, la victoire ne revint à aucun de ces héros. Nazzaro percuta un mur pour éviter un camion dans une rue de Bolzano, et la Mercedes de Caracciola avait perdu toute sa puissance, à tel point qu'elle était suivie dans les côtes par les spectateurs à pied. Mais cette course exerçait un attrait irrésistible sur les grands pilotes.

Toute épreuve sportive a ses hauts et ses bas. 1934 fut, pour le Rallye des Alpes, l'apogée. L'itinéraire partait de Nice, passait par Aix-les-Bains, Interlaken, St-Moritz, Venise et Zagreb pour se terminer à Munich, soit plus de 2 900 km de routes de montagnes traversant six pays.

Les concurrents étaient partis de Nice à 5 heures du matin, et avaient remonté la vallée de l'Isère jusqu'en Savoie. Tous les virages étaient pris avec le maximum de risques. En tête l'on trouvait les grosses Ford V 8 les Delahaye bleues, plus rapides, ainsi que la Hotchkiss de Trévoux, suivies par les Talbot 3 litres de Tommy Wisdon et Mike Couper, et par l'équipe SS 1 (ancêtres de Jaguar). La classe 2 litres comprenait les Riley Six carrossées par Gahecock, opposées aux Wanderer et Opel. Les Frazer-Nash, BMW, Aston Martin et M.G. couraient en classe 1 500 cm3, les Singer et les Trumpf Junior Adler de 995 cm3 en petites cylindrées.

Les concurrents franchirent le col de la Cayolle, avec sa rivière boueuse et ses virages en épingle, puis le col d'Allos, encore plus difficile, et enfin l'Izoard, le plus difficile de tous. L'itinéraire n'empruntait pas le Galibier, un pont ayant été emporté par un torrent. Dans la montée de Glandon la Ford V 8 de Patzold sortit de la route et se retourna. A la fin de la première étape, trois autres Ford et une Hotchkiss étaient contraintes à l'abandon mais toutes les déceptions furent largement compensées par la chaleur de l'accueil à Aix-les-Bains.

Le lendemain, à la frontière du sommet du Petit-St-Bernard les carnets de routes furent timbrés très rapidement, comme s'il s'agissait d'un arrêt au stand. Les « Jeunesses Fascistes » en chemises noires qui s'étaient postée dans les virages dangereux, distribuaient aussi des fruits et des bouteilles de San-Pellegrino au ravitaillement d'Aoste, avant l'ascension du Grand-St-Bernard. Puis vint la descente vers la Suisse et ses villages aux chalets de bois fleuris. Les montagnes se détachaient comme de grandes ombres bleues sur le vert des prairies. Cette seconde étape ne se déroula pas non plus sans incidents. L'une des deux Ford toujours en course s'était retournée. Une SSI bien qu'ayant percuté un banc de pierre, continuait la course ; les Singer avaient des ennuis de pneus, et l'une des Frazer Nash, le carter troué, consommait plus d'huile que d'essence.

Le départ d'Interlaken, dans les brumes matinales, fut difficile. L'ascension de la Furka et du Grimsel se fit dans un brouillard épais, et les concurrents devaient céder la priorité aux autocars des postes, ce qui n'était pas toujours très aisé dans les vi-

En haut : Traversée de Parme au cours des « Mille Milles » en 1933. On voit ici une MG K3 6 cylindres à compresseur, pilotée par G.E.T. Eyston et le comte Lurant, qui s'adjugèrent la victoire en classe 1 100 cm3

La gagnante de la Coupe des Dames au circuit de l'Aiglon en 1935, devant sa Peugeot, les bras chargés de trophées

rages en épingle, au bord des précipices. La Ford V 8 de Wieleman entra de plein fouet dans une autre voiture dans la descente en lacets du col Bernardino, et celle de Magnus dut abandonner sur ennuis de boîte de vitesses. A St-Moritz, soit à peu près à mi-distance, les positions étaient les suivantes : les Delahaye n'avaient encore eu aucun point de pénalité. C'était également le cas, dans la classe 3 litres, des Talbot Adler et SS 1, ainsi que des Wanderer, Opel et Adler dans la classe 2 litres, et des BMW dans la classe 1 500 cm3. Les Riley avaient été pénalisées pour appoint d'eau dans les radiateurs, mais parmi les petites cylindrées les chances des Trumpf étaient toujours intactes. Les Allemands poussaient leurs mécaniques à la limite, se ménageant ainsi une bonne marge de temps, sous l'œil amusé des Anglais qui se demandaient si elles tiendraient la distance (ce qu'elles firent pour la plupart, d'ailleurs).

La quatrième étape, dont le départ fut donné à l'aube devant le Grand Hôtel de St-Moritz, comprenait la montée chronométrée du Stelvio, et une épreuve de vitesse sur autoroute. La plupart des concurrents n'eurent aucun mal à respecter la moyenne qui leur était imposée.

Dans la traversée des villages italiens, les policiers chargés de contenir les spectateurs, saluaient militairement les pilotes ou leur faisaient signe d'aller plus vite. Le contraste de la promenade en gondole et du bain chaud qui les attendait à leur hôtel à Venise dût paraître saisissant aux pilotes exténués !

Les choses empirèrent encore le jour suivant. Pour sortir de la ville les équipages durent se frayer un chemin dans un dédale de canaux malodorants dès les premières lueurs de l'aube. Ensuite vinrent les longues routes droites italiennes. En Yougoslavie ce fut un véritable cauchemar. Plus les voitures allaient vite et plus elles soulevaient de poussière, Les concurrents assoiffés, blancs comme s'ils s'étaient roulés dans la farine atteignirent finalement Zagreb, réclamant à cor et à cri un bain.

Dans les montagnes il commença à pleuvoir. L'ascension du Turracher Höhe se fit dans des conditions si difficiles, que l'on dit même que certaines voitures étaient montées en marche arrière. Elles parvinrent au sommet, pour découvrir que le poste de contrôle n'était pas là.

En Allemagne, la route était bordée de troupes de SS, et l'armée et la police, réservèrent aux pilotes un accueil triomphal à leur arrivée à Munich.

Pendant six longs jours les pilotes avaient dû se mesurer aux routes les plus dangereuses du monde, et défier la toute puissance des montagnes. Il leur avait fallu pour cela dépenser des trésors d'habileté, d'endurance et de courage ; mais n'est-ce pas cela, après tout, l'objectif final des grands rallyes internationaux ?

Records du Monde de vitesse (1922-1939)

Les années 20, en plus de tout le reste, connurent aussi un regain d'intérêt pour les records de vitesses terrestres. C'est Kenelm Lee Guinness qui ouvrit le bal, lorsqu'il réalisa que ses temps à Brooklands n'étaient guère éloignés du record établi par L. G. Hornsted, avant la guerre sur la fameuse Blitzen Benz. Evidemment ce record avait déjà été amélioré par la Packard de Ralph de Palma et la Duesenberg de Tommy Milton à Daytona, mais les temps réalisés n'avaient pas été officiellement homologués. Guinness décida de s'y attaquer. Le 17 mai 1922 il porta le record du kilomètre à 215,18 Km/h aux commandes de sa Sunbeam 350 ch propulsée par un moteur d'avion « Manitou » 12 cylindres. Ce record ne fut battu que deux ans plus tard, à Arpajon, lors de l'inoubliable confrontation entre René Thomas et Ernest Eldridge.

René Thomas, transfuge de chez Ballot, devenu chef du service course chez Delage, avait déjà montré les possibilités de sa nouvelle V 12 à la course de côte de Gaillon, près d'Evreux, et à celle de Fernex, près de Genève. Eldridge, au contraire, s'était contenté de rallonger le châssis de la Méphistophélès (la Fiat 1907 de Nazzaro) pour y installer un moteur d'avion Fiat 6 cylindres à quatre soupapes par cylindre, d'une cylindrée de 21 714 cm3 et qui développait 300 ch. Le duel eut lieu en juillet 1924 sur la R.N. 20 à Arpajon, entre Orléans et Paris, au cours d'une journée organisée

En mars 1910, Barney Oldfield (en haut à gauche) avait atteint la vitesse de 211,27 km/h à Daytona, aux commandes de la célèbre « Blitzen Benz »

Ci-dessus à gauche : Campbell au départ, sur le sable humide « qui obscurcissait mes lunettes et m'empêchait de voir »

Malcolm Campbell (ci-dessus)
regarde son mécanicien
Bill Perkins
effectuer les derniers réglages
sur la Sunbeam, avant une
tentative à Pendine Sands au
Pays de Galles en
septembre 1924

Ci-contre : Segrave et sa Sunbeam 4 litres à 245 km/h sur la plage de Southport, lorsqu'il s'appropia le record jusque-là détenu par Campbell

Ci-dessus, à gauche : Le mauvais temps empêche le déroulement normal de la première tentative de Parry Thomas, aux commandes de Babs. (Notez l'action du sable humide sur les pneus.) Mais il s'appropria le record de vitesse en avril 1926, à la vitesse de 275,23 km/h, avec cette voiture

En février 1927 Campbell (ci-dessus, à droite) revint à Pendine Sands pour reprendre son record à Parry Thomas. Il atteint cet objectif avec Bluebird, à la vitesse de 288,07 km/h

par le Moto Club de France. Thomas se lança le premier, réussissant l'aller et retour à la moyenne de 230,5 Km/h, ramenant ainsi le record à la France. Mais quelques instants plus tard la Méphistophélès réussit la moyenne de 236,2 Km/h. Thomas déposa alors une réclamation, car il avait remarqué que la Méphistophélès n'avait pas de marche arrière. Cette protestation fut acceptée, et la tentative d'Eldridge considérée comme non valable.

Ce dernier improvisa alors habilement une marche arrière en inversant des chaînes, et refit une autre tentative. Il parcourut la distance à 234,93 Km/h de moyenne, ramenant le record en Angleterre.

Deux hommes suivaient ces péripéties avec un intérêt tout particulier. Bien que les voitures anglaises fussent dépassées par les machines italiennes, françaises et allemandes en Grand Prix, Henry Segrave et Malcolm Campbell allaient tout mettre en œuvre pour que le record de vitesse reste la propriété de l'Angleterre. C'est à leur

rivalité, ainsi qu'aux tentatives de John Cobb et George Eyston vers la fin des années 30 que l'on doit les plus belles pages de l'histoire du record de vitesse entre les deux guerres.

Le capitaine Malcolm Campbell racheta tout d'abord la 350 Sunbeam de Kenelm Lee Guinness qu'il baptisa « Bluebird ». Après deux tentatives infructueuses à Fanoe au Danemark, il réussit à améliorer le record d'Eldridge de 0,24 Km/h, à Pendine Sands au Pays de Galle. Puis, en mars de l'année suivante, il le porta à 242,8 Km/h.

« Il fallait que je m'attache solidement au siège pour être sûr de maintenir l'accélérateur à fond en permanence, dit-il. La sensation de vitesse était absolument extraordinaire, et les drapeaux balisant la piste semblaient se précipiter sur la voiture. L'air semblait solide, et la pression sur mes tympans intolérable, comme lorsque l'on effectue un plongeon. J'avais cependant conscience de quelques bosses et par endroit le sable plus tendre freinait légèrement la voiture, se projetant sur mon visage et obscurcissant mes lunettes ». Mais les limites de cette brave vieille voiture étaient évidentes, et Campbell entreprit la construction d'une voiture de record entièrement nouvelle.

Pendant ce temps le Major Henry O'Neale de Hane Segrave, né à Baltimore d'un père Anglo-Irlandais et d'une mère Américaine, qui avait remporté les Grands Prix de France et d'Espagne au volant d'une Sunbeam reçut une nouvelle voiture de l'usine Wolverhampton. Elle était propulsée par un moteur de 4 litres de cylindrée, composé de deux anciens moteurs de Grand Prix assemblés sur un même carter de vilebrequin. Ce moteur ne comportait qu'un seul vilebrequin, et était alimenté par un compresseur Roots. Bien que le moteur de cette Sunbeam n'atteigne que le quart de la cylindrée du monstre de Campbell, Segrave s'appropria le record, atteignant la vitesse de 246,7 Km/h sur la plage de Southport, juste avant que le compresseur n'explose.

Un troisième personnage fit alors son apparition. A la mort de Zborowsky, John Godfrey Thomas, ingénieur en chef de la firme Leyland avait racheté son Higham Special. Rebaptisant cette voiture « Babs », il fit subir une cure de rajeunissement au moteur d'avion « Liberty » de 400 ch et le cacha sous une carrosserie blanche très aérodynamique. La voiture fut amené à Pendine Sands, où, à la surprise générale, elle pulvérisa le record de Seagrave à peine vieux de six semaines à la vitesse de 275 Km/h.

La réaction de Seagrave ne se fit pas attendre. Il alla trouver Coatalen pour lui demander s'il était possible de construire une machine capable d'atteindre 320 Km/h. A cette époque on pensait généralement que 290 Km/h était une vitesse maximale, à cause de la résistance de l'air. « Il nous faut un moteur de 1 000 ch » répondit Coatalen. Le problème naturellement, était de trouver un châssis et des pneus en rapport avec une telle puissance.

L'ingénieur français décida d'utiliser deux moteurs d'avion de 22,5 litres de cylindrée chacun, dont l'un serait monté à l'avant et l'autre à l'arrière. Dunlop avait fabriqué des pneus qui étaient garantis tenir 3 mn 30 s à 320 Km/h. Même au banc d'essai la Sunbeam 1 000 ch faisait peur. « En la regardant, j'avais vraiment l'impression que le pilote d'un tel monstre dépasserait les possibilités humaines », dit Seagrave, qui insista pour que la tentative ait lieu à Daytona, où se trouvait une plage de 15 km de long.

Cependant après deux années de travail acharné, la splendide nouvelle « Bluebird » de Malcolm Campbell, propulsée par un moteur d'avion Napier Lion de 450 ch était enfin prête. Juste avant que Seagrave ne parte pour les Etats-Unis, Campbell fit amener sa voiture à Pendine. Bien que le temps fut mauvais, il était décidé à s'emparer du record avant qu'il ne soit trop tard. Sa tentative fut couronnée de succès. Il parcourut en effet le kilomètre lancé à 287,93 Km/h.

A bord du « Berengaria » au milieu de l'Atlantique, Seagrave entendit que Parry Thomas avait trouvé la mort à Pendine lors d'une tentative aux commandes de « Babs ». Bien sûr cette nouvelle n'était pas pour

Ci-dessus en haut : En 1928, après avoir reconstruit « Bluebird », Campbell bat à nouveau le record de vitesse à Daytona, en février. Il ne le gardera que deux mois, Ray Keech le lui ravissant au volant de sa « Triplex Special »

Pour essayer de recupérer le record « Bluebird » fut une fois de plus reconstruite en 1929, avec une carrosserie plus profilée et des freins (ci-dessus) mieux dimensionnés

A gauche : Participation de « Bluebird » à une parade de véhicules historiques à Londres en novembre 1929

Albert Baker & Co Ltd
ANNIVERSARY WEEK
0311 MO

le tranquilliser, d'autant plus que l'énorme Sunbeam rouge n'avait encore jamais roulé. Pourtant le 29 mars, devant une foule innombrable, Segrave partit comme une fusée sur le sable de la plage de Daytona. Un fort vent de travers fit glisser la voiture qui termina sa course dans la mer. Heureusement l'eau était peu profonde, et après avoir changé les pneus il put effectuer une autre tentative, au cours de laquelle Segrave pulvérisa le record de Campbell à 325 Km/h. de moyenne.

Campbell se mit à reconstruire « Bluebird », utilisant pour ce faire un moteur Napier Lion suralimenté développant près de 900 ch. D'autres pilotes étaient pendant ce temps venus grossir les rangs des candidats au record. « Djelmo » la voiture du Prince Djellal Eddin d'Egypte fut détruite lors d'un essai à Pendine mais son pilote, Guilio Foresti, s'en sortit indemne. Et quand Malcolm Campbell arriva à Daytona en février 1928, ce fut pour y rencontrer la « Triplex Special » de Ray Keech et la « Black Hawk » de Franck Lockhart.

Le temps était mauvais lorsque Campbell effectua sa première tentative, et la voiture décolla sur une bosse, brisant ses amortisseurs et endommageant le dessous du châssis en retombant. Mais trois jours plus tard, malgré un dérapage terrifiant, il s'appropria le record à la vitesse de 333 Km/h.

Ni l'imposante « Triplex » propulsée par trois moteurs Liberty ni l'élégante « Black Hawk » à moteur Miller de Franck Lockhart n'étaient capables d'une telle performance.

Kaye Don et la « Silver Bullet » Sunbeam à Daytona en 1930. Malheureusement les résultats ne furent pas à la hauteur de l'apparence de la voiture.

« Silver Bullet » fut vendue, et Kaye Don se consacra à la conquête du record de vitesse sur l'eau

Lockhart fonça droit vers la mer et fut sauvé de la noyade par des spectateurs. Cependant deux mois plus tard Ray Keech améliora le record de « Bluebird » de 1,6 Km/h. C'était la première fois depuis 1906 que l'Amérique s'emparait de ce record. Malheureusement le jeune Lockhart, vainqueur à Indianapolis en 1926 devait se tuer en pleine gloire lorsqu'une crevaison lui fit perdre le contrôle de « Black Hawk » à près de 338 Km/h.

Une machine extraordinaire allait voir le jour en Angleterre, pour reconquérir le record : « Golden Arrow », propulsée par le même moteur 12 cylindres de 24 litres de cylindrée que les hydravions Supermarine. Un carénage de roues indépendant de la carrosserie avait été installé de chaque côté, et la voiture comportait un aileron vertical qui la faisait ressembler à un avion Pour atteindre la vitesse de 385 Km/h, l'ingénieur responsable du projet, J. S. Irving s'était efforcé d'améliorer par tous les moyens la pénétration dans l'air.

« Golden Arrow » arriva à Daytona début 1929. Comme la foule des spectateurs qui s'était massée sur les dunes, Seagrave dut attendre une quinzaine de jours que le temps s'améliore. Finalement le 11 mars cette fantastique voiture parcourut le mile départ lancé en 15 s 55'''. Six minutes plus tard le parcours retour fut accompli en 1/15 de seconde de moins. « Golden Arrow » venait de s'approprier le record, à la vitesse de 372,38 Km/h. De retour en Angleterre, Seagrave fut élevé à la distinction de Chevalier, et renonça aux voitures pour se consacrer aux bateaux.

Donald Campbell (photo du milieu) dans le cockpit de la voiture de son père en 1933

Ci-dessus : **Démonstration à Brooklands**

En haut à droite : **Inspection** des pneus après **un tour sur la** piste de béton

Entre-temps Henry Seagrave en 1929, **avait ramené le record de vitesse en Angleterre grâce** à l'extraordinaire **« Golden Arrow » (ci-dessous à droite)** à moteur Napier de 930 ch, le plaçant hors de portée de Campbell avec une vitesse de 373,38 km/h

Campbell au contraire, encouragé par le gouvernement Sud Américain décida d'effectuer une autre tentative sur le lac asséché de Verneuk Pan, à 725 km au nord du cap. Mais malgré un mois d'essais, il ne put dépasser 350 Km/h.

Il était évident que « Bluebird » ne pouvait inquiéter « Golden Arrow ». De retour en Angleterre Campbell entreprit donc de reconstruire sa voiture, aidé en cela par Reid Railton. Il choisit d'utiliser un moteur de course suralimenté Napier Lion. Alors que le travail était en cours, ils apprirent la nouvelle de la mort de Henry Segrave, qui s'était tué au cours d'une tentative contre le record de vitesse sur l'eau, au lac Windermere.

« Bluebird » réapparut le mardi 5 février 1931 à Daytona et en cinq minutes porta le record à 396,04 Km/h. Cela valut également à Campbell d'être annobli.

Mais Sir Malcolm n'était pas encore satisfait. Il porta le record à 408,71 Km/h en 1932, et en 1933, alors que « Bluebird » avait été doté d'un moteur Rolls-Royce V 12 suralimenté de 36,5 litres de cylindrée développant quelques 2 300 ch, il atteignit la vitesse de 438,40 Km/h.

Son but ultime demeurait la fatidique barrière des 300 Miles (482 Km/h). « Bluebird » fut reconstruit en 1934, et s'avéra plus rapide de 6 Km/h lors d'un essai à Daytona en janvier 1935, mais le sable légèrement ondulé de la plage commençait à poser de sérieux problèmes à cette vitesse, faisant patiner les roues. George Eyston et John Cobb n'eurent aucun mal à persuader Campbell d'utiliser les grands Lacs Salés de l'Utah. Il y fit sa première tentative le 3 septembre au matin. Lors du premier parcours la voiture prit presque feu lorsqu'un pneu éclata. Il avait pourtant atteint 489,61 Km/h. Lors d'un parcours retour ses instruments lui indiquèrent que le cap des 300 Miles était atteint. Les officiels annoncèrent 299,87 miles/heure, mais heureusement les chronométreurs s'aperçurent d'une erreur dans leur calcul ; Campbell avait en fait couvert la distance à la moyenne de 301,13 miles/heure (483,30 Km/h). « Quand j'aurais atteint le cap des 300 miles à l'heure je quitterai la scène » avait dit Campbell. Il avait battu neuf fois le record. Lorsqu'il abandonna la conduite automobile, ce fut pour s'attaquer au record de vitesse sur l'eau. Il avait alors 50 ans.

Sa succession fut assurée par deux hommes brillants, le capitaine George Eyston, et John Cobb. George Eyston avait été pilote de moto, et avait aussi fait beaucoup de voile en compétition. Il avait d'autre part battu de nombreux records à Brooklands, Montlhéry et Bonneville, à bord de toutes sortes de voitures. Il était donc logique qu'il s'attaque au plus célèbre des records.

En 1937, il fit transporter au Lac Salé une voiture gigantesque pesant 7 tonnes, comportant 3 essieux, 8 roues et 2 moteurs Rolls-Royce suralimentés, atteignant à eux deux l'effrayante cylindrée de 73 litres ! Bien que « Thunderbolt » n'ait pratiquement jamais roulé, Eyston dépassa immédiatement les 300 miles/heure, mais dut se contenter de 502 Km/h, à cause d'ennuis d'embrayage. Il dut interrompre là sa tentative, car la neige s'était mise à tomber. Lorsqu'il revint, ce fut pour se mesurer à un formidable adversaire.

John Cobb, marchand de fourrures de profession, détenait presque autant de records que Eyston. Il s'était assuré les services de Reid Railton (qui avait reconstruit « Bluebird » pour Campbell), et lui avait demandé de construire une voiture de record en repartant à zéro. Le résultat fut une machine entièrement différente de tout ce qui avait pu se faire. Les moteurs Napier-Lion entrainaient les quatre roues, et le pilote était placé tout à l'avant. L'élégante carrosserie avait été réalisée en aluminium, et était amovible.

Ces deux voitures extraordinaires se rencontrèrent sur le Lac Salé au cours de l'été 1938. Eyston fit la première tentative, et améliora son propre record de 53 Km/h. Il manqua 5 Km/h à Cobb pour égaler cette performance mais trois jours plus tard, après quelques séances de mise au point, il s'appropria le record à la vitesse de 563,5 Km/h.

Entre temps « Thunderbolt » avait aussi fait l'objet d'améliorations et Eyston reprit le record à la vitesse de 573,3 Km/h. Les choses en restèrent là pendant quelques mois, mais Cobb eut le dernier mot. En août 1939, il était de retour au Grand Lac Salé, et une semaine avant la déclaration de la deuxième guerre mondiale il s'appropria le record en parcourant le kilomètre lancé à la vitesse de 594,9 Km/h.

Tandis que Campbell, ayant atteint son objectif, se tournait vers le record de vitesse sur l'eau, l'énorme « Thunderbolt » du capitaine George Eyston (ci-dessus et page de droite) était en construction derrière les portes bien gardées de l'usine Bean à Tipton. Conçue pour une vitesse de 560 km/h, Thunderbolt atteignit 502,12 km/h lors de sa toute première sortie, à Bonneville, dans l'Utah, en novembre 1937. En août de l'année suivante Eyston atteignit 575,34 km/h

Au cours du duel l'opposant à son grand rival Eyston, John Cobb (ci-dessous) battit le record le 15 septembre 1938, avec une vitesse de 563,59 km/h, à bord de la Railton, puis de nouveau le 23 août 1939 atteignant 591,76 km/h. De retour à Bonneville après la guerre, avec comme objectif les 400 « Miles/heure (644 km/h), il ne put atteindre que 394,2 m/h (634,2 km/h)

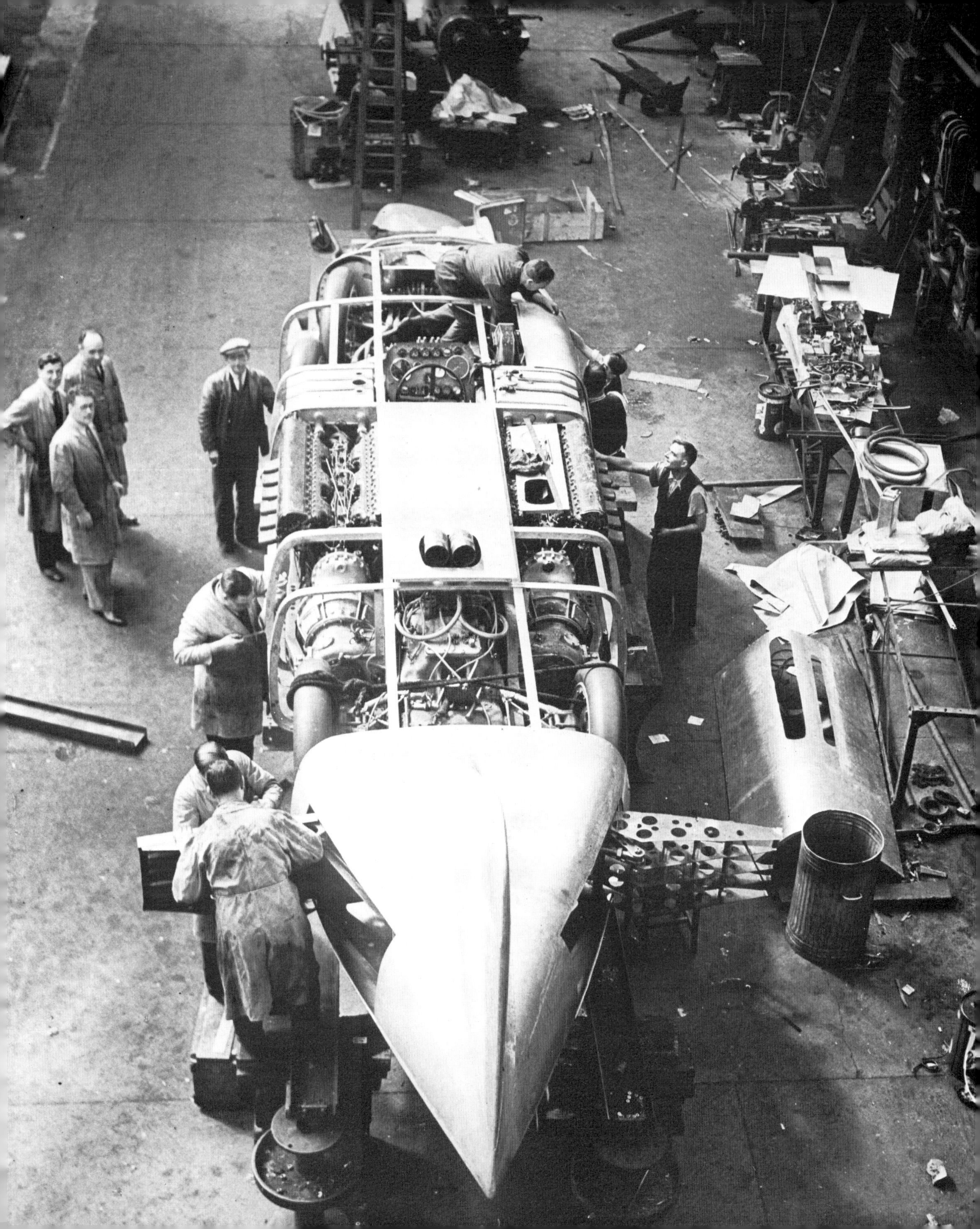

Grands Prix : les magnifiques années 30

Après une période creuse de trois années, les « Grandes Epreuves » prirent un nouvel essor au début des années 30. Ce fut d'abord le règne des voitures bleues, puis celui des voitures rouges, et enfin celui des voitures argent. Le sport automobile est trop complexe pour pouvoir être ramené à une simple soif de luttes et de victoires, à une simple recherche de sensations fortes. Les luttes entre concurrents avaient, pendant un temps, cédé le pas aux luttes entre constructeurs qui cherchaient par le biais du sport à faire de la publicité pour leurs voitures. Ces considérations commerciales étaient maintenant balayées par les ambitions politiques. Convaincu que les victoires revalorisaient l'image de l'Italie, Mussolini apporta toute l'aide possible à Alfa Romeo, qui fut même nationalisée en 1933. Dès que les voitures rouges commencèrent à s'imposer sur les circuits, pour le plus grand bien du prestige italien, les responsables nazis réalisèrent qu'il était temps de rentrer dans la danse. Hitler donna lui-même les instructions nécessaires, et un effort énorme fut accompli pour démontrer la supériorité de la technique allemande. Ce fut conduit comme une opération militaire, et chaque fois que le but était atteint (avec, il faut le dire, l'aide de pilotes étrangers) tous les moyens étaient mis en œuvre pour le faire savoir. Le sport automobile était devenu une affaire d'Etat dans les pays totalitaires, ce qui, à défaut d'autre chose procurait un divertissement intéressant.

La saison 1931 fut dominée par les Bugatti. Mais l'année suivante vit l'apparition de la monoplace Alfa Romeo P 3. Cette voiture conçue par Jano était propulsée par un moteur 8 cylindres de 2 654 cm3 avec compresseur à deux étages. Elle remporta le Grand Prix d'Italie à Monza aux mains de Nuvolari. C'était sa première sortie, et les P 3 se classèrent aux trois premières places dans les Grands Prix de France et d'Allemagne. En même temps la 8 C 2 300 était la plus rapide dans les courses réservées aux voitures de sport, gagnant au Mans, aux

Nuvolari (à gauche) au volant d'une Maserati 8CM 3 000 cm3 à Pescara, en 1934

En 1937, Mercedes-Benz sortit la W 125 5 700 cm3 (ci-dessous), la voiture de course la plus puissante jamais construite, et le spectacle du duel entre Manfred von Brauchitsch et Rudi Caracciola à Monaco fut l'un des hauts faits de cette époque

En 1936, les Auto-Union type C, propulsées par un moteur 16 cylindres de 6 litres de cylindrées raflèrent toutes les victoires. On les voit ici (page de droite) au départ du Grand Prix d'Italie à Monza, remporté par Rosemeyer.

Mille Miles et aux 24 Heures de Spa. En fait Alfa Romeo gagna pratiquement tout pendant deux saisons.

Puis en 1934, un nouveau règlement remplaça celui de la « Formule Libre ». Il ne prévoyait aucune limitation de cylindrée, mais, dans le but de limiter les vitesses de pointe, imposait un poids maximum de 750 kg. C'est à ce moment là que, grâce aux généreuses subventions du gouvernement Allemand, Daimler Benz et Auto Union (amalgame d'Audi, DKW, Horch et Wanderer) sortirent des voitures exceptionnelles.

L'auto-Union P-Wagen 16 cylindres à moteur arrière, dessinée par le Docteur Ferdinand Porsche était certainement la plus remarquable des deux. Certes sa conception semble parfaitement normale aujourd'hui, mais l'apparition de cette voiture fit sensation il y a quarante ans. « The Motor » disait que sa carrosserie d'aluminium la faisait ressembler à un fuselage d'avion sur roues, avec ses prises d'air. La Mercedes paraissait plus conventionnelle, mais avait aussi une suspension à quatre roues indépendantes, et son compresseur faisait un bruit terrifiant.

Les « Torpilles d'Argent » firent leur première apparition à Montlhéry où se déroulait le Grand Prix de France. Mais malgré une course enragée, aucune de ces voitures ne réussirent à passer la P 3 de Louis Chiron. Les voitures allemandes durent se retirer les unes après les autres, laissant les trois premières places à Alfa Romeo.

Il était évident que les voitures à hauts sièges suspendus comme des charrettes, malgré leur beauté, avaient fait cependant leur temps. La technique et les moyens employés par les Allemands étaient en train de révolutionner la voiture de course. Les Bugatti, Alfa et Maserati, qui avaient dominé les circuits pendant plus de dix ans allaient être reléguées au dernier rang. Mais avant de sortir de scène, Nuvolari allait inscrire l'une des plus belles victoires des P 3.

Pour le Grand Prix d'Allemagne 1935 au Nurburgring, Mercedes et Auto-Union s'étaient assurées du concours des meilleurs pilotes. L'équipe Mercedes se composait de Caracciola, Fagioli, Von Brauchitsch et Hermann Lang. Auto-Union avait engagé Achille Varzi, Hans Stuck, Bernd Rosemeyer et Paul Pietsh. Face à cette armada d'argent l'on trouvait un trio de P 3 pilotées par Nuvolari, Chiron et Brivio, deux Maserati 2,9 litres, une Bugatti type 59 et une ERA.

Les positions sur la grille de départ furent tirées au sort, et lorsque Nuvolari, vêtu d'un pantalon bleu ciel et d'une chemise jaune s'installa au volant de son Alfa rouge au quatrième rang, il dut penser que le sort ne l'avait pas favorisé. Cependant Caracciola partit comme un obus avant même que le drapeau ne soit complètement abaissé, et Nuvolari réussit à s'infiltrer dans son sillage. A la fin du premier tour dans la longue ligne droite d'avant les stands (où les Mercedes étaient chronométrées à 273 Km/h contre 241 pour les Alfa) Nuvolari ne comptait que douze secondes de retard sur la Mercedes de tête. Chiron et Brivio avaient abandonné au cinquième tour sur ennuis de transmission. Dérapant dans chaque virage des quatre roues il passa Caracciola au dixième tour. Il ne repartit cependant qu'en sixième position après un long arrêt ravitaillement, et entreprit de doubler les voitures allemandes les unes après les autres. Il ne resta bientôt plus devant lui que Von Brauchitsch. Ce dernier comptait soixante-neuf secondes d'avance, et son stand lui donna l'ordre d'accélérer l'allure. Il en profita pour battre le nouveau record du tour en 10 mn 30 s. Au quatorzième tour il avait porté son avance à quatre-vingt-six secondes. Mais il n'était pas de taille à lutter contre l'Italien. Tour après tour l'écart diminuait. Au moment où il entamait le dernier tour, Brauchitsch montra du doigt son pneu arrière qui rendit l'âme à 9 km de la fin. Nuvolari remporta un succès salué par toute la presse comme « La Victoire Historique de l'homme sur la machine ». Avec une voiture de conception dépassée, le maestro Italien avait réussi à

Bernd Rosemeyer (ci-dessus) négociant le fameux virage du « Karussel » au Nurburgring en 1937. Cette épreuve, qu'il remporta plusieurs fois, lui porta toujours chance.
En 1935, il s'était classé à la seconde place derrière Caracciola, bien que ce ne fut que la deuxième fois qu'il courait

L'Alfa monoplace 2,9 litres de Kenneth Evan, talonnée par une Austin Seven 750 cm3 double arbre à cames sur le sinueux circuit de Crystal Palace en 1939

anéantir les deux équipes allemandes devant 250 000 de leurs compatriotes. Mais s'il s'agissait là de l'une des victoires les plus extraordinaires de Nuvolari, ce fut aussi le chant du cygne. En effet, Mercedes remporta pratiquement toutes les grandes épreuves de 1935. Bien qu'Alfa sortit une nouvelle V 12 très profilée, il y avait peu de chose à faire contre la coalition germanique. La technologie et les capacités de production allemandes étaient trop fortes, trop d'argent était investi dans les départements de recherche de Stuttgart et Chemnitz. En 1936, Bernd Rosemeyer balaya tout devant lui, menant son Auto-Union type C (dont le moteur développait maintenant 520 ch à la victoire aux Grands Prix d'Allemagne à l'Eifel, et d'Italie, à Pescara. Il s'appropria le titre de champion d'Europe, tandis que Varzi terminait la saison en beauté pour Auto-Union en s'adjugeant la victoire à Tripoli.

La réaction de Mercedes ne se fit pas attendre. La firme de Stuttgart construisit la voiture de course la plus puissante jamais vue jusqu'alors, la fantastique W 125, qui avait un châssis tubulaire, un pont de Dion comportant une boîte de vitesses à quatre rapports, un moteur de 5,7 litres de cylindrée développant 645 ch à 5 800 tr/mn et une vitesse de pointe de 300 Km/h. Laurence Pomeroy a appelé la saison 1937 « l'année des titans », car avec de telles performances le spectacle des batailles entre Caracciola, Lang, Von Brauchitsch, Dick Seaman, Rosemeyer, Fagioli et Stuck devait être l'un des plus beaux que le sport automobile ait jamais offert. Nombreux sont encore ceux qui se rappellent du Grand Prix d'Angleterre à Donington Park, où les 50 000 spectateurs purent voir les voitures allemandes dévaler l'étroite ligne droite à 275 Km/h. Cette épreuve fut remportée par Rosemeyer, devant Von Brauchitsch et Caracciola.

Malheureusement, raconte Rodney Walkerley, quelqu'un s'était assis sur le disque de l'hymne allemand lorsque celui-ci se terminait ; ce qui faillit causer un incident diplomatique. Cette affaire s'arrangea toutefois à l'issue du dîner qui suivit la course (après que l'hymne ait été rejoué dans son intégralité) et grâce au geste sportif du Derby Club. Ce dernier remit aux Allemands l'argent trouvé sur des bookmakers qui avaient tenté de s'enfuir sans payer les parieurs.

De 1938 à 1940 la formule des Grands Prix était basée sur une échelle de poids variant en fonction de la cylindrée, ce qui avait pour effet de limiter pratiquement celle-ci à trois litres. Mercedes et Auto-Union revinrent au V 12 de 3 litres, obtenant malgré tout plus de 400 cv, à des régimes de plus en plus élevés (le moteur Auto-Union, à trois arbres à cames, tournait à 7 000 tr/mn en pointe). Les vitesses ne varièrent pratiquement pas, bien que la cylindrée des moteurs eut diminué de moitié. En fait Lang remporta même le Grand Prix de Belgique en 1939 à une moyenne supérieure à celle de 1937.

La mort tragique de Rosemeyer au cours d'une tentative de record sur l'autoroute Francfort-Darmstadt en janvier 1938 porta un coup sévère à Auto-Union. Nuvolari, ayant quitté Alfa en mauvais termes, rejoignit l'équipe, mais il mit quelque temps à se familiariser avec les voitures à moteur arrière. Malgré ses victoires dans le Grand Prix d'Italie et à Donington, on peut dire que la saison fut dominée par Mercedes. L'année avait pourtant mal commencé pour la firme de Stuttgart lorsque René Dreyfus avait battu au volant de sa Delahaye 12 cylindres les W 154 de Lang et Caracciola à Pau. Les Mercedes se classèrent aux trois premières places au Grand Prix de France, au Grand Prix de Suisse, tandis que Seaman enlevait le Grand Prix d'Allemagne devant les W 154 de Caracciola et Lang. En 1939 aussi les fusées d'argent de Stuttgart dominèrent totalement la saison, malgré la mort de Seaman, remportant toutes les épreuves sauf le Grand Prix de France qui vit la victoire de l'Auto-Union de Muller.

Enfin, trois jours après l'invasion de la

Nuvolari au volant de l'Auto-Union 3 litres 12 cylindres au Nurburgring en 1939. On lui attribue l'invention de la technique du dérapage des quatre roues en virage, sans freinage

Pologne, au moment même où la France et l'Angleterre déclaraient la guerre à l'Allemagne, Nuvolari prenait le meilleur sur Von Bautchitsch dans les rues de Belgrade, remportant le dernier Grand Prix Européen. L'ère des Titans venait de s'achever.

L'après-guerre

A peine les canons s'étaient-ils tus en Europe que la course reprit, et une épreuve fut organisée au Bois de Boulogne moins de quatre mois après la victoire, pour célébrer la libération de Paris. Elle fut remportée par Jean-Pierre Wimille, au volant d'une Bugatti 4,7 litres de 1939. Toutes les machines d'avant guerre qui avaient échappé à la Gestapo furent remontées, astiquées. Malgré le manque d'essence et de pneus, plus de trente courses furent organisées sur le vieux continent en 1946. C'est ainsi que l'on retrouva quelques Alfa Romeo 158 et deux 512, qui allaient contribuer à faire régner la suprématie de la marque sur le sport automobile, jusqu'à son retrait en 1951.

Une fois le sport remis sur ses rails, la F.I.A., qui avait remplacé l'A.I.A.C.R., promulgua de nouveaux règlements. La domination allemande avait été telle dans les années précédant la guerre que les autorités sportives de France et d'Italie avaient fait en sorte de réserver leurs épreuves importantes à des catégories secondaires. C'est ainsi que le Grand Prix de France fut réservé aux voitures de sports, et celui d'Italie aux voiturettes jusqu'à 1 500 cm3. Il était possible de trouver des voitures de course de 4,5 litres en France, comme certaines Delahaye ou Talbot, et il existait en Angleterre et en Italie de nombreuses voiturettes de 1 500 cm3. Le nouveau règlement imposant des moteurs de 4,5 litres à admission atmosphérique ou 1 500 cm3 à compresseur, sans aucune forme de limitation concernant la taille ou le poids de la voiture, fut donc le bienvenu lorsqu'il fut promulgué en 1947.

Cependant les Alfetta ne rencontrèrent aucune opposition à leur mesure, et, pendant les cinq années où elles furent engagées, Wimille Varzi, le comte Trossi et le pilote essayeur Sanesi trustèrent les victoires et les places d'honneur aux Grands Prix de Suisse, de Belgique et d'Italie en 1947, à Monza et Reims en 1948.

Ce n'est qu'en 1949, lorsqu'Alfa se retira momentanément après la mort de Wimille

Le Grand Prix de France 1947 eut lieu à Reims, et fut précédé d'une épreuve pour voiture jusqu'à 1100 cc, remportée par le Prince thaïlandais Birabongse (« Bira ») au volant d'une Simca Gordini. Le Grand Prix de France fut à nouveau organisé à Reims en 1948.

et Trossi que d'autres marques purent goûter à la victoire. Maserati, qui venait de mettre au point une nouvelle version à châssis tubulaire de leur 4 CL d'avant-guerre, Talbot-Lago, avec les 4,5 litres de Chiron et de Rosier, ainsi qu'un nouveau venu : Ferrari.

De tous les évènements d'après-guerre, c'est sans doute l'apparition de la marque au cheval cabré qui revêt le plus d'importance. Enzo Ferrari, qui avait longtemps dirigé le service courses d'Alfa Romeo, avait commencé à construire ses propres voitures à Modène en 1939. Comme nombre d'autres constructeurs italiens, il était parti de pièces de Fiat « Millecento » couplant deux de ces moteurs 1 100 cm3 dans un châssis Fiat habillé d'une carrosserie dessinée par Touring. A défaut d'être impressionnant, c'était ingénieux. Puis après la guerre il fit appel à Gioacchino Colombo, qui travaillait auparavant chez Alfa, et qui entreprit la conception d'un moteur V 12 de 1 500 cm3. Ce moteur fit très rapidement parler de lui, car en 1948 Biondetti remporta la Targa Florio et les Mille Milles, et surtout, en 1949 Chinetti et Lord Selsdon inscrivirent pour la première fois le nom de Ferrari au palmarès des 24 Heures du Mans. Mais Enzo Ferrari avait toujours marqué une nette préférence pour les Grands Prix, et ce moteur fut parallèlement installé dans une monoplace. En 1949 Ascari remporta les Grands Prix de Suisse et d'Italie, Villoresi celui de Zandvoort (les Alfa ne figuraient pas au départ de ces épreuves). Ferrari décida alors de construire un moteur non suralimenté de 4,5 litres, et remplaça Colombo par Aurelio Lampredi. Ce dernier mit au point un V 12 de 3 300 cm3 dont la cylindrée fut ensuite portée à 4 500 cm3. Pour la première fois au Grand Prix d'Angleterre à Silverstone en 1951 les Ferrari battirent les Alfa « à la régulière ».

En Angleterre Raymond Mays et Peter Berthon, qui avaient construit les Era avant la guerre s'étaient remis au travail sur un projet ambitieux financé par l'ensemble de l'industrie automobile anglaise. Mais malheureusement le V 16 BRM à compresseur axial était si complexe que sa mise au point s'avéra impossible. La British Motor Racing Trust décida alors de le vendre en 1952 à Sir Alfred Owen, dont la patience fut récompensée neuf années plus tard, lorsque Graham Hill obtint son premier titre de champion du monde au volant d'une BRM.

Pendant ce temps les efforts de Charles Cooper allaient modifier radicalement la face du sport automobile en Angleterre. Avec sa petite équipe il construisit une voiture composée de deux parties avant de Fiat Topolino, propulsée par un moteur de moto JAP de 500 cm3. Le pilote se trouvait à l'avant et le moteur à l'arrière. Arrivant sur le marché à une époque où les voitures étaient rares, et hors de portée des jeunes amateurs enthousiastes, cette petite voiture de course économique rencontra un succès immédiat. Elles contribuèrent plus que tout autre à l'extraordinaire développement de la Formule 3, grâce à laquelle des pilotes comme Stirling Moss, Peter Collins, Stewart Lewis Evans, Bob Gerard firent leurs premières armes, avant de se hisser au sommet de la hiérarchie des pilotes de Grand Prix. Les Cooper de Formule 1 et 2 allaient d'ailleurs également connaître un succès prodigieux dix années plus tard, remportant même le championnat du monde.

Parmi les concurrents de la course de côte de Prescott, en mai 1948, se trouvait un jeune homme de 18 ans, aux commandes d'une Cooper Mark 2 de couleur crème. Pour sa toute première participation à une course, Stirling Moss établit un nouveau record en 50 s 1/10. Le record précédent datait de 1938, et avait été établi par Arthur Baron au volant d'une Bugatti type 51. Ceci laissait bien augurer des possibilités de ces petites machines pilotées par la nouvelle génération. Stirling Moss continua d'ailleurs la saison sur sa lancée, et remporta la course des 500 cm3 en 1949 à Zandvoort. Comme lui Peter Collins n'avait que 17 ans lorsqu'il débuta avec une Cooper-

Georges Murray Frame remporta la Coupe des Alpes en 1948, avec une berline Sunbeam Talbot deux litres. Il négocie ici une épingle dans la montée du St-Gothard. Deux ans plus tard une Coupe d'Or fut instituée pour ceux qui avaient remporté deux Coupes des Alpes successives.

Norton 500 cm3 en 1949, s'adjugeant la victoire à Goodwood et Silverstone.

Brooklands et Donington Park, réquisitionnés par l'armée, ne pouvaient plus être utilisés pour les courses automobiles. Le R.A.C. s'employa alors à rechercher des aérodromes abandonnés pour en faire de nouveaux circuits. Afin d'éviter les plaintes engendrées par le bruit, le choix se porta sur un terrain d'aviation isolé près du village de Silverstone, à côté de Northampton. Il y fut créé un circuit de 5,8 km utilisant les pistes d'envol et des routes de jonction. Le premier Grand Prix Anglais d'après-guerre y fut organisé en 1948. Trois mois plus tard le British Automobile Racing Club récupéra l'aérodrome de Westhampnelt, installé sur les terres du duc de Richmond à Goodwood, et y installa un circuit. Brands Hatch, par contre, qui avait été une piste cendrée pour motos entre les deux guerres, devint, dès que la piste fut refaite le centre de toutes les activités concernant la Formule 3. Les circuits de Mallory Park, Snetterton, Thruxton, Castle Coombe, Oulton Park et Aintree furent ensuite ouverts au public, et à cette époque, rien qu'en Angleterre, le sport automobile comptait déjà plus de 10 000 licenciés.

Cette prodigieuse expansion ne se confinait pas seulement aux courses sur circuit. Le rallye des Alpes revit le jour en 1947 dans les Alpes françaises et, était déjà dès 1949 redevenu une épreuve internationale prestigieuse, dont le parcours traversait cinq pays. Le Rallye de Monte-Carlo fut également remis sur pieds cette année-là, bien que de nombreuses villes-départ aient dû être supprimées à cause de la guerre froide. Malgré les tracasseries administratives et les problèmes de visas, cette épreuve compta immédiatement deux fois plus d'engagés qu'avant la guerre. Le rallye Lyon-Charbonnières et le Rallye Evian-Mont Blanc furent également réorganisés en 1949, et la grande classique Liège-Rome-Liège, organisée pour la première fois en 1931, réapparut au calendrier en 1950. La tradition fut respectée, car avec son itinéraire de 4 500 km de Liège à Rome par l'Allemagne, le Brenner, les Apennins, et retour par les Alpes françaises, l'épreuve demeurait indiscutablement l'une des plus dures qui soit. Dans un genre très différent, l'on vit apparaître le Rallye des Tulipes, organisé par l'Automobile Club de Hollande, qui comme le dirent certains, était surtout prétexte à l'organisation d'un énorme banquet après la course. « Le Tour de France », avec ses nombreuses épreuves sur circuits et ses courses de côtes, eut lieu pour la première fois en 1951. (Il faut également dire que quelqu'un essaya de mettre sur pieds en France un rallye gastronomique, mais ceci n'entre pas véritablement dans le cadre du sport automobile...)

Les Scandinaves, aussi, se mirent de la partie, avec le « Rallye des mille lacs », organisé par la Finlande, et le « Viking Rally » en Norvège. Cette épreuve se déroulait sur des routes en terre du centre du pays. La connaissance des traditions locales ainsi qu'un solide sens de l'humour étaient des atouts essentiels pour prétendre à la victoire. D'un autre côté le saumon fumé et l'eau de vie, représentaient un lot de consolation particulièrement apprécié des concurrents malchanceux. L'épreuve suédoise, le « Rallye du Soleil de Minuit » avantageait les pilotes locaux qui pouvaient deviner l'itinéraire en principe secret, et effectuer quelques parcours de reconnaissance. Mais le déplacement en lui-même était largement compensé par le spectacle féerique du soleil de minuit près du cercle arctique, et par la légendaire hospitalité nordique.

Chacun de ces rallyes avait sa propre ambiance, et ses habitués. Année après année les vieilles figures du Rallye des Alpes arrivaient à Marseille au début de juillet au volant de voitures magnifiquement préparées qu'ils garaient sous les arbres du Cours Pierre Puget. Après s'être fait remettre leurs carnets de route et leurs plaques à l'Automobile Club de Marseille on les retrouvait sur le vieux port, autour d'une traditionnelle bouillabaisse. Certains s'en allaient goûter aux charmes de la plage à Bandol ou la Ciotat avant les contrôles techniques et l'inévitable vin d'honneur à la mairie. Le départ était généralement donné le soir sur le vieux port, dans la lumière des lampes à arc. Les concurrents s'élançaient, toutes les deux minutes dans un étroit couloir au milieu de la foule des spectateurs, pour se trouver pris dans le trafic des camions. La première épreuve spéciale se déroulait sur les pentes du célèbre Mont-Ventoux, au delà de Carpentras. Le reste de la nuit et la journée du lendemain étaient consacrés au franchissement d'un nombre de cols impressionnants puis les pilotes atteignaient Monte-Carlo pour un repos bien mérité. A cette étape les premiers abandons étaient enregistrés, et certaines voitures semblaient tout juste bonnes pour la ferraille. L'étape suivante se déroulait en Italie, et se courait conjointement à la « Coppa d'Oro delle Dolomiti ». Un sprint rapide à Monza et les montées chronométrées des dangereux cols de Vivione et Gavia couronnaient le tout.

Eprouvant pour les nerfs ? Oui, bien sûr, d'autant plus que la majeure partie des étapes se courait dans le brouillard, et que les garnitures de freins se faisaient rapidement très minces. Mais en contre-partie, quelle sensation extraordinaire que de traverser les plus beaux paysages d'Europe ! Lorsque le soleil se levait sur les Alpes, c'était comme si une nouvelle vie commençait. Si ce rallye avait ses héros, de nombreux amateurs avides de sensations fortes y participaient pour s'amuser. D'autre part les constructeurs commençaient à réaliser l'importance d'une victoire sur le plan commercial, et c'est ainsi que l'on vit apparaître Stirling Moss, Peter Collins et Mike Hawthorn au volant des Sunbeam-Talbot d'usine. Il faut également rappeler la Jaguar XK 120 blanche de Ian et Pat Appleyard qui remporta pour la première fois la Coupe d'Or du Rallye des Alpes en 1952, après trois participations successives sans un seul point de pénalisation.

Départ du Grand Prix de Lausanne en octobre 1947. Les Maserati 4CL à compresseur de Sommer (n° 2) et Villoresi (n° 4) prennent le meilleur sur la Simca n° 14 de Wimille et la Talbot n° 10 de Chiron. Cette épreuve fut remportée par Villoresi.

Après avoir pratiqué la moto en compétition, Alberto Ascari, fils du célèbre Antonio Ascari, se joignit à l'écurie Ambrosiana, qui faisait courir les Maserati d'usine. Il termina à la seconde place derrière Villoresi au Grand Prix d'Angleterre en 1948. On le voit ici ci-dessous aux stands avec sa Maserati 4CLT/48 au cours de cette épreuve.

Le comte « Didi » Trossi, ci-contre à l'extérieur droite ravitaillant au cours du Grand Prix d'Italie à Monza en 1948. Il mena son Alfa Romeo 158 à la seconde place derrière Wimille. Les Alfa s'avérèrent très difficiles à battre dans les années qui suivirent immédiatement la guerre.

Firestone
Castrol
D
20
10

11

18

Aux Etats-Unis Indianapolis restait toujours l'un des sanctuaires du sport automobile. La Coupe Vanderbilt avait été réorganisée en 1936, sur le Roosevelt Raceway à New York. Malgré la venue de Nuvolari et son Alfa Romeo 12 cylindres, malgré le déplacement au complet, l'année suivante, des équipes Mercedes et Auto-Union, avec Caracciola, Seaman et Rosemeyer (le vainqueur), le public ne réserva qu'un accueil mitigé à cette manifestation. Puis, un noyau d'ancien membres de l'Automobile Racing Club of America fonda le Sports Car Club of America juste après la fin des hostilités. Bien que le but déclaré du S.C.C.A. ait été de collectionner et restaurer des voitures anciennes, il devint rapidement le fer de lance du sport automobile aux Etats-Unis. Des hommes comme Briggs Cunningham, les frères Collier, Charles Moran, George Rand et quelques autres organisèrent de nombreuses courses sur la côte Est. En 1948 Cameron Argetsinger obtint des autorités de Watkins Glen la permission d'organiser une épreuve de style européen dans cette petite localité sur les bords du lac Seneca.La première édition se courut sur un circuit de 10,5 km de routes en terre traversant le village et fut remportée par Frank Griswold aux commandes d'une Alfa Romeo, devant la Buick-Mercedes Special de Briggs Cunningham. Une M.G. TC à compresseur prit la troisième place. Sam Collier, pilotant la Ferrari de Cunningham se tua lors de l'édition de 1950, alors qu'il était en tête. Son frère Miles mourut également l'année suivante. La foule des spectateurs massée au village présentait un énorme danger, et la course s'installa sur un circuit dominant la ville, avant d'être organisée sur le circuit actuel de 4,5 km, où le Grand Prix des U.S.A. se déroula pour la première fois en 1961.

Après avoir été commissaire à ces épreuves, ainsi que directeur de l'équipe de Briggs Cunningham au Mans en 1950, Alec Ulmann eut l'idée d'organiser une course d'endurance du type des 24 Heures du Mans aux Etats-Unis. Charles Faroux le célèbre journaliste et organisateur français, avait mis au point une forme de handicap permettant de faire courir les petites et les grosses voitures sur un pied d'égalité (Le Mans effectuait en effet un classement à l'indice de performance en plus du classement à la distance). Ulmann s'inspira de ce principe, et découvrit près de Sebring en Floride, un aérodrome sur lequel fut construit un circuit rappelant la topographie de celui du Mans. La première course y fut organisée le 31 décembre 1950. Vingt-huit voitures, parmi lesquelles une Ferrari Berlinetta, une Cadillac-Allard et une toute petite Crosley de 724 cm3 s'alignèrent au départ. Six heures plus tard à la surprise générale, la Crosley avait remporté le classement compensé. En 1952 Sebring était devenue une épreuve de douze heures, et l'Amérique avait rejoint le clan des « Grands du Sport Automobile ».

Ce tableau de Roy Nockolds, représentant la MG TD Mark 2 de l'auteur au col de Gavia en Italie traduit l'atmosphère de la grande époque du Rallye International des Alpes, après la deuxième guerre mondiale.

Légendaires années 50

On voit ici Fangio poussant une Simca Gordini au Grand Prix du Bois de Boulogne en 1949, épreuve qu'il ne remporta pas.

Ci-dessous, Mike Hawthorn avec sa pipe et sa casquette.

Avec les années 50, le sport automobile vécut sa dernière grande époque. Le professionnalisme pointait à l'horizon, mais la compétition automobile était encore beaucoup plus du sport que du show-business.

L'on courait encore beaucoup plus par plaisir que par intérêt. Les sommes investies étaient le fait de sociétés directement intéressées par l'automobile, comme les compagnies de pétrole, les fabricants de pneus ou de pièces détachées. Les années 50 furent aussi l'époque de Fangio, Ascari, Gonzales, l'époque de Briggs Cunningham et de l'écurie Ecosse : l'époque d'une nouvelle génération de pilotes anglais, dont les plus célèbres sont Stirling Moss, Mike Hawthorn, Peter Collins.

Tout d'abord eut lieu en 1950 la création du championnat du monde des conducteurs, et des marques. Alfa Romeo revint au combat après une année d'éclipse, trustant les victoires. Farina, Fangio et Fagioli (les fameux trois « F ») remportèrent onze épreuves d'affilées. Le docteur « Nino » Farina, fils du fondateur de la célèbre carrosserie Pininfarina devint le premier champion du monde. Mais malgré tout les Alfa 1 500 cm3 à compresseur avaient été des-

Juan Manuel Fangio et Peter Collins, ci-dessus, au cours du Grand Prix d'Angleterre à Silverstone en 1956. Mercedes s'était retiré de la compétition à la fin de la saison 1955 et Fangio remporta son quatrième titre mondial avec une Lancia-Ferrari 2,5 litres.

« Nino Farina », à droite, quittant les stands au volant de son Alfa Romeo pendant les essais du Grand Prix d'Italie en 1951, remporté cette année-là par la Ferrari d'Ascari. Farina s'adjugea les Grands Prix de Belgique et de Paris, et rejoint Ascari et Villoresi au sein de l'équipe Ferrari l'année suivante.

sinées avant la guerre, et Ferrari progressait à pas de géant avec sa 4,5 litres non suralimentée. En 1951 Alfa remporta quatre des courses les plus importantes contre trois pour Ferrari, Fangio décrochant son premier titre de champion du monde. Mais Ascari le talonnait à quelques points, et au Grand Prix d'Angleterre à Silverstone Froilan Gonzales mit un terme à la longue série des victoires d'Alfa Romeo. Fangio fut battu de trente secondes lors du premier Grand Prix d'Allemagne d'après-guerre, au Nurburgring. Lorsque les Ferrari s'emparèrent des deux premières places au Grand Prix d'Italie il devint évident que malgré un nouveau titre mondial, la 159 « Maggiorata » était au bout du rouleau. Il n'était guère possible d'en tirer davantage de chevaux, et, comme il était hors de question de mettre en chantier un nouveau moteur pour les deux dernières saisons de la formule 1,5/4,5 litres, Alfa Romeo décida d'abandonner la compétition.

Ce retrait, ainsi que l'absence des BRM, fit perdre tout intérêt à la Formule 1. Les organisateurs, sachant très bien qu'un « festival » Ferrari n'attirerait pas les foules, préférèrent se tourner vers la Formule 2. Ces voitures étaient équipées au choix de moteurs de deux litres sans compresseurs, ou de 500 cm3 suralimentés (bien que cette dernière solution ne soit pas réaliste). De nombreuses voitures anglaises firent alors leur apparition sur les pistes traduisant un indiscutable regain d'intérêt pour le sport automobile en Grande-Bretagne. Mais bien que les HWM, Connaught, Cooper, Gordini et même Maserati aient été dominées par la Ferrari type 500, grâce à laquelle Alberto Ascari remporta pratiquement toutes les épreuves en 1952 et 1953, s'adjugeant au passage deux titres de champion du monde, elles donnèrent à des pilotes comme le Prince Bira, Lance Macklin, Peter Collins, Mike Hawthorn et Stirling Moss la possibilité de confirmer leur talent. Les performances d'Hawthorn qui pilotait alors une Cooper-Bristol furent d'ailleurs si impressionnantes que Ferrari l'engagea pour 1953. Le Britannique ne tarda pas à démontrer le bien-fondé d'un tel choix. Au Grand Prix de France à Reims, devant une foule en délire, il était dans les roues de la Maserati de Fangio « Je ne réussissais pas à le décramponner, malgré toutes les ficelles du métier » rappelle ce dernier dans son autobiographie. « Nous étions constamment côte à côte, a à peine un mètre l'un de l'autre ». Au dernier tour les voitures passèrent côte à côte devant les stands, et, dans la montée de Thillois, Hawthorn retarda tant son freinage que Fangio pensa qu'il lui serait impossible de prendre le virage. Mais il réussit à inscrire sa voiture dans la courbe et à remporter le Grand Prix de France avec une seconde d'avance sur l'Argentin, Gonzales prenant la troisième place. « L'Angleterre a un nouveau champion » déclara Fangio après la course.

Dans d'autres domaines également les Anglais donnaient du fil à retordre à leurs adversaires. En 1951 Peter Whitehead et Peter Walker menèrent leur Jaguar C à la victoire au Mans, et cette marque remporta cette année-là les rallyes d'Ecosse, des Tulipes, des Alpes, Liège-Rome-Liège, le Morecambe et le Rallye du Soleil. L'année suivante Stirling Moss remporta les 12 Heures de Reims avec une type C, à 158 Km/h de moyenne. Sidney Allard inscrivit la première victoire anglaise au palmarès du Rallye de Monte-Carlo, devant la Sunbeam Talbot de Moss. Peter Collins et Pat Griffiths remportèrent les « 9 Heures de Goodwood » à bord d'une Aston Martin DB 2 S, tandis que les 24 Heures du Mans 1953 furent marqués par le duel Jaguar-Cunningham.

Briggs Cunningham avait fait sa première apparition au Mans en 1950 au volant d'une « Cadillac Special » que les Français appelaient « Le Monstre », se classant en onzième position. Il était revenu l'année suivante avec deux voitures de sa propre fabrication, propulsées par des moteurs Chrysler. Relayé par Bill Spear, il se classa à la quatrième place en 1952. 1953 s'annonçait comme un duel entre le riche américain

Domination des Ferrari au Grand Prix de Hollande en 1953. Ascari (n° 2) devant Villoresi (n° 4) et Farina (n° 6). Ascari devint Champion du Monde pour la deuxième fois.

VAK C

et la firme de Coventry. Ce fut une lutte acharnée et incertaine, qui vit finalement la victoire de la Jaguar de Tony Rolt et Duncan Hamilton, à 170,3 Km/h de moyenne, devant une autre Jaguar pilotée par Moss et Walker et la Cunningham bleue et blanche de Walter et Fitch. Cunningham luimême n'arriva que septième. Le titre malheureusement lui échappa nettement en 1954. Bill Spear et Sherwood Johnson ne se plaçant qu'en troisième position derrière la Ferrari de Trintignant et Gonzales et la Jaguar D de Rolt et Hamilton. Pour des voitures construites par une écurie privée, il s'agissait cependant là d'une performance absolument remarquable. Les Jaguar D d'usine s'adjugèrent encore la victoire en 1955 (l'année de la tragédie de Levegh), l'écurie Ecosse celle de 1956, et après le fantastique triomphe de 1957 (première, deuxième, troisième, quatrième et sixième places) l'on pouvait véritablement dire que la célèbre course d'endurance était devenue la prérogative des voitures anglaises. (Ceci d'autant plus que les Aston Martin de David Brown n'étaient jamais très loin derrière, se classant en seconde position en 1955 et 1956 et remportant la victoire en 1959).

Tandis que les Italiens régnaient en maîtres sur les courses de Formules, les Anglais faisaient la loi en Sport-Prototypes. Moss remporta deux fois le Tourist Trophy à Dundrod au volant d'une Jaguar, tandis qu'en 1953 ce fut le tour de l'Aston Martin de Collins et Griffiths. Moss s'adjugea également les 12 Heures de Reims, avec une Jaguar C, et en 1951 ce fut le tour de Peter Whitehead et Ken Wharton de goûter aux joies de la victoire.

Mercedes revint alors à la compétition. La ville de Stuttgart avait été complètement détruite par les bombardements, et, bien que la production des voitures ait repris, les jours de gloire des voitures allemandes semblaient appartenir définitivement au passé. Dans son bureau chichement meublé, Herr Neubauer passait son temps à essayer de retrouver des voitures de course d'avant-guerre pour le musée Mercedes. La légendaire 300 SL « Papillon » fit alors son apparition, remportant le Mans, le Nurburgring, Berne, la Carrera Panamericana et ratant de peu la victoire aux Mille Milles. Enfin lorsque la formule 2 500 cm3 entra en vigueur en 1954, la firme de Stuttgart décida de participer à toutes les grandes épreuves, comme en 1914 ou 1934...

... L'atmosphère de Reims était très particulière. Tout d'abord, c'était la capitale du champagne. Ensuite le circuit de 8,5 km en triangle était parmi les plus rapides, avec deux virages en épingle, une grande courbe à droite se prenant à pleine vitesse après les stands, et une fantastique descente sur la route de Soissons à Thillois, baptisée « le plus beau panorama d'Europe ». De plus, la course pour voitures de sport précédant le Grand Prix commençait à minuit. « La seule course que je connaisse commençant la nuit ; et le départ est quelque chose d'absolument extraordinaire » dit Graham Hill dans son autobiographie, ajoutant qu'elle se disputait du départ à l'arrivée comme un Grand Prix. C'était en fait l'équivalent de six Grands Prix d'affilée. Seul le Mans exigeait encore plus des mécaniques ! « 290 Km/h dans le noir sur l'étroite ligne droite, la lumière aveuglante des stands, la grande courbe à droite, négociée à fond... c'était la course par excellence, avec quelques instants de frayeur intense ». Les Jaguar D équipées d'un rapport de pont arrière adéquat atteignirent 320 Km/h, et je me souviens qu'elles dépassaient ma Porsche 356 comme si celle-ci avait été collée sur la piste. Les spectateurs restaient là toute la nuit, et les performances des Jaguar dans ce lever de rideau de 12 Heures faisaient presque oublier le Grand Prix qui suivait. C'est du moins ce qui se serait passé s'il n'y avait pas eu les Mercedes.

Les W 196 couleur argent firent sensation lorsqu'elles arrivèrent dans le paddock, avec leur moteurs huit cylindres en ligne à injection, et leurs carrosseries enveloppantes. Leurs pilotes étaient Fangio, Kling

Ci-dessus, l'accident de Levegh, l'une des plus grandes catastrophes de l'Histoire du Sport Automobile, au Mans en 1955. Sa Mercedes 300 SLR percuta une Austin Healey et s'envola dans la foule en face des stands. Levegh et plus de 80 spectateurs furent tués. L'année suivante la cylindrée des prototypes fut limitée à 2 500 cm3. La consommation ainsi que le volume des réservoirs furent également limités.

Mike Hawthorn, à droite, au volant de la Jaguar D devant la Mercedes de Stirling Moss peu après le départ des 24 Heures du Mans 1955. C'est au cours de cette épreuve que Levegh et plus de 80 spectateurs trouvèrent la mort.

et Hermann. Gonzales et Hawthorn pilotaient les Ferrari type 553, Trintignant ayant pour sa part un modèle quatre cylindres. Les Maserati avaient été confiées à Ascari, Villoresi et Marimon. Cinq Maserati, deux Ferrari, quatre Gordini et une HWM privée complétaient le plateau.

Tout, dans l'équipe Mercedes, était axé sur l'efficacité, depuis le camion transportant les voitures, équipé d'un moteur de 300 SL et pouvant dépasser 150 Km/h, jusqu'à la discipline des mécaniciens sortant d'un café en rang et au pas. Kling et Ascari avaient plusieurs fois battu le record du tour lors du second tour des essais, mais le coup final fut vraiment asséné à dix minutes de la fin, lorsque Fangio s'installa paresseusement derrière son volant et pulvérisa le record en 2 mn 29 s 4/10.

La course en elle-même fut une démonstration allemande. Ascari perdit son arbre de transmission au cours du premier tour, mais ni Hawthorn ni Gonzales ne purent suivre le train d'enfer imposé par les voitures de Stuttgart, et durent abandonner dans les premières trente minutes. Les Mercedes occupaient alors les trois premières places et auraient terminé dans cet ordre si Herrmann n'était pas sorti de la piste au dix-septième tour. Les deux torpilles d'argent arrivèrent roue dans roue devant les tribunes, Fangio passant la ligne d'arrivée en vainqueur.

Stirling Moss rejoignit les rangs de l'équipe Mercedes au cours de l'automne, cette année-là. Il adopta la même attitude hautement professionnelle pour préparer les Mille Milles de 1955. Son coéquipier, Denis Jenkinson, raconte cette aventure dans l'un des plus beaux reportages de course jamais écrits, qui fut publié dans « Motor Sport ». Cette épreuve se courait sur routes ouvertes de Brescia à Rome et retour, longeant la côte Adriatique jusqu'aux Abruzzes et empruntant la Via Cassia par Sienne, Florence et Bologne. Elle était devenue une affaire de spécialistes, et il fallait une bonne dose de courage à un pilote non

Italien pour nourrir quelque espoir de victoire. Caracciola avait gagné en 1931 aux commandes d'une SSK et depuis les pilotes italiens n'avaient jamais laissé échapper la victoire. La seule manière de vaincre, pensait Moss, était de préparer scientifiquement l'épreuve.

Il fallait en effet que le navigateur agisse comme un deuxième cerveau, indique avec précision les particularités de l'itinéraire suivi, afin que le pilote puisse constamment rouler au maximum. « Nous devions faire particulièrement attention aux endroits où nous risquions d'endommager la voiture » dit Jenkinson, « comme par exemple les passages à niveau, les cassis, les mauvais revêtements, les voies de tramway, etc. ». Puis il fallait répertorier les virages, en les classant selon leur degré de difficulté. Nous notions également les chaussées glissantes ainsi que les longues lignes droites que nous pouvions avaler à fond même en cas de visibilité réduite. Après trois parcours de reconnaissance, avec de nombreux retours en arrière et deux accidents, Jenkinson eut à transcrire ses 70 pages de notes sur une feuille de papier spéciale de plus de 5 mètres de long, enroulée sur deux tambours à l'intérieur d'une petite boîte transparente. Rien n'était laissé au hasard. Même les sièges de la 300 SLR avaient été moulés à leurs mesures. « Nous mangions, respirions, vivions Mille Milles, dit Jenkinson. Rien n'était laissé dans l'ombre ».

Cette préparation minutieuse ne manqua pas de porter ses fruits, et Stirling Moss accomplit là l'une des performances les plus remarquables de sa carrière. Il atteignit Rome en 3 h 30 mn, à la moyenne de 172 Km/h, après avoir avalé le tronçon Brescia-Pescara à 190 de moyenne. La seule alerte se produisit dans un virage près de Pescara, où la voiture alla taper dans les bottes de paille en doublant une Gordini. « Nous ne perdions pas une seule seconde, dit Jenkinson ; Moss pilotait d'une manière absolument extraordinaire, à la limite de l'adhérence partout, et le plus souvent au delà de la limite, dans cette étroite marge où seule son adresse exceptionnelle pouvait éviter l'accident. Dans la montée du Col de Cassia et sur la route en lacet de Radicofani, Moss s'envole littéralement, pour éloigner définitivement toute menace de la part des Ferrari de Taruffi et Castellotti. Il commença à sentir la fatigue entre Sienne et Florence, mais malgré tout la Mercedes franchit le Ponte Della Vittoria à 210 Km/h avant de s'arrêter au contrôle. Il était en tête, mais avait décidé de traverser la chaîne des Apennins en moins d'une heure. Jenkinson avait l'impression que la voiture échappait à tout contrôle dans la descente de la Futa, mais visiblement Moss gardait les choses en main, malgré une glissade impressionnante qui faillit se terminer dans un parapet. Ils dévalèrent vers Bologne à 240 Km/h, traversant les montagnes en 1 h 1 mn, record sans précédent ! Bien que le plus difficile ait été accompli, il fallait rejoindre Brescia en moins de dix heures. Ils parcoururent les longues lignes droites de la plaine vers Modène, Reggio, Parme, Jenkinson annonçant les cassis et les rares virages. « En regardant en l'air, se rappelle-t-il, je m'aperçus que nous étions en train de doubler un avion. J'eus alors l'impression d'être la proie d'un mauvais rêve, mais nous en dépassâmes un autre. Ils volaient à une centaine de mètres du sol et filmaient notre voiture... Le moteur grimpait à 7 600 tours en cinquième, ce qui correspond à une vitesse de plus de 275 Km/h ». A près de 50 km de l'arrivée, la voiture partit en dérapage sur une plaque de goudron frais. Moss redressa calmement, et, évitant de justesse un mur de béton, continua à maintenir l'accélérateur à fond jusqu'à la ligne d'arrivée, qu'ils franchirent à plus de 160 Km/h. Jenkinson et lui éclatèrent de joie en réalisant qu'ils avaient non seulement gagné, mais pulvérisé tous les records ; Moss déclara enfin qu'il était content qu'un Anglais ait gagné la course, mais surtout satisfait d'avoir fait mentir la légende voulant que

Pat Moss (sœur de Stirling Moss) devint l'une des conductrices les plus célèbres. Elle remporta la Ladies Invitation Race à Goodwood, seule épreuve réservée aux femmes à avoir été organisée sur le célèbre circuit. Avec sa partenaire Ann Wisdom, elle termina Liège-Rome-Liège à la première place en 1959, ex-æquo avec Eric Carlsson (dont elle est maintenant la femme) et remporta l'épreuve l'année suivante. C'était la première fois qu'un équipage féminin remportait une telle épreuve.

Coupe du moteur de la Mercedes 300 SLR. Ce moteur était un huit cylindres en ligne, et les soupapes étaient à commande desmodromique. En 1955 la firme de Stuttgart remporta la coupe des constructeurs de Formule 1, le Championnat des marques et des voitures de sport, tandis que Fangio était sacré champion du Monde.

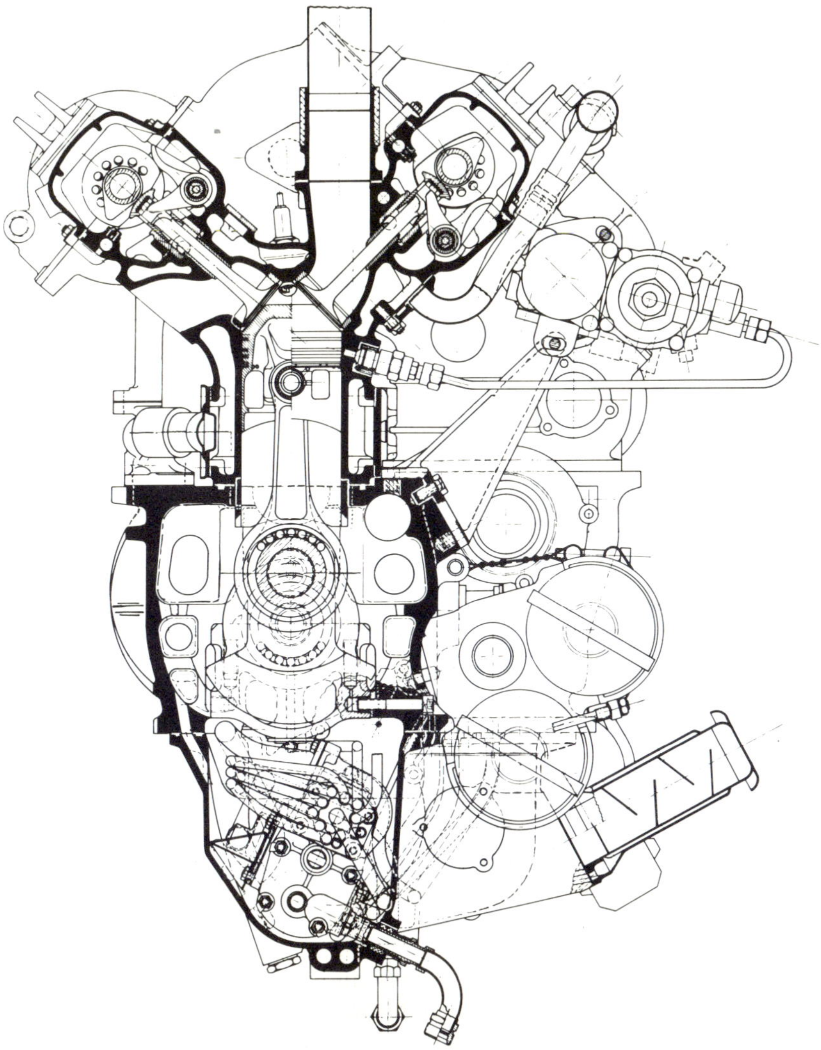

celui qui est en tête à Rome ne soit jamais à l'arrivée. Ils avaient même encore mieux fait : ils venaient d'établir un record qui n'allait jamais être battu. En effet, deux ans plus tard le marquis de Portago et Edward Nelson entrèrent dans la foule avec leur Ferrari, se tuant, ainsi que onze spectateurs. Le gouvernement décida alors de mettre un terme à cette course légendaire, comme l'avaient fait les Français après le tragique Paris-Madrid de 1903.

Deux mois plus tard, après cette mémorable victoire de Moss, une catastrophe s'abattit sur le circuit du Mans. Au quarante deuxième tour Pierre Levegh (qui était resté plus de vingt-deux heures d'affilée au volant de sa Talbot au cours de l'édition de 1952) déboucha à fond dans la ligne droite des stands juste au moment où Hawthorn freinait pour rentrer à son stand. L'Austin Healey de Lance Macklin dut déboîter, et la Mercedes de Levegh ne put l'éviter. Littéralement propulsée en l'air, elle retomba tout près des spectateurs. Levegh fut tué sur le coup, ainsi que plus de quatre-vingt personnes. C'était le plus grand désastre de l'histoire du sport automobile. Le Grand Prix de France fut annulé, et aucune épreuve ne fut plus organisée en France cette année là. Le gouvernement Suisse décida également d'interdire toute forme de compétition sur son territoire.

Le Tourist Trophy, qui, en tant qu'épreuve de Championnat avait attiré de nombreux concurrents fut aussi le théâtre d'une tragédie, cette même année, en septembre. Il se déroulait sur le circuit de Dundrod, près de Belfast en Irlande du Nord. Quelques instants après le départ, alors que les pilotes entamaient le deuxième tour, sept voitures (dont ma Porsche 550 Spyder) entrèrent en collision dans un passage rapide mais étroit du circuit. Jim Mayers et Bill Smith furent tués sur le coup ; Stirling Moss et John Fitch s'adjugèrent la victoire à bord de leur Mercedes 300 SLR, mais le nuage de fumée se dégageant des voitures qui finissaient de brûler, ainsi qu'un autre accident mortel vers la fin de la course mit un terme aux activités du circuit d'Irlande du Nord.

Malgré ces catastrophes la course reprit normalement en 1956, bien que Mercedes-Benz se soit retiré de la compétition. Fangio rejoignit l'équipe Ferrari, tandis que Moss se retrouvait chez Maserati. Peter Collins, qui s'était révélé comme l'un des meilleurs pilotes de Grand Prix fut également engagé par Ferrari. Avec des voitures aussi compétitives à leur disposition, les pilotes anglais se retrouvaient maintenant parmi les meilleurs. Moss remporta les Grands Prix d'Argentine, d'Angleterre et d'Allemagne. Peter Collins avait maintenant le titre de champion du monde à sa portée, mais à Monza, voyant Fangio contraint à l'abandon, il s'arrêta au stand pour lui céder sa voiture. Ce geste, témoigna d'une rare sportivité et permit à l'Argentin de décrocher son quatrième titre mondial.

La carrière de Fangio avait commencé bien avant la guerre en Amérique du Sud, lorsqu'il pilotait des Ford et Chevrolet dans des courses du genre des Mille Milles. Il s'appropria le titre de Champion d'Argentine après avoir remporté l'International Gran Premio del Morte, une épreuve de 9 500 km courue au travers du continent Sud Américain, de Buenos Aires à Lima et retour par la Cordillère des Andes. Après la guerre, à la demande du président Peron, l'Automobile Club d'Argentine le fit venir en Europe, et lui confia une Maserati 4 CLT/48 neuve. Pour sa première saison en Europe en 1949, il s'adjugea la victoire à San Remo, Pau, Perpignan, Marseille, Monza et Albi. A 38 ans, « El Cheuco » (l'homme aux jambes arquées) était parvenu à ses fins. Il fut engagé par Alfa Romeo et se classa deuxième au championnat du monde en 1950, derrière Farina. L'année suivante il était champion du monde, avec 31 points sur un total maximum de 36.

Lorsque les Alfa se retirèrent de la compétition, Fangio se retrouva sans voiture. En 1952, il pilota pour BRM et Maserati. C'est alors que survint le seul accident sérieux dont il fut jamais victime. Venant de l'Ulster Trophy, il était arrivé à Monza seulement deux heures avant le départ, n'ayant pas eu le temps de participer aux essais. Au deuxième tour, alors qu'il était déjà en train de se mesurer aux hommes de tête, il accéléra trop brutalement à la sortie de la courbe Seraglio et partit en tête à queue. « J'ai réalisé à cet instant ce que signifiait mourir en course » se rappelle-t-il. Il fut évacué d'urgence à l'hôpital avec une fracture des vertèbres cervicales.

Malgré ceci il réapparut sur les pistes l'année suivante. Au volant d'une Maserati, il se classa second aux Grands Prix d'Angleterre, de France et d'Allemagne. Il termina également les Mille Milles en seconde position avec une Alfa Romeo « Disco Volante », ayant parcouru les derniers kilomètres sans freins et avec une seule roue avant répondant aux sollicitations de la direction.

En 1954, il se retrouva à la tête de l'équipe Mercedes, menant les voitures allemandes à la victoire en France, en Allemagne, en Suisse et en Italie, s'emparant de son deuxième titre de champion du monde au passage. Il réédita cette performance avec Mercedes en 1955, avec Ferrari en 1956 au volant de la 2,5 litres Lancia-Ferrari, avec Maserati en 1957, aux commandes de la Tipo 250 F. C'est alors que le champion de 47 ans annonça sa retraite. Il avait gagné vingt-quatre Grands Prix et remporté cinq titres de champion du monde. Personne ne pouvait égaler ce record, et personne n'a d'ailleurs réussi à l'égaler depuis. (Jim Clark et Jackie Stewart ont remporté plus de Grand Prix que Fangio, mais l'ont fait à une époque où il y avait beaucoup plus d'épreuves. De toute manière, si l'on considère le nombre de courses gagnées et le nombre de titre de champion, Fangio reste largement en tête).

De plus il marqua toute une époque de son empreinte. « La meilleure école qui puisse exister, disait Stirling Moss, c'est de suivre Juan Manuel Fangio à 20 mètres. J'en ai beaucoup plus appris à ce petit jeu qu'à

Ci-dessus, Fangio remporte le Grand Prix de Belgique en 1954, au volant de sa Maserati 250 F.

Stirling Moss, à droite au volant de la Vanwall victorieuse au Grand Prix d'Italie en 1957. Il remporta également le Grand Prix d'Angleterre cette année-là. C'était la première fois qu'un pilote anglais s'inscrivait au palmarès de cette épreuve avec une voiture anglaise.

n'importe quel autre ». Froilan Gonzales, le massif Argentin qui semblait démesuré par rapport aux cockpits de toutes les voitures, était souvent aussi rapide que son compatriote, mais il lui manquait son génie. Un accident sérieux survenu au cours des essais du Tourist Trophy à Dundrod limita par ailleurs ses ambitions. Alberto Ascari, l'homme à la chemise et au serre-tête bleus fut également l'un des grands noms de la course. Sa carrière avait débuté par des courses de motos avant la guerre, et on le vit pour la première fois lors d'une course organisée en 1947 au Caire, avec Gianni Lurani, Brivio, Taruffi, Cortese et Chiron. Dès 1949, il figurait parmi les meilleurs, s'adjugeant cinq victoires en Europe, ainsi que le Grand Prix Peron à Buenos Aires. En 1950, il remporta neuf victoires pour Ferrari, et six en 1951. Mais dès le retrait d'Alfa Romeo il rafla tous les honneurs et fut sacré champion du monde en 1952 et 1953. En 1955, au Grand Prix de Monaco, perdant le contrôle de la Lancia D 50, il fit un vol plané spectaculaire, retombant dans les eaux du port. Il s'en tira pratiquement indemne, mais trouva malheureusement la mort quatre jours plus tard à Monza.

Les pilotes anglais avaient entre-temps rejoint l'élite, et, plus que tout autre, Moss était le symbole de renouveau. Pendant quatorze ans, de 1948 à 1962 il s'illustra dans toutes les catégories du sport automobile, courses de côtes, rallyes, Grand Prix, courses d'endurance. Il disputa 466 épreuves, et en remporta 194. Malgré ceci il ne fut jamais sacré champion du monde probablement parce qu'il était décidé à s'emparer de ce titre avec une voiture anglaise. S'il n'avait pas été victime d'un accident à Goodwood en 1962, il est plus que probable qu'il aurait réussi dans son entreprise. Enzo Ferrari, qui le considérait comme le plus grand pilote de tous les temps, était prêt à lui fournir toute l'aide dont il avait besoin. C'est par patriotisme que Moss refusa « C'eut été une mauvaise conclusion à ma carrière, dit-il dans son autobiographie, que de remporter le titre mondial avec une voiture italienne après tant d'années ». Peut-être avait-il raison. Une chose est certaine, c'est qu'il fut pour toute une génération l'incarnation même du sport automobile.

Son ami et rival, Mike Hawthorn, premier Anglais à avoir été sacré champion du monde, se fit remarquer pour la première fois à Goodwood en 1952, lorsqu'il termina deuxième, derrière Gonzales. Il remporta peu de temps après la Coupe des Alpes au volant d'une Sunbeam-Talbot d'usine, avant de piloter pour BRM et Vandervell. C'est alors que Ferrari le remarqua et lui proposa un contrat pour l'année 1953. Il remporta le Grand Prix de France. Premier Anglais à s'illustrer dans cette épreuve depuis Seagrave en 1923. Il gagna également le Mans et Sebring en 1955, au volant d'une Jaguar D, mais resta fidèle à Ferrari pendant presque toute sa carrière. Il remporta à nouveau le Grand Prix de France en 1958 et fut sacré champion du monde pour la seconde fois, devançant Stirling Moss d'un point. Mais pour ce champion, qui dissimulait une nature sensible derrière un solide sens de l'humour, il y avait un revers à tous ses succès. Parmi ses camarades d'équipe, chez Ferrari, Alberto Ascari, « Fon » Portago, Eugenio Castelotti et Luigi Musso étaient morts en course. Et lorsque son grand ami et camarade d'écurie, l'impétueux Peter Collins se tua sous ses yeux au Nurburgring, c'en fut trop pour Mike.

Peter Collins, qui avait fait ses débuts en Formule 3 avant de rejoindre le monde des Grands Prix entra chez Ferrari en 1956, et devint célèbre du jour au lendemain. Il aurait décroché le titre de champion du monde en 1957 s'il n'avait volontairement cédé sa voiture à Fangio dans les dernières minutes du Grand Prix d'Italie. C'était un pilote combatif qui remporta de retentissantes victoires en prototypes. Il s'adjugea le Grand Prix d'Angleterre à Silverstone en 1958, et serait certainement devenu l'égal de Moss et d'Hawthorn sans l'accident dont il fut victime en essayant de dépasser la Vanwall de Tony Brook dans le virage de Pflanzgarten au Nurburgring.

Mike Hawthorn en tête, devant la Vanwall de Moss à Monza pendant le Grand Prix d'Italie en 1958. Hawthorn fut sacré Champion du Monde cette année-là, battant Moss de justesse

Voici donc ces personnages de légende qui, avec Phil Hill, Olivier Gendebien, Caroll Shelby, Harry Schell, Jean Behra, Ivor Bueb, Reg Parnell, Louis Rosier, Maurice Trintignant, Ken Wharton et tant d'autres marquèrent les années 50 de leur empreinte.

Giorgio Scarlatti, sur Cooper-Climax en tête devant Stirling Moss, également sur Cooper, à Monza, au cours du Grand Prix d'Italie en 1959, que Moss remporta. Derrière eux les Ferrari de Dan Gurney (n° 36) et de Phil Hill (n° 32).

L'Age de la technologie

Les temps changeaient. Une effervescence sans précédent s'était emparée de l'Angleterre, et cette atmosphère d'innovations et de bouleversements allait aussi avoir des répercussions profondes sur le sport automobile.

En 1955, les Cooper, père et fils, étaient partis de leur Racer 500 « bricolée » pour produire une voiture à moteur central Coventry Climax, qui se transforma plus tard en une Formule 1. Cette voiture avait un rapport poids puissance extraordinaire et une tenue de route fantastique. Jack Brabham pilota la Cooper type 60 avec tant de brio qu'il remporta le titre de champion du monde en 1959 et 1960, devenant ainsi le premier Australien à accéder à l'échelon suprême (il allait être aussi plus tard le premier pilote à s'approprier le titre mondial au volant d'une voiture de sa propre fabrication).

Cette révolution était si importante qu'en 1961 Ferrari, Lotus et BRM avaient adopté le principe du moteur central. Lorsque Jack Brabham vint à Indianapolis avec sa « drôle de voiture », elle fut l'objet de bien des moqueries. A. J. Foyt déclara qu'elle

Ci-dessus départ des 1 000 km du Nurburgring en 1960. Cette épreuve fut remportée par Stirling Moss et Dan Gurney au volant d'une Maserati 3 litres « Birdcage », ainsi appelée à cause de la multitude de tubes constituant le châssis.

Jack Brabham, à droite remportant le Grand Prix d'Angleterre en 1959, à Aintree, au volant de sa Cooper-Climax. Il s'empara du titre mondial cette année-là, grâce à la Cooper à moteur central qui annonçait une ère nouvelle.

ressemblait « à un amalgame de tuyaux enroulés dans du grillage ». Il changea de ton lorsque Brabham réussit 233 Km/h lors des essais, à peine 3 Km/h de moins que la voiture la plus rapide. Les théories de Cooper révolutionnèrent la conception des voitures de compétition, bouleversant le sport automobile. Aujourd'hui tous les véhicules de compétition, de la Formule 1 au plus humble des karts sont construits selon ces principes.

Rien n'illustre probablement mieux ce renouveau que la grille de départ du Grand Prix de France à Reims en 1960. Dix-sept des vingt concurrents pilotaient des machines anglaises, parmi lesquelles on trouvait dix Cooper, trois BRM et trois Lotus, trois Ferrari et une Vanwall complétant le plateau. De plus une nouvelle génération de pilotes se trouvait à bord de ces voitures : Jack Brabham en première ligne, Graham Hill, de Londres, Jo Bonnier, le barbu de Stockholm, Dan Gurney, de Californie, Bruce Mac Laren de Nouvelle-Zélande et Jim Clark, l'Ecossais. Le Français Maurice Trintignant, seul vétéran, se retrouvait au milieu de jeunes loups tel Phil Hill. Innes Ireland, Ron Flockart, « Taffy » Von Trips et Masten Gregory (Stirling Moss avait eu un accident à Spa et se trouvait momentanément hors de combat). Après une heure de course, les Lotus occupaient les cinquième, sixième et septième positions. Ceci était d'autant plus étonnant qu'aucune voiture anglaise n'avait jamais remporté le Grand Prix de France depuis 1923. Depuis lors, grâce au génie de Colin Chapman et, à l'adresse de Graham Hill, Jim Clark et plus tard Jackie Stewart, les voitures anglaises sont devenues l'adversaire à battre.

Puis Lotus supplanta Cooper. Colin Chapman avait débuté en construisant des voitures à assembler soi-même, dans une étable d'Hornsey, dans la banlieue nord de Londres (l'origine du nom de Lotus demeure un secret bien gardé). Il passa ensuite à la construction de voitures de sport et fabriqua sa première monoplace en 1956. Sa formation d'ingénieur en aéronautique le poussa à adopter des solutions inhabituelles ; c'est ainsi qu'il construisit la caisse autoporteuse du coupé Elite en fibre de verre. Son principe de base était de concevoir des châssis et des éléments de suspension extrêmement légers pour compenser la puissance relativement modeste des moteurs qu'il utilisait. Même si elles avaient la fâcheuse manie de perdre des organes vitaux au mauvais moment les premières Mark 6 et 8 firent les beaux jours des courses de clubs dans les années 50. Bien que Lotus remportât des victoires de classe au Mans et au Nurburgring ce n'est véritablement que lorsque Colin Chapman se décida à suivre l'exemple de Brabham en adoptant le moteur central que la firme commença véritablement à faire parler d'elle.

La Mark 18, avec son châssis tubulaire à l'intérieur duquel le pilote était plus allongé qu'assis (plutôt que de profiler la carrosserie, Chapman s'était attaché à réduire la surface frontale au maximum afin d'améliorer la pénétration dans l'air) fut engagée dans toutes sortes d'épreuves, depuis la Formule 1 jusqu'à la formule junior. Cette nouvelle formule internationale était née en Italie, où grâce à sa cylindrée de 1 100 cm3 elle avait peu à peu remplacé la formule 500 cm3 en déclin (elle devint plus tard la nouvelle Formule 3). La Lotus, utilisant des moteurs Ford modifiés par Cosworth devint rapidement la junior à battre. Sur les 19 courses importantes organisées en 1960, Lotus en remporta 13, Cooper 4 et Osca 2.

En 1961, inquiet de l'augmentation des vitesses, l'organisme dirigeant le sport automobile décida de ramener la cylindrée de la Formule 1 à 1 500 cm3. La formule 2 se trouva ainsi promue au statut de Grand Prix, au grand mécontentement des anglais qui dominaient la Formule 2 500 cm3. Tandis que les constructeurs britanniques protestaient contre la décision de la F.I.A., essayant même de mettre sur pieds une formule 3 litres « Inter-Continentale », Ferrari

Ci-dessus, Willy Mairesse fut gravement accidenté lors d'une collision avec la Lotus de Trevor Taylor à Spa, mais fit sa rentrée ci-dessus, quelques semaines plus tard au volant de la nouvelle Ferrari de Formule I à Monza en septembre 1962.

Maurice Trintignant à droite, sur Cooper Maserati en tête devant Phil Hill et Jo Bonnier, à l'épingle de la Gare, au Grand Prix de Monaco en 1961. Organisée pour la première fois en 1929, cette épreuve, disputée dans les rues de Monte-Carlo est l'une des plus difficiles.

avait perfectionné sa voiture, dérivée d'une formule 2, et était prêt pour la nouvelle saison (cette voiture utilisait en fait le nouveau V 6 Dino). Phill Hill, Wolfgang Von Trips, Richie Gunther, Oliver Gendebien et Giancarlo Baghetti trustèrent les victoires, grâce à leurs 30 ch supplémentaires, bien que les victoires de Stirling Moss à Monaco et au Nurburgring au volant de sa Lotus 18 personnelle eurent le mérite de relancer la cause anglaise. Malheureusement, cette saison, dominée par Ferrari, devait se terminer par une tragédie. Phil Hill et Wolfgang Von Trips se disputaient âprement le championnat, lorsqu'à Monza la Lotus de Jim Clark et la Ferrari de Von Trips entrèrent en collision à l'entrée de la fameuse « curvetta ». Les deux voitures partirent en tête à queue, puis la Ferrari escalada un talus de protection avant d'entrer dans la foule, tuant son pilote et quatorze spectateurs. Aucun des pilotes n'était responsable, mais, deux ans plus tard, quand Jim Clark remporta son titre mondial tant mérité à Monza, il fut arrêté par la police et menacé d'emprisonnement. En Italie la « Questura » avait délibérément choisi d'ignorer que la course automobile était un sport dangereux.

Malgré ceci Phil Hill gagna à Monza au volant de la Ferrari, devenant ainsi le premier Américain à s'approprier le titre mondial.

Les nouveaux moteurs V 8 de BRM et Coventry Climax se trouvèrent disponibles dès le début de la saison 1962, et la Lotus Climax 25 fit sensation lors de sa première apparition publique, à Zandvoort. C'était une construction monocoque très aérodynamique, et le pilote était pratiquement allongé dans le cockpit. Il était indéniable qu'une nouvelle génération de voitures venait de voir le jour, et le championnat du monde 1962 se résuma à un duel entre la BRM type 56 de Graham Hill et la Lotus 25 de Jim Clark.

En effet, un accident survenu à Pâques à Goodwood avait mis un terme prématuré à la carrière sportive de Stirling Moss.

Graham Hill, qui en fut le témoin, se rappelle qu'il aperçut Moss dans son rétroviseur au moment où il entrait dans une courbe. « Je prenais ma trajectoire pour négocier le virage, et j'étais à ce moment à gauche de la piste. Je vis soudain Stirling Moss passer à fond à côté de moi, sur l'herbe. Il avait perdu le contrôle de sa voiture, et ne semblait pas essayer de la reprendre en mains. Une énorme flamme sortit des échappements au moment où la voiture alla taper de l'avant dans un talus de protection ». Bien que Graham Hill ait pensé qu'un accident mécanique était à l'origine de cet accident Stirling Moss dut admettre qu'il n'avait pas compris ce qui s'était passé. Tirant la conclusion de cet accident, il se retira alors âgé de 31 ans.

Bien que l'Angleterre eût perdu son héros, deux nouvelles vedettes se pressaient dans les coulisses, et leur duel pour le titre suprême est resté l'un des grands moments du sport automobile. Hill s'adjugea la victoire à Zandvoort, au Nurburgring et à Monza. Clark triompha à Spa, Aintree et Watkins Glen. Le titre allait se jouer entre les deux hommes quelques jours après Noël en Afrique du Sud.

Jim Clark partit en tête, et réussit à prendre vingt-sept secondes d'avance. « Je réussis à le remonter, mais il était hors de question que je puisse le doubler », se rappelle Hill. Puis au cinquante-neuvième tour le moteur de la Lotus cassa, dans un nuage de fumée bleue, laissant Graham Hill s'envoler vers la victoire. Il devint le premier pilote Anglais à devenir champion du monde avec une voiture anglaise.

Les craintes de voir la nouvelle formule 1 1 500 cm3 jouer les seconds rôles s'avérèrent sans fondement. Dès la première course de la saison, à Zandvoort, Graham Hill avait tourné aux essais en 1 mn 32 s 6/10, égalant le précédent record. En effet, bien que ces voitures ne développassent qu'environ 180 ch contre 270 précédemment, leur légèreté et les progrès accomplis en matière de pneumatiques en faisaient les machines les plus rapides jamais construites.

Départ du 34 Grand Prix d'Italie à Monza, en septembre 1963. Il fut remporté par Jim Clark (Lotus 25), qui s'adjugea six victoires en Grand Prix au cours de la saison, dont quatre consécutives, remportant son premier titre mondial.

La lutte se poursuivit en 1963, mais la Lotus avait entretemps adopté l'injection, et grâce à ses 200 ch, Jim Clark ne laissa aucune chance à ses adversaires. Il gagna les Grands Prix de Belgique, de Hollande, de France, d'Angleterre, d'Italie, du Mexique et d'Afrique du Sud. C'était la première fois qu'un pilote enlevait sept épreuves comptant pour le championnat du monde. Il remporta en fait cette année-là douze des vingt courses de Formule 1. Graham Hill, son rival, ne gagna qu'à Monaco et Watkins Glen.

Clark la même année trouva le temps d'aller défier les Américains à Indianapolis. Bien qu'il fut pratiquement assuré du titre mondial, il dut subir le test des débutants. Il réagit en bouclant le circuit à 235 Km/h,

au volant de sa Lotus propulsée par un moteur de Ford Fairline en aluminium. Parnelli Jones dut mettre toutes ses forces dans la bataille pour reprendre sa première place sur la grille de départ. Il pilotait une voiture traditionnelle construite par A. J. Watson et propulsée par un moteur Offenhauser. Clark fut surpris par le départ. « Je ne pouvais voir que la fumée et la poussière et toutes ces énormes voitures autour de moi. Cela paraissait irréel. Ma seule préoccupation était de les dépasser, mais c'était difficile, compte-tenu de la place qu'elles prenaient sur la piste. A 250 km de l'arrivée, la course se résumait déjà en un duel entre Parnelli Jones, en tête et Clark à quarante secondes seulement. « De la fumée sortait de sa voiture, et j'étais sûr qu'il ne terminerait pas la course », déclara Clark après coup. L'énorme voiture commençait en effet à perdre de l'huile, rendant la piste glissante. Les commissaires se tenaient prêts à la faire stopper, mais on comprend qu'à dix tours de la fin il leur était difficile de prendre une telle mesure vis à vis du favori. Clark ne fit aucune tentative désespérée pour le dépasser, pensant qu'il valait mieux terminer second que de risquer un accident.

Cette deuxième place constituait quand même une performance remarquable et si 1963 fut une année faste pour Jim Clark et Lotus la lutte pour le titre mondial fut encore plus acharnée l'année suivante. Il y eut tout d'abord le passage de John Surtees du deux roues à la voiture. Sept fois champion du monde de moto (quatre titres en 500 cm3 et trois en 350 cm3) « Big John » visait maintenant la consécration en automobile avec la nouvelle Ferrari V 12. Rien n'était joué la veille du dernier Grand Prix celui de Mexico. Graham Hill possédait le plus grand nombre de points mais Surtees et Clark pouvaient encore prétendre au titre. Graham Hill dut effectuer un long arrêt aux stands après avoir été touché par Bandini tandis que, dans le plus pur style d'un film d'Hollywood, la Lotus de Jim Clark perdant toute son huile dans le dernier tour offrait la victoire et le titre à John Surtees.

Après ces péripéties, la saison 1965 vit une série impressionnante de victoires de Jim Clark, au volant de la Lotus 33. Celui-ci remporta six Grands Prix, et son deuxième titre mondial. Pour la première fois depuis 1906 aucun pilote Français n'avait pris part aux épreuves du championnat du monde. Par contre, un jeune Ecossais Jackie Stewart fit ses débuts sur une BRM, remportant le Grand Prix d'Italie à Monza.

La saison 1966 connut de nombreux bouleversements. Tout d'abord une nouvelle formule entrait en vigueur, qui doublait la cylindrée maximum permise. En effet, malgré les vitesses atteintes par les voitures de 1 500 cm3, certaines voitures de sport étaient encore plus rapides, ce qui était évidemment mauvais pour l'image des Grands Prix. D'autre part Coventry Climax, qui avait produit les moteurs ayant remporté quarante Grands Prix et quatre titres mondiaux depuis 1958 annonça son retrait de la compétition.

Inutile de dire que ceci plongea de nombreux constructeurs dans l'embarras. Seuls Ferrari, BRM et Porsche (qui avait de toute manière abandonné la Formule 1 en 1963) produisaient la majorité des organes de leurs voitures. Les autres, qui construisaient leurs propres coques, mais utilisaient des moteurs et des boîtes de vitesses produits par des firmes telles Climax, se retrouvèrent sans moteur.

Colin Chapman réussit alors à persuader Ford Angleterre à aider financièrement Cosworth Engineering, comme cela s'était déjà fait par le passé, pour mettre au point un moteur de Grand Prix pour Lotus, à partir d'une base de moteur Ford. Jack Brabham, quant à lui, se tourna vers Repco en Australie pour obtenir un moteur V 8 conçu à partir du bloc Oldsmobile F 85. De plus deux pilotes en vue se mirent à construire leurs propres voitures : La M 25 de Bruce Mc Laren, qui avait une coque faite d'aluminium fixé sur des membrures en balsa et était propulsée par un moteur Ford V 8 « Indianapolis » dont la course avait été modifiée, et l'Eagle de Dan Gurney, qui s'était distinguée à Indianapolis (cette voiture remporta également la victoire à Spa en 1967, permettant à son pilote d'être le premier Américain à gagner un Grand Prix avec une voiture américaine, après la victoire de Jimmy Murphy dans le Grand Prix de France au Mans en 1921). L'on vit également apparaître l'extraordinaire Honda. Les Matra commençaient à faire parler d'elles en Formule 2.

Un des effets secondaires de la réduction de la cylindrée de la Formule 1 à 1 500 cm3 dans les années 60 avait été de donner un coup de fouet à la Formule 2, car de nombreux pilotes avaient pu choisir cette Formule pour compléter leurs programmes de courses. Lotus et Brabham, par exemple, avaient deux équipes d'usine, et Jim Clark ainsi que Graham Hill couraient dans les deux Formules. Tant que Brabham put garder le monopole du moteur Honda, qui était techniquement très en avance, Denny Hulme remporta pratiquement toutes les épreuves. Ceci dura jusqu'à ce que le moteur Cosworth SCA soit disponible (cette situation est un peu comparable à l'exclusivité dont March a bénéficié en 1973 avec le moteur BMW, qui a rendu possible la victoire de Jean-Pierre Jarrier dans le championnat de Formule 2). Honda fit également son entrée dans le monde de la course en choisissant la Formule 2, tout comme Matra, qui créa en 1964 un département compétition dirigé par Claude le Guézec à Villacoublay.

Cinq monoplaces furent construites en 1965, qui préfiguraient la MS 5 à coque

En 1966 et 1967, un moteur 3 litres Maserati V 12 fut utilisé par Cooper pour la nouvelle formule 1. On voit ici John Surtees, champion du Monde sur deux et quatre roues, qui remporta le Grand Prix du Mexique en 1966 au volant de l'une de ces Cooper Maserati.

d'aluminium. En Formule 2 et 3 les Matra aux formes carrées caractéristiques devinrent les voitures à battre. Les pilotes de Tyrell remportèrent cinq victoires, Jacky Ickx s'adjugeant le championnat de Formule 2, de plus en plus dominé par les voitures et les pilotes Français. Jean-Pierre Beltoise le remporta en 1968 avec la MS 7 d'usine, ainsi que Johnny Servoz-Gavin en 1969.

La création du championnat d'Europe de Formule 2 en 1967 ainsi que l'augmentation de la cylindrée minimum à 1 600 cm3 fit de la Formule 2 le champ d'action privilégié des jeunes talents. Les jeunes pilotes pouvaient y éprouver leur valeur avec des voitures à peine moins puissantes que les Formules 1 (une Formule 2 en 1975 coûte approximativement 700 000 F contre 1 100 000 F pour une Formule 1). C'est ainsi que Jacky Ickx, Jean-Pierre Beltoise, Clay Regazzoni, Ronnie Peterson, Jean-Pierre Jarrier et Patrick Depailler entrèrent dans l'arène des Grands Prix après avoir remporté le titre de champion d'Europe de Formule 2.

Indianapolis

Les voitures alignées au départ de l'épreuve en 1928. Déjà les monoplaces sont plus nombreuses, et la course fut remportée par Tommy Milton sur Miller Special. Milton, qui était né borgne, commença sa carrière vers 1914 par des épreuves sur cendrées. Il réussit à cacher son infirmité en apprenant par cœur les tables de contrôle. Lorsque la supercherie fut découverte en 1920, il était déjà considéré comme un pilote de tout premier ordre, et fut autorisé à poursuivre sa carrière.

Jim Clark aurait pu se contenter de sa seconde place à Indianapolis en 1963, et suspendre son trophée de « Novice de l'année » aux côtés de ses coupes de championnat du monde, mais Colin Chapman et lui gardaient les yeux fixés sur la course la plus célèbre et la plus dotée des Etats-Unis. Ils revinrent sur l'anneau l'année suivante, et furent éliminés à cause d'ennuis de pneumatiques qui provoquèrent l'affaissement de la suspension arrière de la Lotus, alors qu'elle était en tête. A. J. Foyt remporta l'épreuve au volant d'une splendide Sheraton-Offenhauser à moteur avant. Mais lors de sa troisième tentative en 1965, Clark affichait une telle supériorité sur ses adversaires qu'il put même s'arrêter deux fois à son stand sans perdre l'avantage. Il fut non seulement le premier Européen à remporter les « 500 » depuis la victoire de Dario Resta sur Peugeot en 1916, mais fut aussi le premier à réussir une moyenne supérieure à 240 Km/h.

Cette victoire rappelait l'époque où Peugeot, Delage et Mercedes triomphaient sur l'anneau. Gaston Chevrolet avait porté un coup mortel à la domination européenne en 1920 avec sa Monroe-Frontenac (dont le moteur, il est vrai, s'inspirait fortement du moteur Peugeot) et depuis lors le sport

Départ des « 500 miles », en 1974, remportées par Johnny Rutherford sur Mc Laren. C'était le deuxième triomphe des Mc Laren dans cette épreuve.

automobile avait évolué différemment en Europe et en Amérique. Aux Etats-Unis des ingénieurs tels Harry Miller et les frères Duesenberg s'étaient attachés à construire des voitures allant de plus en plus vite sur un tracé géométrique déterminé. Ainsi mises à part les victoires de Wilbur Shaw sur Maserati en 1939 et 1940, Indianapolis était devenu le domaine réservé des Américains, où dominèrent tour à tour les Duesenberg, Miller et Offenhauser Spéciales. Parmi les grands noms qui s'illustrèrent sur l'anneau pendant les années 20 figure Tommy Milton, qui, bien que borgne, remporta l'épreuve en 1921 au volant d'une Chevrolet-Frontenac 8 cylindres en ligne, et en 1923 avec une Miller HCS spéciale, à la moyenne de 146,37 Km/h. L'on trouve également Jimmy Murphy, qui après avoir racheté la Duesenberg avec laquelle il avait triomphé au Grand Prix de France, et après l'avoir équipé d'un moteur Miller, inscrivit son nom au palmarès en 1922 à 152,05 Km/h de moyenne. Il faut aussi mentionner Lora Corum, l'ingénieur de chez Duesenberg qui avec l'aide d'un riche amateur passionné de Détroit, Joe Boyer, mena sa « Dusie » à compresseur à la victoire en 1924, à la moyenne record de 158,1 Km/h. C'était la première fois qu'une voiture suralimentée remportait les « 500 », et, avec le cap des « 100 miles » de moyenne en vue, la rivalité amicale entre les frères Duesenberg et Harry Armenius Miller se fit de plus en plus aigüe. Parmi les neuf voitures classées derrière Jimmy Murphy en 1922, il y avait sept Duesenberg. Par contre en 1923 l'on trouvait six Miller parmi les sept premiers. Malgré la victoire d'une Duesenberg en 1924, les Miller avaient dominé la saison, et l'édition 1925 était attendue avec beaucoup d'impatience.

Quatre Duesenberg se trouvaient confrontées à seize Miller et il y avait en tout vingt-deux voitures au départ. L'une des attractions était une Miller à traction avant pilotée par un jeune nommé Dave Lewis. Le défi des Duesenberg était symbolisé par une voiture jaune irrévérencieusement appelée « Wagon de Bananes », pilotée par Peter de Paolo, neveu de Ralph de Palma. Celui-ci prit la tête et y resta cinquante tours à plus de 162 Km/h de moyenne. Il fut obligé de s'arrêter à son stand les mains couvertes d'ampoules dues aux vibrations de son volant. Il passa alors en deuxième position Lewis prenant la tête. Ce dernier commençait à accuser sérieusement la fatigue due à la direction plus lourde, et céda trop tard le volant à son coéquipier. De Paolo franchit la ligne d'arrivée en vainqueur à 162.75 Km/h de moyenne. C'était là la plus belle victoire de Duesenberg et le record de de Paolo ne fut battu qu'en 1932. Malgré les succès des Duesenberg en 1925, Miller revint au premier plan en 1926, avec une nouvelle voiture six cylindres en ligne de 1 499 cm3 conforme à la nouvelle règlementation. Cette voiture semblait magnifiquement préparée, et Franck Lockhart, « un novice », remporta l'épreuve. La réplique de Duesenberg ne se fit pas attendre. Une voiture à châssis asymétrique fut préparées et Georges Sonders lui aussi un « novice » inscrivit la dernière victoire des « Dusies » à Indianapolis. Lockhart et de Paolo avaient dû abandonner. A partir de ce moment les voitures à moteur Miller régnèrent sans partage sur l'anneau, jusqu'en 1939.

Il faut également garder à l'esprit le fait que le plateau diminuait tous les ans, les constructeurs de voitures de grande série ayant réalisé qu'il leur était impossible de lutter à armes égales avec les voitures de Louis Chevrolet, Harry Miller et des frères Duesenberg. Presque tous les grands constructeurs se retirèrent de la compétition, et entre 1920 et 1930, il n'y eut un plateau complet de trente-trois voitures qu'en deux occasions.

Lorsque Eddie Rickenbacker racheta la piste en 1927, il se trouva confronté aux problèmes de la grande dépression économique. Une Miller traction avant coûtait 15 000 dollars, soit beaucoup plus qu'une Rolls-Royce, et comme il était devenu extrêmement difficile de disposer d'une telle somme d'argent, Rickenbacker essaya de sauver l'épreuve en modifiant les règlements. Cette nouvelle formule surnommée « Junk Formula » (formule ferraille) prévoyait une cylindrée maximale de six litres, et interdisait les moteurs suralimentés. Ceci avait été décidé dans le but de mettre un terme à l'escalade du coût de la compétition, et pour attirer les grands constructeurs. De nombreuses voitures de série modifiées participèrent à l'épreuve, mais malgré l'appui des usines dont elles bénéficiaient, aucune ne put se classer mieux qu'en troisième position. Déçu par la tournure des évènements, Miller vendit son affaire. Leo Goossen et Fred Offenhauser prirent la direction de la firme, et transformèrent un moteur marin de 4 200 cm3 quatre cylindres en un moteur de course à quatre soupapes par cylindre, double arbre à cames en tête, le célèbre « Offie », qui équipa la majorité des voitures gagnantes jusque dans les années 60. La seule interruption dans la série des victoires Offenhauser fut le fait de Wilbur Shaw (qui avait remporté l'épreuve en 1937 au volant d'une Gilmore à moteur « Offie » à la moyenne de 182,83 Km/h). Il réussit

Les mécaniciens suivent l'édition de 1928 en spectateurs. Cette épreuve fut remportée par la Miller de Louis Meyer. Il avait alors 23 ans, et fut le premier pilote à gagner trois fois l'épreuve, en 1927, 1928 et plus tard en 1936, à plus de 175 km/h de moyenne, ce qui constituait un nouveau record.

Tommy Milton, en compagnie de Barney Oldfied et Louis Chevrolet, vainqueur de l'édition 1921, sur une Frontenac 8 cylindres, conçue par Chevrolet.

à persuader Mike Boyle, son soutien financier, à acheter une Maserati 3 litres 8 CTF ; il mena cette voiture à la victoire en 1939 et 1940, devenant en même temps le seul homme à avoir remporté deux succès consécutifs. En 1946, aussi, George Robson triompha au volant d'une six cylindres Thorne Engineering Special. Ce furent les trois seules occasions où les moteurs Offenhauser furent battus à Indianapolis, jusqu'à la victoire de Jim Clark en 1965.

La technique progressa tout de même quelque peu pendant cette longue période. Harry Miller vint en 1938 avec une remarquable Miller Gulf dont le moteur six cylindres de 2 950 cm3 était incliné à 45° à l'arrière. Bien qu'inspirée des Auto Union, cette voiture n'en préfigurait pas moins ce qui allait se passer vingt ans plus tard. Leo Goossen construisit également pendant la guerre une V 8 Novi, équipée de deux arbres à cames en tête par rangée de cylindres et d'un turbo compresseur. Cette voiture avait une puissance voisine de 600 cv et fit une brillante carrière à Indianapolis, bien que, du fait de sa complexité, elle ait connu des débuts difficiles. Pat Clancy construisit une voiture encore plus inhabituelle. Le pilote était installé à côté des compresseurs entre les deux moteurs Miller, et la puissance était transmise à six roues. Mais hormis ces quelques exceptions, les voitures les plus utilisées furent les Kurtis à moteur Offenhauser. Frank Kurtis, un californien spécialiste des petites voitures construisit cinquante-huit voitures de type Indianapolis. Cinq connurent le succès. Il construisit également la voiture de Freddy Agaboshian, propulsée par un moteur diesel Cummins. Engagées sous des noms commerciaux tels que « Lubrifiants Wynns » ou « Bougies Blue Crown » ces voitures avaient un châssis tubulaire conventionnel, des essieux rigides sans différentiel et un moteur Offenhauser monté à l'avant. Les carrosseries étaient en général très bien finies, le tout étant légèrement dissymétrique à cause des virages à gauche de l'anneau. En dépit du peu de changements véritablement révolutionnaires, les vitesses augmentaient toujours. Bill Holland remporta l'épreuve en 1949 à 193 Km/h de moyenne, Bill Vukovitch atteignit 209,1 Km/h cinq ans plus tard, et en 1962 Roger Ward porta la moyenne à 225,745 Km/h. Malgré tout les chiffres étaient inférieurs à la vitesse atteinte sur « l'Avusrennen » en 1937 par Lang (261,6 Km/h). Il faut toutefois dire que les pilotes américains les plus en vue furent invités à courir sur le nouvel anneau parabolique de Monza en 1957, et que Tony Bettenhausen y réussit aux essais la moyenne de 284,7 km/h, avant de casser. Les « Monza 500 » furent organisées l'année suivante, dans le plus pur style Indianapolis, et Jim Rathmann enleva l'épreuve à 268,2 Km/h de moyenne au volant de « Leader Card Special ».

Le montant des prix lui aussi, avait augmenté. Lorsqu'Anton Hulman racheta l'anneau à Rickenbacker après la seconde guerre mondiale, le sauvant ainsi de la convoitise des spéculateurs qui voulaient y élever des constructions, le total des prix était à peine inférieur à 100 000 dollars. Vingt-cinq années plus tard, en 1970, il avait dépassé le million de dollars. Hulman décréta que tous les bénéfices devraient être utilisés à améliorer la piste et à augmenter le montant des prix. La piste reçut un nouveau revêtement, les stands furent reconstruits, les tribunes agrandies pour recevoir 230 000 spectateurs, et un parking gratuit pour 25 000 voitures fut créé. Les « 500 miles » devinrent vraiment l'une des plus grandes épreuves automobiles.

Malgré ce succès, Indianapolis resta toujours en dehors des grands courants du sport automobile. L'épreuve fut pourtant inscrite au calendrier du championnat du monde des conducteurs, entre 1950 et 1960. Ascari qui y pilota une Ferrari 375 en 1952, année où il allait être sacré champion du monde, comprit que les Américains totalement dépassés en matière de courses sur routes, étaient les maîtres incontestés sur l'anneau ovale. D'autres pilotes européens

Ci-dessus, le vainqueur de l'édition 1965 : Jim Clark, au volant de sa Lotus-Ford, fut le premier pilote non américain à remporter la célèbre épreuve depuis 1914. C'était la troisième tentative de Clark. L'année précédente, il avait terminé à la deuxième place.

A droite, la Coyote-Ford de A.J. Foyt, vainqueur en 1967. Foyt remporta trois fois l'épreuve.

dont Fangio firent la même constatation à leurs dépens. Charles Fox disait : « Le pilote type Indianapolis fait son apprentissage de la course sur des pistes ovales pavées de briques. La première chose qu'il apprend est que la moindre faute le précipite contre le mur, qui le renvoie sur la piste dans la trajectoire des autres voitures. S'il supporte cet entraînement et échappe à la mort, alors il est prêt pour la course sur anneaux ».

Pour Jim Clark, tout comme pour Jack Brabham, c'était un véritable acte de foi que d'avoir défié les spécialistes. Parmi les voitures imposantes la petite Cooper de l'Australien ressemblait à un jouet. Elle réussit pourtant à terminer en neuvième position. Les « gros bras » furent surpris, mais seul Mickey Thompson comprit le message et construisit une voiture ressemblant à la Cooper. Elle s'avéra extrêmement rapide, mais pas assez toutefois pour inquiéter les autres.

La supériorité des voitures légères à moteur central ne devint évidente qu'après la démonstration de Clark en 1963. Déjà en 1964 un tiers du plateau était composé de ce type de voitures, mais les monstres traditionnels tinrent encore bon une saison ou deux. Le coup de grâce leur fut asséné par Jim Clark en tête du début à l'arrivée, suivie par une autre Lotus aux mains de Parnelli Jones. Enfin, Graham Hill mena une Lotus à la victoire l'année suivante, devenant le premier « Novice » à gagner l'épreuve dès sa première participation, depuis la mémorable victoire de Frank Lockhart en 1926. « Messieurs, dit tristement le propriétaire d'une écurie de voitures traditionnelles, juste après la course, aux journalistes, vous avez devant vous un tas de ferraille d'un million de dollars ».

Les grands noms d'Indianapolis dans les années 60, Bobby et Al Unser, A. J. Foyt, Parnelli Jones et Mario Andretti, se reconvertirent à la voiture à moteur central, et continuèrent à aller de plus en plus vite. Mario Andretti battit le record en 1969 au volant de Ford STP turbo, atteignant

Accident en chaîne au départ de l'édition 1966. Onze voitures furent éliminées, mais personne ne fut sérieusement blessé. Graham Hill réussit à tirer son épingle du jeu pour franchir la ligne d'arrivée en vainqueur.

252,51 Km/h. Peter Revson réalisa le meilleur temps aux essais en 1971 à plus de 286 Km/h et Al Unser, qui avait déjà remporté l'épreuve en 1970, gagna la course à 288 Km/h de moyenne. Tout ceci eut un effet décisif sur le sport automobile américain tout entier : en effet, ces nouvelles voitures d'aspect fragile et légère ne pouvaient pas s'adapter aux pistes de cendrée qui étaient l'élément de base de tant de pilotes américains, et il fallait donc que ceux-ci se consacrent aux courses sur route. Cela représentait évidemment pour les Etats-Unis un saut dans l'inconnu.

Vers le mur du son

C'est l'Allemand Fritz Von Opel ci-dessus, qui expérimenta le premier la propulsion à réaction, avec deux voitures conçues par Max Valier, appelées Rak 1 et Rak 2. Von Opel avait dépassé les 200 km/h sur l'Avus à Berlin en 1925 aux commandes de Rak 2.

A droite : La Gardner-MG Spécial de Goldie-Gardner qui, en 1925, dans la catégorie des 1 500 cm3, à Bonneville, s'attribue le record à la vitesse de 304,96 km/h.

En août 1947 John Cobb réapparut à Bonneville au volant de la Railton, avec l'espoir de franchir le cap des 400 miles à l'heure (643,6 Km/h) ce qu'il fit en fait sur l'un des deux parcours, bien que la moyenne n'ait été que de 634,26 Km/h. Il avait malgré tout amélioré son propre record de plus de 40 Km/h. Cobb se tua sur le Loch Ness en 1952, aux commandes de son bateau à réaction « Crusader », mais son record, pourtant si près du chiffre magique demeura inviolé pendant dix-sept ans. Il semblait que le monde de l'après-guerre ne s'intéressait plus à ce genre de défi.

Ce n'était pourtant qu'une apparence, car le culte du dragster naquit vers les années 50. L'on vit en effet de plus en plus d'engins bizarres tous les automnes à Bonneville. Des hommes comme Craig Breedlove, Art Arfons, Mickey Thompson réalisèrent des performances absolument remarquables à bord de machines les plus inattendues. Les records d'accélération se succédaient, et tous les records des catégories existantes étaient régulièrement pulvérisés. Mickey Thompson, par exemple fut le détenteur de 485 records nationaux et internationaux au cours de ses vingt années de carrière. Mais personne ne tenta de s'approprier le record absolu, personne avant Donald Campbell.

Il était déjà détenteur du record sur l'eau et son ambition, tout comme celle de son père, était de s'approprier les deux couronnes. Soutenu par BP, Rubery Owen, Dunlop, et nombre d'autres firmes britanniques, il fit construire sa nouvelle « Blue-

bird », propulsée par une turbine à gaz Bristol-Siddeley entraînant les quatre roues. La nouvelle de cette tentative avait galvanisé de nombreux concurrents, et lorsque Donald Campbell arriva à Bonneville en août 1960, avec son équipe de 80 personnes, ce fut pour y trouver de nombreux rivaux venus là avec la même intention.

La première tentative fut celle d'Athol Graham, à bord de sa voiture « City of Salt Lake ». Celle-ci décolla au milieu du parcours, virevolta plusieurs fois dans les airs, retombant en un véritable tas de ferraille. L'infortuné pilote avait été tué sur le coup. Ce fut ensuite au tour du Docteur Nathan Ostich, de prendre le départ aux commandes de son « Flying Caduceus », propulsé par le réacteur d'un bombardier Bœing. Il eut des problèmes de direction et dut abandonner. Ensuite vint Mickey Thompson à bord de « Challenger 1 » propulsé par quatre moteurs de Pontiac suralimentés montés deux par deux, les uns entraînant les roues avant et les autres les roues arrières. Le pilote était installé en porte-à-faux tout à l'arrière, et devait être plutôt secoué, dans la mesure où le véhicule ne comportait pas de suspension. Thompson parcourut l'aller à 654,21 Km/h : malheureusement un arbre de transmission céda lors du parcours retour, et il dut se contenter de la satisfaction d'avoir effectué le trajet « aller » le plus rapidement au monde, ce qui était déjà tout à fait remarquable pour une machine privée.

Beaucoup moins impressionnant fut, en dépit de son nom, le « Green Monster » d'Art Arfons, qui fit un galop d'essai à 402,25 Km/h, mais souffrait d'une mise au point sommaire. et se retira. Ce fut finalement au tour de « Bluebird » de prendre la piste. Donald Campbell effectua quelques parcours d'essais, augmentant petit à petit sa vitesse, puis fit donner la puissance. Vers 560 Km/h la voiture commença à pivoter sur elle même, bondissant en l'air. Puis elle s'arrêta après une glissade impressionnante. Campbell s'en tira miraculeusement

En France, la Régie Nationale des usines Renault construisit cette voiture à turbine appelée « Etoile Filante », ci-dessus, qui s'appropria le record du monde de vitesse pour voitures à turbine, atteignant 389,3 km/h en 1956 à Bonneville.

L' « Etoile Filante » à gauche, en pleine vitesse au lac salé. Cette voiture était propulsée par une turbine Turboméca montée derrière le pilote, et possédait deux dérives stabilisatrices à l'arrière.

avec une fracture du crâne et un tympan percé, mais la voiture était détruite.

Plus acharné que jamais malgré ce terrible accident, Campbell réussit à convaincre ses « sponsors » à reconstruire « Bluebird ». Il décida toutefois de ne plus retourner à Bonneville, et choisit la piste de sel du lac Eyre, en Australie. Le temps contraria tous ses projets, et l'histoire de son séjour là-bas remplirait aisément un livre. « Rien absolument rien n'a marché correctement depuis mon dernier voyage ici il y a quatre ans » dit Campbell en conclusion.

En guise de couronnement à ses ennuis il apprit qu'un dragster avait roulé à plus de 640 Km/h sur le Lac Salé à Bonneville. Le véhicule à trois roues à réaction, de Craig Breedlove « Spirit of America » ressemblait beaucoup plus à un avion de chasse sans aile qu'à une voiture, mais il parcourut le mile en neuf secondes et atteignit 689,24 Km/h sur le parcours retour portant la moyenne des deux parcours à 655,58 Km/h.

Même si académiquement parlant « Spirit of America » avait battu le record des motocycles, plutôt que le record de vitesse terrestre, puisqu'il n'avait pas quatre roues, il n'en demeurait pas moins qu'à l'aube du 5 août 1963 Craig Breedlove était devenu l'homme le plus rapide sur terre. Aussi lorsque Donald Campbell parcourut le kilomètre à 648,78 Km/h au lac Eyre, par un temps épouvantable le 17 juillet 1964, il s'appropria le record de vitesse, et devint officiellement l'homme le plus rapide. Il y avait cependant beaucoup de personnes pour dire qu'il ne l'était pas, et qui n'allaient pas tarder à le prouver.

Effectivement le pauvre Campbell, trois mois à peine après sa tentative couronnée de succès apprit que son record avait été battu quatre fois, et que la nouvelle vitesse atteinte était supérieure à la sienne de 209 Km/h.

Depuis les tous débuts de l'automobile de nombreuses personnes s'étaient attachées à démontrer qu'elles pouvaient aller plus vite que les autres, mais de toutes les confrontations la plus passionnante fut sans conteste celle qui eut lieu à Bonneville en Octobre 1964. Tout d'abord Tom Green, qui s'était entraîné pendant une semaine aux commandes du « Wingfoot Express » d'Art Arfons, monta un triple réacteur Westinghouse J 46 de 10 000 ch dans la voiture, et mit un terme à l'embarras des chronométreurs en effectuant le premier parcours aller à 654 Km/h, revenant à 675,81 Km/h, établissant ainsi un nouveau record.

Trois jours plus tard le 5 octobre Art Arfons fit son apparition au volant de « Green Monster » (d'ailleurs peint en rouge, bleu et blanc) propulsée par un moteur General Electric J 79 de 17 000 ch. Après un premier parcours à 637,6 Km/h, il revint à la vitesse incroyable de 770,71 Km/h, qui fit disparaitre le sourire de son frère, avec qui, il est vrai, il ne s'entendait pas très bien. Le nouveau record était donc de 698,33 Km/h.

Ceci n'était pas non plus du goût de Craig Breedlove. Ce dernier revint le 13 octobre avec « Spirit of America » reconstruit entre-temps. Il réussit le parcours à 754,17 Km/h. Quarante-huit heures plus tard une nouvelle tentative se solda par une moyenne de 843,590 Km/h, nouveau record. La voiture termina d'ailleurs sa course dans l'eau à plusieurs kilomètres de là, après que le parachute et les freins aient refusé de fonctionner.

Une amélioration de 25 % du record de Campbell en une seule saison aurait semblé raisonnable, mais Art Arfons se remit en piste douze jours plus tard pour battre le record à 863,570 Km/h de moyenne. De plus, pour clôturer cette année étonnante, la F.I.A. à Paris accepta d'homologuer les records établis par des véhicules non propulsés par leurs roues. Ceux-ci étaient toutefois classés dans une catégorie à part appelée « véhicules spéciaux ». La voiture de Donald Campbell était donc la plus rapide du monde, Art Arfons détenant le record des « véhicules spéciaux » avec

« Green Monster ». 1965 fut également une année palpitante. Trois candidats arrivèrent à Bonneville à l'automne pour participer à ce qui était devenu la foire aux records. Bobby Tatrœ pilotait un nouveau « Wingfoot express » à réaction, mais dut se contenter d'atteindre 766,84 Km/h, ce qui était évidemment une performance complètement dépassée. La dernière version du « Spirit of America » de Craig Breedlove semblait promettre beaucoup. Officiellement baptisée « Sonic 1 » mais toujours appelée « La bouteille de Coca Cola » à cause de la forme particulière de sa carrosserie, l'engin avait maintenant quatre roues, à cause des règlements de la F.I.A., et utilisait un Turbo Propulseur J 79. Lors de sa première sortie « Sonic 1 » se mit à jouer les cerfs-volants aux alentours de 950 Km/h et faillit terminer sa course dans l'eau. Breedlove fit mettre de nouveaux ailerons à l'avant, et n'eut aucune peine à porter le record à 893,390 Km/h. Deux jours plus tard il prêta « Sonic 1 » à sa femme, qui, avec un parcours à près de 500 Km/h devint la femme la plus rapide du monde sur roues.

Art Arfons se joignit à l'enthousiasme général pour saluer cette performance, mais ne tarda pas à ramener « Green Monster » à Bonneville, et à réussir 927,84 Km/h, non sans peine, toutefois. En effet, juste après avoir franchi la ligne de chronométrage, au retour, le pneu arrière droit se volatilisa aux alentours de 910 Km/h, endommageant l'un des parachutes automatiques. La voiture dévia sa trajectoire, et le cockpit se remplit de fumée. Malgré la vitesse Arfons réussit à casser le pare-brise et parvint à stopper le monstre après avoir fait fonctionner le deuxième parachute.

La balle était maintenant dans le camp de Breedlove. Cependant un autre monstre avait entre-temps fait son apparition sur le Lac Salé. Il ressemblait à un gros cigare doré. Cette nouvelle machine extrêmement basse possédait quatre moteurs Chrysler « Hemi » en ligne, et le pilote était installé à l'arrière d'une carrosserie étincelante de presque 10 mètres de long, dans le plus pur style dragster. La garde au sol n'était que de quelques centimètres. « Goldenrod » avait été construite par deux californiens, Bob et Bill Summers, pour essayer de battre le record de « Bluebird » dans la catégorie « automobile ». Les quatre moteurs en ligne n'étaient pas sans poser de problèmes. Le temps se mit également de la partie. Bob Summers fit deux parcours à plus de 640 Km/h, mais à chaque fois des ennuis l'empêchèrent d'effectuer les parcours de retour. Finalement, le 13 novembre, sous un crachin persistant, « Goldenrod » réussit un parcours complet à 658,62 Km/h, améliorant le record de Campbell de 10 Km/h.

Les records de vitesse étaient revenus aux Etats-Unis (pour ne rien dire de la femme la plus rapide !) mais la lutte n'était pas terminée pour autant. Craig Breedlove s'était fixé deux objectifs : le premier de reprendre le record à Arfons, le deuxième de passer le cap des 600 miles à l'heure (965,4 Km/h). Le 15 novembre, c'était chose faite : le premier parcours fut couvert à 954,13 Km/h, et le retour à plus de 978 Km/h établissant un nouveau record à 966,60 Km/h (600.6 m/h).

Ce record tint cinq ans. Art Arfons amena une version améliorée de « Green Monster » à Bonneville en 1966, dans l'espoir de l'améliorer ; il battit un tout autre record en survivant à l'accident le plus vite du monde : une roue avant cassa à plus de 965 Km/h, et le monstre fit une série de tonneaux impressionnante, éparpillant des débris dans un rayon de 6 kilomètres. Mais Apollo II avait entre-temps atteint la lune, et l'idée d'utiliser une fusée à carburant liquide pour battre les engins propulsés par réacteurs commença à germer dans les esprits. Dick Keller, qui avait travaillé à l'American Institute of Gas Technology, Ray Dausman et un expert en matière de dragsters, Peter Farnsworth fondèrent une société, la Reaction Dynamics Inc, et obtinrent une importante aide financière de la

Quatre années de travail furent nécessaires à la mise au point de la voiture de Donald Campbell. « Bluebird », ainsi nommée en souvenir de la voiture de son père, était propulsée par une turbine Proteus et après de nombreux échecs, s'empara du record de vitesse en juillet 1964 au lac Eyre en Australie, atteignant 648,5 km/h.

part de la National Gas Industry. Ils construisirent un engin qui ressemblait à une fusée horizontale, mais qui correspondait à la définition de la F.I.A. des « Véhicules à effet de sol ».

Baptisée « Blue flame » et propulsée par un moteur fusée similaire à ceux utilisés pour le programme spatial américain (12 tonnes de poussée environ), utilisant un mélange de gas naturel liquifié et de peroxyde d'hydrogène, cette fusée sur roues fit son apparition à Bonneville en septembre 1970. De nombreux ennuis survinrent, comme par exemple les flammes sortant des tuyères brûlant les parachutes. Finalement le 26 septembre 1970, Gary Gabelich, as du dragster et astronaute de réserve, s'installa aux commandes, et pulvérisa le record du kilomètre départ lancé à la moyenne de 1014,29 Km/h.

Le mur du son était maintenant en vue, et ceci allait constituer le but de l'étape suivante.

Art Arfons et « Green Monster » propulsés par un réacteur de 17 500 CV, battit trois fois le record de vitesse en 1964 et 1965 à Bonneville. Il le porta à 927,6 km/h en novembre 1965, mais Craig Breedlove s'en empara huit jours plus tard aux commandes de « Spirit of America, Sonic 1 », atteignant 966,36 km/h.

Le sport aux millions de dollars

Les succès en compétition font beaucoup pour l'image de marque des constructeurs automobiles. Nombreux en Angleterre furent ceux qui se réjouirent de savoir que Maurice Gatsonides avait remporté le Rallye de Monte-Carlo au volant d'un Ford Zéphyr, en 1953. « Si cette voiture est assez bonne pour gagner à Monte-Carlo, elle est assez bonne pour moi » ; ce raisonnement ne tenait pas compte des nombreux parcours de reconnaissance qu'avait effectué « Gatso » pendant des semaines entières dans les montagnes au nord de Nice. Sa victoire était autant due à une excellente préparation sur le plan de la navigation, qu'à la voiture proprement dite. Mais Ford avait su en tirer la leçon, en apportant une aide sans cesse accrue aux pilotes privés

Graham Hill, photo du haut, ici au Grand Prix des Pays-Bas.

Ci-dessus, Jackie Stewart fut l'un des meilleurs pilotes sur piste mouillée. On voit ici « Le Petit Ecossais » trois fois champion du monde au volant de la Matra-Ford sous la pluie au Grand Prix de Hollande 1968 qu'il remporta.

A droite, « l'Ecossais volant ». Jim Clark, l'un des plus grands pilotes de tous les temps remportant son 25e et dernier Grand Prix, au volant de la Lotus-Ford, après avoir faite toute la course en tête. Il se tuait trois mois plus tard dans un accident inexplicable au cours d'une course de Formule 2 à Hockenheim, en Allemagne.

et en participant même directement à quelques épreuves. Grâce à son réseau de concessionnaires, la marque fut représentée à la Carrera Panamericana, où elle connut d'ailleurs un certain succès, et prit également part aux courses NASCAR aux Etats-Unis (Ford et Mercury remportèrent 19 épreuves sur 56 en 1956, et 27 sur 53 en 1957). C'est aussi du matériel Ford que l'on voyait le plus fréquemment sur les circuits et au début de l'apparition des Dragsters. Bien qu'en 1957 les constructeurs américains aient décidé d'un commun accord de ne plus courrir, nombre d'entre eux continuaient à diriger les opérations dans les coulisses. En 1962 Henry Ford II, dont le grand-père avait lancé les premiers programmes de compétition de la firme, mit sur pieds un plan pour toutes les disciplines du sport automobile : courses sur circuits, prototypes, dragsters, rallyes etc... De plus, pour passer tout de suite à l'échelon supérieur, il décida de racheter Ferrari. Le Commendatore, qui menaçait depuis déjà longtemps d'abandonner la compétition semblait disposé à vendre sa firme. Il annonça aux Américains qu'ils pourraient s'en rendre propriétaires pour environ 18 millions de dollars, et que les voitures devraient s'appeler Ford-Ferrari. Les comptables de Détroit se mirent au travail et quelques semaines plus tard firent une offre s'élevant environ à 10 millions de dollars. Entretemps toutefois Enzo Ferrari avait changé d'avis. Il y eut tout d'abord un mouvement d'opinion en Italie à l'idée que ce qui était considéré comme un véritable symbole national allait passer aux mains des Américains. D'autre part le Commendatore se sentait trop épris de liberté dans la recherche de la performance pure pour supporter l'encadrement impliqué par une firme de cette dimension, ou chaque rondelle fait l'objet d'une analyse de coût. Vus de près, la bureaucratie et l'ordinateur de Ford étaient plus qu'il n'en pouvait supporter. Cette opposition fondamentale entre l'ingénieur-artiste et la grande firme orientée vers la production de masse éclata au grand jour : lorsque les hauts dignitaires de Ford se présentèrent à Maranello pour signer le contrat, Ferrari leur montra la porte.

Piqués au vif ils décidèrent de battre Ferrari sur son propre terrain. A n'importe quel prix, Ford allait remporter les 24 Heures du Mans. Le décor était prêt pour le combat le plus extraordinaire de l'histoire du sport automobile : la lutte d'un seul homme contre une firme aux moyens illimités. Les énormes ressources de la compagnie furent mobilisées vers un seul objectif : construire les voitures de sport les plus rapides et les plus solides. Se rappelant qu'Eric Broadley venait de réaliser un coupé Lola monocoque propulsé par un moteur central Ford V 8 (ce qui correspondait exactement à ce que la compagnie souhaitait construire) les ingénieurs de Détroit s'emparèrent du projet. C'est ainsi qu'allait naître la Ford GT. Equipée d'un moteur central de 4 200 cm3, version en aluminium du moteur que Jim Clark avait utilisé à Indianapolis cette robuste monocoque avait des seuils de portes d'une largeur exceptionnelle, car ils incorporaient les réservoirs d'essence. Ces premiers prototypes s'avérèrent capables de rouler à 320 Km/h, mais se révélèrent inconduisibles à cette vitesse, l'avant devenant beaucoup trop léger. En plus de la tenue de route, la boîte de vitesses et les freins posaient également de nombreux problèmes. La Ford GT fit sa première apparition au Nurburgring, et Bruce Mc Laren et Phil Hill durent abandonner au tiers de la course. Deux semaines plus tard Hill battit le record du tour au Mans, mais les trois Ford GT durent abandonner rapidement, laissant le champ libre aux Ferrari. Le même scénario se déroula à Reims. En trois courses pas une voiture n'avait franchi la ligne d'arrivée et les Ferrari n'avaient pas été inquiétées.

Après ce fiasco Ford se mit vraiment au travail. Tandis que la production se poursuivait à Slough, Carrol Shelby (le constructeur des Cobra qui avait remporté Le Mans en 1959 au volant d'une Aston Martin) prit la direction des opérations à

L'un des plus grands pilotes-constructeurs fut Bruce Mc Laren, qui se tua à Goodwood en 1970 en essayant une de ses voitures. Le Néo-Zélandais était arrivé en Angleterre en 1958 et avait piloté des Cooper jusqu'en 1965. Il avait ensuite créé sa propre marque. Les Mc Laren remportèrent de nombreuses victoires en Grand Prix, ainsi qu'à la « Can Am » et à Indianapolis.

A droite, fin de course à émotions au Grand Prix d'Italie en 1969, tandis que la Matra-Ford n° 20 de Jackie Stewart bat la Lotus-Ford de Jochen Rindt d'une demi-longueur, J.-P. Beltoise, pilotant la Matra n° 22 réussit à s'emparer de la troisième place.

Dearborn. C'est là qu'étaient dessinés et étudiés tous les composants de la voiture. L'on testa le moteur Cobra 4 736 cm3 équipant la Fairlane V 8 ainsi que le moteur 7 litres de la Galaxie. La boîte de vitesses Colotti fut remplacée par une ZF. La transmission fut revue, et le freinage confié à des freins à disques épais efficacement ventilés. (Au virage de Mulsanne, par exemple, les voitures devaient passer de 320 à 60 Km/h en 7 secondes).

Ken Miles et Ruby Lloyd remportèrent les 2 000 km Continental à Daytona, tandis qu'à Sebring la GT 40 de Mc Laren et Miles se classa en seconde position derrière une Chaparral. Mais une fois de plus les grandes classiques d'Europe se soldèrent par un échec cuisant. Aucune des six GT 40 engagées au Mans ne purent terminer. Elles durent toutes abandonner sur bris de moteur ou de transmission. Le fait de savoir que les Ferrari officielles avaient été battues par celle de Jochen Rindt et Maston Gregory n'était qu'une maigre consolation, d'autant plus que l'on trouvait quand même trois Ferrari aux trois premières places. Une fois de plus le Commendatore avait mis Ford K. O.

Mais la firme américaine n'avait pas l'intention d'abandonner le combat. Tout au contraire cette série d'échecs l'avait stimulée, et le programme fut poursuivi à cadence accélérée au cours de l'hiver. Ces efforts furent payés en retour par des victoires à Daytona et Sebring, et huit grosses Mark 2 ainsi que cinq GT 40 furent alignées au Mans pour défier Ferrari. Cette année 1966 avait mal commencé pour la firme de Maranello : une grève avait paralysé l'usine et le pilote n° 1, John Surtees avait démissionné la veille de la course après une dispute avec la direction de l'écurie. Malgré ceci la Ford de Dan Gurney et la Ferrari de Scarfiotti étaient côte à côte en tête après six heures de course. C'est alors que les vannes célestes s'ouvrirent, inondèrent la piste en quelques instants. Deux voitures se trouvaient en difficulté dans les S, obstruant la piste, et Scarfiotti ne put les éviter. La voiture était trop endommagée pour pouvoir continuer, et lorsque Pedro Rodriguez fut contraint à l'abandon vers 3 heures du matin, il était clair que les Ford avaient gagné la course. Ce furent cette fois les trois Ford restant en piste, toutes des Mark 2, qui enlevèrent les trois premières places. Pour prouver que ce triomphe n'était pas le fait du hasard, Dearborn engagea ses voitures au Mans en 1967. Il s'agissait de Mark II qui possédaient une structure en aluminium et un moteur de 7 litres de cylindrée, développant 500 ch à 5 000 tr/mn seulement. Ferrari leur opposa ses P 4, propulsées par un V 12 de 4 000 cm3 développant 450 cv à 8 000 tr/mn. Ce fut au tour des Ford de connaître des ennuis au cours de la nuit, lorsque le frein avant gauche de la voiture de Mario Andretti se bloqua net dans les S. La voiture partit en tête à queue, et fut emboutie par les Mark IV de Roger Mc Cluskey et Jo Schlesser. Personne ne fut blessé, mais il ne res-

François Cevert, ci-dessus, remarqué par le fameux découvreur de talents Ken Tyrrell, et engagé comme deuxième pilote de l'écurie après Jackie Stewart. Il remporta le Grand Prix des Etats-Unis en 1971 mais se tua lors des essais de cette épreuve, deux saisons plus tard.

Début 1969, le principe de l'aileron, donnant une pression verticale, améliorant la tenue de route, était exploité au maximum par les ingénieurs. Ceux-ci conseillaient des ailerons haut placés au-dessus des roues, montés sur des mâts haubanés. Cette photo de la BRM de Jackie Oliver, à gauche, en tête devant la Mc Laren de Hulme au Grand Prix d'Afrique du Sud à Kyalami est typique de cette période.

« Le Vieil Ours » Denny Hulme photo page de droite, ici au Grand Prix de Monaco en 1969, au volant d'une Mac-Laren-Ford, négociant le célèbre virage du gazomètre.

SHELL
Shell
SHELL
SHELL

La saison 1970 aurait dû se terminer en apothéose pour l'Autrichien Jochen Rindt. Elle se termina tragiquement aux essais du Grand Prix d'Italie à Monza, lorsque sa Lotus-Ford s'écrasa contre une glissière. Le pilote fut tué sur le coup. Il avait déjà remporté cinq Grands Prix au cours de la saison, et le titre de Champion du Monde lui fut décerné à titre posthume.

Ci-dessous, Joseph Siffert trouva la mort à Brands Hatch en octobre 1971, lorsque sa BRM sortie de la piste à 240 km/h, prit feu.

Le feu est l'un des plus grands dangers de la compétition automobile. Au cours du premier tour du Grand Prix d'Espagne, à Jarama en 1970, ci-dessus, la Ferrari de Jackie Ickx et la BRM de Jackie Oliver entrèrent en collision. Le réservoir de la Ferrari se déchira, et les voitures prirent feu instantanément. Les deux pilotes s'en tirèrent pratiquement indemnes.

tait plus en course que la voiture de Gurney et Foyt. La lutte s'intensifia avec la Ferrari de Scarfiotti, et les deux voitures tournaient régulièrement en 15 secondes de moins que l'année précédente. Petit à petit cependant le sérieux de la préparation de la Ford commença à se faire sentir, et elle franchit la ligne d'arrivée après avoir distancé sa rivale, ayant parcouru 5 150 km à 217 Km/h de moyenne.

L'objectif de Ford était atteint. Il avait toutefois été nécessaire, pour en arriver là de dépenser 15 millions de dollars, soit nettement plus que le prix proposé pour le rachat de Ferrari, et à peu près 250 fois ce qu'avait dû dépenser Bentley pour ses cinq victoires entre 1924 et 1930. La preuve était aussi faite qu'en investissant une énorme somme d'argent il était possible de gagner au Mans... ou d'aller sur la lune.

Les millions de dollars engloutis par Ford dans cette aventure montrent l'ampleur prise par le sport automobile. Celui-ci continuait à se développer comme jamais il ne l'avait fait auparavant. Bien sûr il y avait eu des Grands Prix en Australie depuis 1928, bien sûr la première épreuve internationale organisée en Nouvelle-Zélande remontait à 1954. Mais pour des raisons géographiques, il s'était toujours agi d'épreuves mineures. En 1964 fut inaugurée la Tasman Serie, succession d'épreuves en Australie et en Nouvelle-Zélande qui permit la pratique du sport automobile au plus haut niveau dans cette partie du monde. Le Grand Prix d'Afrique du Sud devint une épreuve de championnat en 1962, et fut d'abord organisé à East London et à partir de 1967, à Kyalami, près de Johannesbourg. Le développement que connurent des circuits comme Zolder en Belgique, Suzuka et le mont Fuji au Japon, St-Jovite et Mosport au Canada, Sears Point à San Francisco, Road Atlanta, Road America, Riverside Raceway aux Etats-Unis, l'Autodromo de la Ciudad au Mexique, Kumalo et Lourenço Marques en Rhodésie, Keimola et Hämeenluina en Finlande et encore tant d'autres attestent l'immense popularité du sport automobile. Bien entendu, l'impact de tout ceci sur les masses, grâce en particulier à la télévision ne pouvait passer inaperçu. Les soutiens financiers, ou « Sponsors » étaient déjà l'habitude à Indianapolis, et dans les années 50 les voitures portaient des macarons publicitaires. En Europe au contraire les couleurs nationales étaient toujours de rigueur. C'est Colin Chapman qui fut le premier à renier la tradition en transformant sa Lotus de Formule 1 en un support publicitaire pour les cigarettes Gold Leaf. Les autres emboitèrent le pas, et au bout de trois ans même les BRM s'étaient parées de la tunique de la lotion après rasage Yardley. Personne n'avait le choix. Les coûts étaient devenus si prohibitifs que les sommes allouées par les compagnies de pétrole et les firmes de pneumatiques ne suffisaient plus. Heureusement les géants du marketing tentés par l'impact publicitaire de courses retransmises par l'Eurovision décidèrent

Ford

Jack Brabham participa aux épreuves du Championnat du Monde de 1957 à 1970, et abandonna la compétition après avoir été sacré champion en 1955, 1960 et 1966. On voit, ci-dessus, le célèbre « Black Jack » remportant son dernier Grand Prix à Kyalami en Afrique du Sud en 1970. Il pilotait sa propre Brabham B 33 à moteur Ford.

L'un des grands espoirs anglais pour 1975, James Hunt, à droite, remporta l'International Trophy Race à Silverstone en 1974, conduisant la nouvelle Hesketh-Ford d'une façon magistrale. On le trouve aux places d'honneur dans de nombreux Grands Prix et il ne devrait pas tarder à rejoindre le clan des vainqueurs.

Jackie Stewart, à gauche, le plus grand pilote écossais avec Jim Clark fit des débuts fracassants en 1964, remportant 11 courses de Formule 3 sur 13. Il conduisait une Cooper et son manager s'appelait Ken Tyrrell. Il remporta son premier Grand Prix de Formule 1 à Monza en 1965, pour se retirer 8 ans plus tard, après 27 victoires. Il fut trois fois sacré Champion du Monde, en 1969, 71 et 73.

d'attribuer des budgets substantiels à leurs nouveaux protégés. Dans le passé les constructeurs de voitures de course étaient avant tout des grandes firmes, comme Alfa Romeo, Jaguar, Mercedes et Ferrari, qui fabriquaient leurs voitures de A à Z. L'on assistait maintenant à l'apparition d'une nouvelle génération de constructeurs se contentant d'assembler des voitures à l'aide d'éléments séparés, comme les boîtes de vitesses Hewland, les moteurs Cosworth, et qui ne produisaient que quelques voitures par an. Il est évident que de telles entreprises n'auraient jamais pu survivre sans le soutien financier de la publicité. Une écurie de deux Formule 1 nécessite un budget de l'ordre de deux millions et demi de francs par an, et le monde du Grand Prix dépense annuellement quelque chose comme trente millions de francs.

La moitié de cette somme seulement est couverte par les diverses primes, et la différence doit donc venir des « Sponsors ».

Naturellement, les plus grosses affaires se traitent au niveau des épreuves les plus prestigieuses, comme la Formule 1, la « Can Am » ou les « 24 Heures du Mans », transformant rapidement le sport en un véritable show-business. Et comme par ailleurs les voitures sont extrêmement similaires et ne se différencient que par des détails de construction mineurs, le courage et l'adresse des pilotes prennent une part de plus en plus prépondérante dans la victoire. Il n'est donc pas étonnant de parler de « Super Vedettes » concentrant l'attention du monde qui les entoure sur leurs combinaisons blanches ignifugées, se déplaçant avec leurs conseillers et sautant d'un circuit à l'autre avec leur avion personnel.

L'époque légendaire des courses intercitées est révolue, comme d'ailleurs celle des grandes épreuves Alpines ou des Mille Milles. Les vitesses sont devenues telles qu'un intervalle de deux secondes implique une différence entre la première place sur la grille de départ ou une qualification obtenue d'extrême justesse, sur un circuit comme Monza. Il n'y a plus de place pour l'amateur. « N'oubliez jamais, disait un jour

Sammy Davis, que vous avez rendez-vous avec l'homme au drapeau à damiers. Si vous manquez ce rendez-vous, c'est comme si vous n'aviez pas pris le départ ». Maintenant que les vitesses sont devenues si grandes, les courses de Formule 1 se jouent parfois lors des essais. « Les Grands Prix se jouent sur la ligne de départ » disait récemment Clay Regazzoni. Le temps est maintenant bien loin où un pilote pouvait se retrouver sur la dernière ligne de la grille de départ en espérant remporter la victoire. Aujourd'hui celui qui est en première ligne et réussit son départ a toutes les chances de rester en tête jusqu'à l'arrivée, si sa voiture ne connait pas d'ennuis. Conduisant des machines dont le poids est à peine sept fois leur propre poids, il n'est pas étonnant que les pilotes fassent campagne pour une plus grande sécurité. Voici quelques années ils fondèrent le « Grand Prix Drivers Association », tout d'abord présidé par le Suédois Jo Bonnier. Le prix payé à la course devenait en effet alarmant : parmi les trente pilotes ayant remporté un Grand Prix au cours des vingt premières années de championnat, huit s'étaient tués, bien qu'il s'agisse de champions. Leur préoccupation était donc parfaitement compréhensible. « Je ne suis pas payé pour risquer ma vie, disait Jackie Stewart, je suis payé pour piloter une voiture de course le plus vite possible ».

Le soutien apporté par Ford Angleterre à Cosworth fut probablement une meilleure opération que la poursuite du succès au Mans. Ces moteurs ne furent toutefois pas disponibles avant la mi-saison 1967, et bien que Ferrari produisait un V 12 à 60° (le 312, dérivé du moteur 3,3 litres des prototypes, ramené à 2 978 cm3 pour pouvoir être utilisé en Formule 1), la saison 1966 fut dominée par Brabham. Avec son moteur australien Repco installé au centre d'un châssis dessiné par Ron Tauranac, Jack Brabham remporta les Grands Prix de France, d'Angleterre, des Pays-Bas et d'Allemagne, enlevant ainsi son troisième titre de champion du monde, ainsi que la coupe des constructeurs. Il devenait par ailleurs le premier pilote à s'approprier le titre mondial au volant d'une voiture de sa propre marque. Il se classa deuxième du championnat du monde en 1967, derrière le Néo-Zélandais Denny Hulme, qui, pilotant également une Brabham, s'empara du titre lors de la dernière épreuve à Mexico.

Mais dès que l'impressionnant Cosworth DFV apparut sur la Lotus de Jim Clark, il était évident qu'il allait faire parler de lui. Jim Clark s'adjugea quatre Grands Prix à la fin de la saison, dont celui de Watkins Glen qui, en matière de publicité, rentabilisait à lui tout seul les investissements consentis par Ford. Les pronostics pour 1968 étaient unanimes : la saison verrait la domination du tandem Lotus-Jim Clark. Le sort allait malheureusement en décider autrement, car après une victoire dans le Grand Prix d'Afrique du Sud, l'Ecossais allait se tuer dans un accident inexplicable à Hockenheim, au cours d'une course mineure de Formule 2. Le monde du sport automobile ressentit durement cette tragédie et le championnat mit aux prises Denny Hulme, Graham Hill, qui venait d'entrer chez Lotus et Jackie Stewart au volant de la nouvelle Matra.

La firme française, spécialisée dans la construction des fusées avait fait son entrée dans la compétition automobile en construisant une petite Formule 3 monocoque, et une Formule 2. Ces voitures remportèrent de nombreux succès, et le gouvernement du Général de Gaulle décida d'accorder à la société des Engins Matra un prêt de 6 millions de francs pour construire une Formule 1 entièrement française ainsi qu'un prototype pour gagner au Mans. Un certain temps était nécessaire pour mettre le moteur au point, aussi Matra conclut un accord avec Ken Tyrrell pour mettre sur pieds une écurie de Grands Prix. Cette écurie serait chargée de faire courir un châssis Matra équipé d'un moteur Cosworth, dont Jackie Stewart accepta d'être le pilote.

Le championnat fut extrêmement indécis, mais lors du Grand Prix du Mexique la

C'est à la suprise générale que l'Américain Peter Revson, ci-dessus, remporta magistralement, en 1973, le Grand Prix d'Angleterre, à Silverstone, au volant d'une Yardley Mac-Laren. Il avait parié 1 000 F, à 14 contre 1, qu'il remporterait ce Grand Prix !

Page suivante la « Bombe » brésilienne Emerson Fittipaldi, remportant le Grand Prix d'Angleterre, à Brands Hatch sur John Player Special-Lotus en 1972. Il s'adjugea quatre autres victoires au cours de cette saison-là, devenant Champion du Monde. Il s'appropriait à nouveau le titre mondial en 1974, cette fois au volant d'une Mc Laren.

Matra de Stewart et la Mc Laren de Hulme connurent des ennuis, et durent laisser s'échapper Graham Hill vers la victoire et le titre mondial. Jackie Stewart prit sa revanche en 1969, menant sa Matra-Ford à la victoire en Afrique du Sud, en Espagne, aux Pays-Bas, en Italie et en Angleterre, enlevant du même coup son premier titre de champion du monde. L'Autrichien Jochen Rindt et le Belge Jacky Ickx prirent les places d'honneur.

En Grand Prix, comme ailleurs, les années se suivent et ne se ressemblent pas. La saison 1970 fut à la fois passionnante et tragique. Une marque entièrement nouvelle March (nom composé des initiales des propriétaires) fit une rentrée remarquée dans le monde du Grand Prix non seulement avec sa propre écurie, mais aussi en vendant des Formules 1 à des clients comme Ken Tyrrell ou Andy Granatelli de STP. Logiquement Jackie Stewart aurait dû continuer à conduire des Matra pour le compte de Tyrrell. Mais la marque française venait de passer un accord avec Chrysler, et avait aussi décidé de tout axer sur le moteur V 12. Stewart était persuadé que la seule carte à jouer, en ce qui concernait le championnat, était le Cosworth-Ford V 8. Comme il n'existait aucune autre voiture utilisant un Cosworth de disponible, Tyrrell et lui durent se résoudre à se procurer une March. D'autres pilotes avaient dû faire de même, et parmi les clients de la nouvelle marque l'on trouvait Chris Amon, Ronnie Peterson, Jo Siffert, Mario Andretti. Cela était peut être trop beau pour être vrai, car après la victoire de Stewart à Madrid et deux premières places à Silverstone, les March s'avérèrent ne pas être à la hauteur de la situation et terminèrent le championnat derrière Lotus et Ferrari. Jochen Rindt, par contre, avait remporté le Grand Prix de Monaco et renoua avec la victoire en France, aux Pays-Bas, en Angleterre et en Allemagne au volant de la révolutionnaire Lotus 72, avant de se tuer aux essais du Grand Prix d'Italie à Monza. Personne ne pouvant rattraper son total de points le titre mondial fut attribué pour la première fois à titre posthume.

Bien que l'écurie de Ken Tyrrell ait utilisé une March pour la saison 1970, celui-ci préparait une surprise pour 1971. Il avait construit une voiture dans sa scierie du Surrey et son intention était de s'emparer du titre mondial. Cette voiture n'avait rien de très révolutionnaire, mais était robuste. Elle utilisait naturellement le Ford Cosworth DFV. Elle avait aussi une curieuse prise d'air dynamique, destinée, selon les mots de l'ingénieur Drek Gardner, « à enlever la mousse de la bière » c'est-à-dire à permettre au moteur de mieux respirer. Peu de temps après toutes les voitures de Grand Prix possédaient cet étrange périscope monté derrière la tête du pilote.

En Espagne, Jackie Stewart partit en deuxième ligne sur la grille de départ derrière les Ferrari d'Ickx et Regazzoni et la Matra V 12 de Chris Amon. Réussissant à passer en tête, il inscrivit la première victoire de la Tyrrell. Deux semaines plus tard à Silverstone, l'accélérateur se coinça à fond dans le premier virage, et Stewart sortit de la piste juste devant des caméras de télévision, permettant ainsi à des millions de télespectateurs d'assister en direct à cet accident spectaculaire. Mais cette course ne comptait pas pour le championnat, et la semaine suivante les voitures se retrouvèrent à Monte-Carlo. La Tyrrell avait été réparée à la hâte, ce qui n'empêcha pas Stewart de triompher, établissant au passage un nouveau record du tour. Au Grand

Player

Prix de France on le vit en tête du début à la fin, s'adjugeant la victoire devant son camarade d'écurie François Cevert. Le même scénario se déroula en Allemagne. Il remporta aussi le Grand Prix d'Angleterre à Silverstone, si bien que des ennuis de transmission en Autriche et de moteur en Italie ne l'empêchèrent pas de s'emparer de son deuxième titre mondial. Stewart se reprit au Canada, inscrivant sa sixième victoire de la saison, mais connut des ennuis de pneumatiques à Watkins Glen, qui le firent rétrograder de la première à la cinquième position, et c'est à François Cevert que revint l'honneur de franchir en vainqueur la ligne d'arrivée au volant de sa Tyrrell. Le total des victoires de Jackie Stewart au cours d'une seule saison avait beau être inférieur au record que Jim Clark avait établi en 1967, sa domination sur les circuits n'en était pas pour autant moins écrasante. Et, tandis que Ronnie Peterson s'était classé second au championnat avec sa March à moteur Cosworth, la troisième place était occupée par François Cevert.

Sur le papier les Tyrrell partaient donc favorites pour la saison 1972. Stewart confirma ce pronostic en se classant premier à Buenos-Aires, mais les choses se passèrent différemment en Afrique du Sud et à Madrid. L'Ecossais fut alors écarté des circuits pendant six semaines à cause d'un ulcère à l'estomac, et malgré un retour éblouissant lors du Grand Prix de France à Clermont-Ferrand, où il remporta la victoire, il était trop tard. Emerson Fittipaldi, en pleine possession de ses moyens, s'était approprié le titre mondial, au volant de sa Lotus (maintenant connue sous le nom de John Player Special).

C'était, à 23 ans, le plus jeune champion du monde, dans un sport qui n'est pas à proprement parler un sport de jeunes. Farina et Fangio avaient atteint la quarantaine lorsqu'ils furent couronnés, et Jack Brabham et Graham Hill n'en étaient pas très éloignés lorsqu'ils conquirent le titre pour la dernière fois. Un pilote de course donne toute la mesure de son talent après 30 ans, et c'est à 34 ans que Jackie Stewart, la super vedette, décida de prendre sa retraite. « Le sport automobile peut être le sport le plus passionnant. Il peut aussi être le plus cruel », dit-il pour expliquer sa décision. Bruce Mc Laren le plus sage des pilotes s'était tué en juin 1970 en essayant une de ses voitures à Goodwood. Piers Courage était mort dans un terrible accident au Grand Prix des Pays-Bas. Jochen Rindt s'était tué lors des essais du Grand Prix d'Italie à Monza. Le jour de l'anniversaire de Stewart, le 11 juin 1972, Joachim Bonnier, qui avait fait campagne pour une amélioration de la sécurité, trouvait à son tour la mort au Mans. « Un par un, j'ai vu mes amis mourir sur la piste, et pourtant à chaque fois je me reglissais derrière mon volant », confesse Stewart. « Quand j'ai vu l'angoisse d'Helen et de mes garçons, j'ai pris ma décision ». Le 5 avril 1973 Jackie Stewart annonçait à Ford et à Tyrrell sa décision de mettre un terme à sa carrière après le Grand Prix des Etats-Unis en octobre, qui aurait dû marquer sa centième participation à une épreuve comptant pour le championnat du monde. Par un tragique caprice du destin, il ne prit pas le départ de cette course : François Cevert s'était tué aux essais, et Tyrrell, en signe de deuil, avait retiré ses voitures. Stewart avait déjà, depuis Monza, le titre mondial en poche. En neuf saisons de courses il avait marqué 360 points de championnat, totalisant 27 victoires dans 99 Grands Prix.

Sa retraite laissa le champ libre en 1974. Ferrari effectua un retour en force, et lorsque le monde de la Formule 1 quitta l'Europe pour l'Amérique, Clay Regazzoni et le Sud Africain Jody Scheckter menaient aux points devant Fittipaldi et Niki Lauda. Derrière les hommes de tête l'on trouvait Carles Reutemann et Ronnie Peterson. Le championnat se joua en Amérique. Auteur d'une performance remarquable à Mosport, au Canada, Fittipaldi se hissa à la hauteur de Clay Regazzoni, et tous deux arrivèrent à Watkins Glen avec 52 points, contre 45 à Scheckter. L'on s'attendait à une grande

Le jeune Sud Africain Jody Schekter fut engagé par Ken Tyrrell pour remplacer Jackie Stewart. On le voit ici au Grand Prix de Suède 1974 épreuve qu'il mena du début

à la fin, remportant sa
première victoire en Grand Prix.

bataille, mais il n'en fut rien. Scheckter dut abandonner à mi-distance, quant à Regazzoni, il était depuis longtemps distancé, à cause d'ennuis de pneumatiques. Tous les commentateurs de télévision avaient déjà annoncé que Fittipaldi venait de remporter son deuxième titre mondial avant qu'il ne franchisse la ligne d'arrivée derrière Reutemann, Pace et Hunt.

De toutes les saisons de Championnat depuis son entrée en vigueur, 1974 a été la plus disputée, et il suffit de voir vingt pilotes de douze pays différents au volant de leurs voitures sur la grille de départ à Monza pour se rendre compte du développement spectaculaire du sport automobile dans le monde entier.

Colin Chapman, selon son habitude, jette sa casquette en l'air ou sous les roues, lorsque l'une des voitures de son équipe franchit la ligne. Ci-dessus Jacky Ickx remportant en 1974, la Course des Champions sur la piste détrempée de Brands Hatch.

« Vétéran » à l'immense expérience, le très populaire Graham Hill, à gauche, champion du monde en 1962 sur BRM et 1968 sur Lotus. Il effectua en 1974 sa seizième saison en Formule 1 au volant d'une Embassy-Lola.

Le « Vieil Ours » Denny Hulme à droite, venue de Nouvelle-Zélande, en 1960, gravit les échelons de la formule Junior et de la Formule 2, avant de courir en Grand Prix en 1965. Pilotant pour Brabham, il décrocha le titre mondial en 1967. Il passa chez Mac Laren la saison suivante et remporta la Can-Am en 1968 et 1970.

Aujourd'hui

En dragster, la transmission de la puissance délivrée par les impressionnants V8 à la piste nécessite des pneus non moins impressionnants. Des fractions de secondes gagnées ou perdues au départ dépendent le succès ou l'échec.

Londres-Brighton se déroule tous les ans le premier dimanche de novembre pour commémorer l'abolition en 1896 des lois interdisant le développement de l'Automobile en Angleterre. Cette photo fut prise en 1953, alors qu'une De Dion-Bouton et une Gillet-Forest traversent le pont de Westminster.

Bien que l'Europe demeure le théâtre privilégié du sport automobile, et que le Grand Prix soit toujours incontestablement la formule reine, il est possible de percevoir un déplacement des centres d'intérêts

Depuis 1966, la Canadian - Américan Challenge Cup, dite « Can Am » est devenue l'une des épreuves la plus rapide et la mieux dotée en prix. Disputée pour la première fois à St-Jovite, dans les montagnes près de Montréal, elle est financée par des firmes comme Johnson ou STP et attire les meilleurs pilotes d'Europe et d'Amérique. Il est rare de trouver moins d'une vingtaine de voitures sur la ligne de départ et le montant des prix atteint un million de dollars.

L'intérêt du public américain s'est principalement porté, pendant un demi-siècle sur Indianapolis et les courses sur cendrée, mais l'on assiste maintenant à un regain d'enthousiasme pour les courses de voitures de sport sur circuits routiers. La différence principale est qu'il existe en Europe des règlements stricts et de nombreuses classes, alors qu'en Amérique la liberté laissée aux voitures Can Am est pratiquement totale. Il s'agit de voitures bi-places, complètement carrossées et propulsées par un moteur les rendant souvent plus rapides que les Formule 1.

Ce sont la plupart du temps des voitures anglo-américaines, construites par des firmes hautement spécialisées comme Lola, Mc Laren ou Brabham, propulsées par un moteur V8 Chevrolet de 7 litres de cylindrée. Hormis la Chaparral de Jim Hall (qui avait une boîte de vitesses automatique et fut la première à utiliser un aileron comme en Formule 1), voiture qui gagna Monterey en 1966, et la Porsche de Tony Dean, qui s'imposa à Road Atlanta en 1970, les cinq premières années de la « Can Am » furent dominées par les Lola d'Eric Broadley, qui s'adjugèrent six victoires et surtout par les Mc Laren M6A et M8A, qui totalisèrent 31 victoires. Avec ses pneus de 15 pouces, ses 600 cv développés par un moteur Chevrolet 427 à injection Lucas, sa boîte de vitesses Hewland, et ses freins capables de lui faire perdre

O 464
P100
1902
69

Trois aspects de compétition de Dragsters, photographiés en Angleterre. Cette « déviation » du sport automobile est née aux Etats-Unis où il s'agissait de trouver un dérivatif à l'impossibilité dans laquelle se trouvait les prétendants aux titres de champions automobiles, d'exercer leurs talents sur les autoroutes ! La course a lieu sur une distance de 402 m et les vitesses atteintes en sept secondes sont de l'ordre de 322 km/h.

160 km en 3 secondes, la M8A était une véritable réussite. C'est malheureusement lors de l'essai de la voiture qui allait lui succéder, la M8D, que Bruce Mc Laren trouva la mort à Goodwood le 2 juin 1970.

Malgré tout ceci, c'est aux courses de Dragsters, que va la préférence du public américain. Il s'agit de compétitions d'accélération pure, effectuées sur la distance d'un quart de mile entre deux machines présentant les mêmes caractéristiques. Nombre de ces dragsters sont de très belles machines, et il est intéressant de constater que ce mouvement a commencé dans les années trente. Dans les lumières aveuglantes, le bruit et les couleurs voyantes de la mode psychédélique, les fanatiques de dragsters éprouvent d'intenses sensations derrière leur moteur dans le rugissement insupportable des 1 000 ch, dans les flammes oranges et la fumée dense, dans le hurlement des pneus au moment du départ décrit Al Bochroch, l'un des spécialistes en la matière. Plus de 4 000 épreuves ont été organisées sur 200 pistes différentes, attirant plus de cinq cent mille participants et les vitesses atteintes crèvent le plafond des 400 km/h.

Ces chiffres sont suffisamment éloquents pour montrer l'impact de ce sport sur le public américain.

Il y a aussi sur toute l'étendue du territoire des centaines de pistes où se déroulent toutes les semaines des courses de stock cars et la Nascar (National Association for Stock-Car Auto Racing) organise quant à elle quelques 50 « Grand National » disputés sur des distances variant entre 250 et 500 kilomètres, sur des circuits aux courbes fortement relevées. Sur l'anneau de Talladega, long de 4,3 km, ouvert en 1969, l'on atteint couramment des vitesses de 322 km/h au tour, avec des pointes allant jusqu'à 350 km/h. Pour atteindre ces vitesses, les voitures de série sont modifiées à grand frais, et le résultat obtenu est naturellement diamétralement opposé à ce que l'on appelle « Stock Car » en Europe, où cette discipline met

Les courses de voitures anciennes connaissent un grand succès en Angleterre. On voit ci-dessus la Brescia Bugatti 1923 de Hamisch Moffatt à la course de côte de Prescott en 1960.

Course de Stock-cars à Brands Hatch. Derek Green et James Gannos dans leurs œuvres au cours « Race of Stars » en

Les voitures « Stock-cars » modifiées atteignent des vitesses supérieures à 320 km/h au cours des épreuves Nascar à Daytona, en Floride. Cette poursuite fut filmée en 1973.

aux prises des voitures dépouillées au maximum, l'enjeu consistant à éliminer les autres concurrents en les poussant en dehors de la piste, pour la plus grande joie des spectateurs.

L'autocross, discipline de courses de côtes tous terrains, où les voitures se mesurent deux par deux contre le chronomètre, et le Rallye-Cross, qui voit les concurrents accomplir l'équivalent d'une étape spéciale de rallye en pleine nature commencent à jouir de la faveur du public en Europe. Au contraire, il semble que l'âge d'or des rallyes et des courses de côtes soit révolu, en Europe tout au moins. Malgré la renaissance du championnat de la Montagne en 1957, ouvert aux voitures de sport jusqu'à deux litres de cylindrée, avec des classes prévues pour les voitures de tourisme et grand tourisme, et malgré la création par la F.I.A. en 1969 du championnat d'Europe de la Montagne, avec des épreuves comme le Mont-Cenis, le Ventoux, Cesena-Sestrière, Trento-Bondone, etc... on ne peut pas dire que ce type d'épreuves ait rencontré l'enthousiasme des foules. Les rallyes européens ont également été victimes des routes encombrées et de l'escalade des coûts. Déjà en 1963 le rallye des Alpes était devenu l'affaire des professionnels et avait perdu une grande partie de son caractère; de plus, il constituait une gêne et parfois même un danger pour le trafic des vacanciers. A partir de 1964 son itinéraire n'empruntait plus que des petites routes au fin fond des Alpes françaises, et en 1970, il dut être purement et simplement supprimé. De même l'édition 1961 de Liège-Rome-Liège avait dû changer d'itinéraire, et passer par la Yougoslavie et la Bulgarie, devenant Liège-Sofia-Liège. Ce rallye fut ensuite transformé en un marathon disputé sur le Nurburgring, cessant donc d'exister en tant qu'épreuve routière. Même si le rallye Acropolis existe toujours en Grèce, même si le rallye de Monte-Carlo est toujours organisé tous les ans au mois de janvier, l'Europe est devenue trop petite pour ce genre d'épreuves internationales, et les regards se sont tournés vers

TDH 404

Ci-dessus, compétition de kart. Ce sport parce que très économique, rencontra dès ses débuts en 1950, un succès considérable.

L'East African Safari, photo du haut et de gauche, fait revivre l'esprit qui animait les premiers rallyes européens.

des épreuves comme l'East African Safari, traversant des régions peu habitées où les éléments naturels imposent aux pilotes des difficultés comparables peut être à celles rencontrées quelques cinquante années auparavant par les pionniers de l'automobile...

Un jour qu'ils déjeunaient ensemble, en 1968, Sir Max Aitken, Jocelyn Stevens et Keith Schellenberg eurent l'idée d'organiser un rallye de longue distance, entre Londres et Sydney, traversant l'Europe, l'Asie et l'Australie. Financée par le Daily Express et le Daily Telegraph, de Sydney, ce marathon attira une centaine de participants; ceux-ci quittèrent Londres fin novembre, traversèrent la Turquie, l'Afghanistan, l'Inde. Ils prirent le bateau de Bombay à Perth. 57 voitures réussirent à boucler le parcours de 16 000 kilomètres, placé sous le signe d'une débauche publicitaire. L'épreuve fut finalement remportée par une Hillman Hunter d'usine, après que la DS 21 Citroën et la Ford Taunus 20 M de tête aient eu un accident juste avant l'arrivée.

Peu de temps après, 96 voitures (dont la grande majorité engagée par les usines) quittèrent le stade de Wembley à Londres pour un périple encore plus impressionnant, plus de 27 000 kilomètres, à destination de Mexico. L'itinéraire allait d'abord jusqu'à Sofia, revenait ensuite à Lisbonne, où attendait un bateau en partance pour Rio de Janeiro. Les voitures devaient ensuite traverser Montevidéo, Bue-

nos-Aires, San Antonio, Santiago et remonter le long de la côte ouest du continent sud américain par Lima, Cuenca, Cali et Cristobal. A Montevideo, il ne restait plus que la moitié des concurrents en course, et 23 d'entre eux réussirent à rallier Mexico. En tête l'on trouvait la Ford Escort de Mikkola-Palm, suivie de quatre autres Escort aux troisième, cinquième, sixième et huitième places.

L'East African Safari est réputé comme le rallye le plus difficile du monde. On voit ici la Datsun des vainqueurs 1970 et 1971, Edgar Herrmann et Hans Schuller en pleine action au cours de l'édition 1972 remportée par le

Finlandais Hannu Mikkola sur Ford Escort.

A droite :
L'un des nombreux obstacles rencontrés par les concurrents du marathon Londres-Mexico, en 1970.

Deux Triumph 2500 PI s'emparèrent des deuxième et quatrième places tandis qu'une DS 21 terminait en septième position. « Ça a été l'épreuve la plus dure à laquelle j'ai jamais participé », déclara Mikkola à l'arrivée, « mais je n'hésiterais pas une seconde à recommencer ». C'est peut-être dans ce genre d'épreuve qu'il faut chercher l'avenir des grands rallyes internationaux.

Que l'on parle de Grand Prix, de Formule 5000, du rallye de Monte-Carlo ou du Club des propriétaires de Bugatti, il n'en demeure pas moins vrai que l'attrait de la vitesse et le besoin de se mesurer aux autres est un trait fondamental de la nature humaine, et demeure aussi vif aujourd'hui qu'aux premiers jours de l'automobile. Bien sûr l'on pourra regretter le bon vieux temps où les voitures n'étaient pas déguisées en projectiles publicitaires à la recherche des caméras de la télévision. Bien sûr, le fait que le Grand Prix d'Angleterre porte maintenant le nom d'une marque de cigarettes a un aspect choquant. Il ne faut toutefois pas perdre de vue le fait que sans soutien financier, la compétition automobile ne pourrait survivre.

De plus les pilotes sont aussi bons, sinon meilleurs que par le passé, compte tenu des vitesses incroyablement élevées des voitures. Les plus blasés ne peuvent rester indifférents au rugissement du Cosworth, au son plus aigu du 12 cylindres Ferrari, ou au paquet des Formule 1 négociant la Parabolica à Monza. A l'ère atomique, il ne s'agit certainement pas d'un spectacle dépassé.

Qui aurait pu imaginer, au début de l'hiver 1973, lorsque la crise énergétique s'abattit sur le monde et que le rallye de Monte-Carlo dut être annulé que le sport automobile allait connaître une nouvelle période de prospérité ? Alors que le plateau des Formule 1 à Monza avait jusque là été composé d'une quinzaine de voitures, trente-huit Formules 1 ont participé aux essais de qualification du Grand Prix d'Italie la saison dernière, et l'on attend pour 1975 la venue de quatre nouvelles écuries américaines.

En quatre-vingt années d'histoire, beaucoup de choses ont évolué. Pourtant, si l'on y réfléchit bien, peu de choses ont changé.

Abréviations

Glossaire des termes et abréviations

AAA American Automobile Association
ACF Automobile Club de France
AIACR Association Internationale des Automobiles Clubs Reconnus
Devint en 1947
FIA Fédération Internationale de l'Automobile
LSR Land Speed Record (Record de vitesse)
RAC Royal Automobile Club
bhp brake horsepower (puissance au frein)
ohc overhead camshaft (arbre à cames en tête)
ohv overhead valves (soupapes en tête)

Championnat d'Europe Formule 2

1967 Jacky Ickx (Matra)
1968 Jean-Pierre Beltoise (Matra)
1969 Johnny-Servoz-Gavin (Matra)
1970 Clay Regazzoni (Techno-FVA)
1971 Ronnie Peterson (March)
1972 Mike Hailworth (Surtees)
1973 Jean-Pierre Jarier (March BMW)
1974 Patrick Depailler (March BMW)

Grand Prix d'Angleterre 1926-1974

1926 Sénéchal et Wagner (Delage)
1927 Benoist (Delage)
Interruption des courses jusqu'en 1948
1949 de Graffenried (Maserati)
1950 Farina (Alfa Romeo)
1951 Gonzales (Ferrari)
1952 Ascari (Ferrari
1953 Ascari (Ferrari)
1954 Gonzales (Ferrari)
1955 Moss (Mercedes-Benz)
1956 Fangio (Lancia-Ferrari)
1957 Brooks et Moss (Vanwall)
1958 Collins (Ferrari)
1959 Brabham (Cooper)
1960 Brabham (Cooper)
1961 von Trips (Ferrari)
1962 Clark (Lotus)
1963 Clark (Lotus)
1964 Clark (Lotus)
1965 Clark (Lotus)
1966 Brabham (Brabham)
1967 Clark (Lotus)
1968 Siffert (Lotus)
1969 Stewart (Matra)
1970 Rindt (Lotus)
1971 Stewart (Tyrrell)
1972 Fittipaldi (John Player Special)
1973 Revson (McLaren-Ford)
1974 Scheckter (Tyrrell-Ford)

Grand Prix de France 1906-1974

1906 Szisz (Renault)
1907 Nazzaro (F.I.A.T.)
1908 Lautenschlager (Mercedes)
Interruption des courses jusqu'en 1912
1912 Boillot (Peugeot)
1913 Boillot (Peugeot)
1914 Lautenschlager (Mercedes)
Interruption des courses jusqu'en 1921
1921 Murphy (Duesenberg)
1922 Nazzaro (Fiat)
1923 Segrave (Sunbeam)
1924 Campari (Alfa Romeo)
1925 Benoist et Divo (Delage)
1926 Goux (Bugatti)
1927 Benoist (Delage)
1928 Williams (Bugatti)
1929 Williams (Bugatti)
1930 Etancelin (Bugatti)
1931 Chiron et Varzi (Bugatti)
1932 Nuvolari (Alfa Romeo)
1933 Campari (Maserati)
1934 Chiron (Alfa Romeo)
1935 Caracciola (Mercedes-Benz)
1936 Wimille et Sommer (Bugatti)
1937 Chiron (Talbot)
1938 von Brauchitsch (Mercedes-Benz)
1939 Müller (Auto Union)
Interruption des courses jusqu'en 1947
1947 Chiron (Talbot)
1948 Wimille (Alfa Romeo)
1949 Pozzi (Delahaye)
1950 Fangio (Alfa Romeo)
1951 Fangio et Fagioli (Alfa Romeo)
1952 Ascari (Ferrari)
1953 Hawthorn (Ferrari)
1954 Fangio (Mercedes-Benz)
1955 non couru
1956 Collins (Ferrari)
1957 Fangio (Maserati)
1958 Hawthorn (Ferrari)
1959 Brooks (Ferrari)
1960 Brabham (Cooper)
1961 Baghetti (Ferrari)
1962 Gurney (Porsche)
1963 Gurney (Porsche)
1964 Gurney (Brabham)
1965 Clark (Lotus)
1966 Brabham (Brabham)
1967 Brabham (Brabham)
1968 Ickx (Ferrari)
1969 Stewart (Matra)
1970 Rindt (Lotus)
1971 Stewart (Tyrrell)
1972 Stewart (Tyrrell)
1973 Peterson (John Player Special)
1974 Peterson (John Player Special)

Grand Prix d'Allemagne 1926-1974

1926 Caracciola (Mercedes-Benz)
1927 Merz (Mercedes-Benz)
1928 Caracciola et Werner (Mercedes-Benz)
1929 Williams (Bugatti)
1930 non couru
1931 Caracciola (Mercedes-Benz)
1932 Caracciola (Mercedes-Benz)
1933 non couru

1934 Stuck (Auto Union)
1935 Nuvolari (Alfa Romeo)
1936 Rosemeyer (Auto Union)
1937 Caracciola (Mercedes-Benz)
1938 Seaman (Mercedes-Benz)

Interruption des courses jusqu'en 1950

1950 Ascari (Ferrari)
1951 Ascari (Ferrari)
1952 Ascari (Ferrari)
1953 Farina (Ferrari)
1954 Fangio (Mercedes-Benz)
1955 non couru
1956 Fangio (Ferrari)
1957 Fangio (Maserati)
1958 McLaren (Cooper)
1959 Brooks (Ferrari)
1960 Brooks (Ferrari)
1961 Moss (Lotus)
1962 G. Hill (BRM)
1963 Surtees (Ferrari)
1964 Surtees (Ferrari)
1965 Clark (Lotus)
1966 Brabham (Brabham)
1967 Hulme (Brabham)
1968 Stewart (Matra)
1969 Ickx (Brabham)
1970 Rindt (Lotus)
1971 Stewart (Tyrrell)
1972 Ickx (Ferrari)
1973 Stewart (Tyrrell-Ford)
1974 Regazzoni (Ferrari)

Grand Prix d'Italie 1921-1974

1921 Goux (Ballot)
1922 Bordino (Fiat)
1923 Salamano (Fiat)
1924 Ascari (Alfa Romeo)
1925 Brilli-Peri (Alfa Romeo)
1926 Sabipa (Bugatti)
1927 Benoist (Delage)
1928 Chiron (Bugatti)

Interruption des courses jusqu'en 1931

1931 Campari et Nuvolari (Alfa Romeo)
1932 Campari et Nuvolari (Alfa Romeo)
1933 Fagioli (Alfa Romeo)
1934 Caracciola et Fagioli (Mercedes-Benz)
1935 Stuck (Auto Union)
1936 Rosemeyer (Auto Union)
1937 Caracciola (Mercedes-Benz)
1938 Nuvolari (Auto Union)

Interruption des courses jusqu'en 1947

1947 Trossi (Alfa Romeo)
1948 Wimille (Alfa Romeo)
1949 Ascari (Ferrari)
1950 Farina (Alfa Romeo)
1951 Ascari (Ferrari)
1952 Ascari (Ferrari)
1953 Fangio (Maserati)
1954 Fangio (Mercedes-Benz)
1955 Fangio (Mercedes-Benz)
1956 Moss (Maserati)
1957 Moss (Vanwall)
1958 Brooks (Vanwall)
1959 Brooks (Vanwall)
1960 P. Hill (Ferrari)
1961 P. Hill (Ferrari)
1962 G. Hill (BRM)
1963 Clark (Lotus)
1964 Surtees (Ferrari)
1965 Stewart (BRM)
1966 Scarfiotti (Ferrari)
1967 Surtees (Honda)
1968 Hulme (McLaren)
1969 Stewart (Matra)
1970 Regazzoni (Ferrari)
1971 Gethin (BRM)
1972 Fittipaldi (John Player Special)
1973 Peterson (John Player Special)
1974 Peterson (John Player Special)

Grand Prix d'Amérique 1959-1974

1959 McLaren (Cooper)
1960 Moss (Lotus)
1961 Ireland (Lotus)
1962 Clark (Lotus)
1963 G. Hill (BRM)
1964 G. Hill (BRM)
1965 G. Hill (BRM)
1966 Clark (Lotus)
1967 Clark (Lotus)
1968 Stewart (Matra)
1969 Rindt (Lotus)
1970 Fittipaldi (Lotus)
1971 Cevert (Tyrrell)
1972 Stewart (Tyrrell)
1973 Peterson (John Player Special)
1974 Fittipaldi (John Player Special)

Vainqueurs des « 500 Miles » d'Indianapolis (1911-1974)

1911 R. Harroun et C. Patschke (Marmon)
1912 J. Dawson et D. Herr (National)
1913 J. Goux (Peugeot)
1914 R. Thomas (Delage)
1915 R. de Palma (Mercedes)
1916 D. Resta (Peugeot)
1919 H. Wilcox (Peugeot)
1920 Chevrolet (Monroe-Frontenac)
1921 T. Milton (Frontenac)
1922 J. Murphy (Duesenberg-Miller)
1923 T. Milton et H. Wilcox (Miller)

1924 L. Corum et J. Boyer (Duesenberg)
1925 P. de Paolo et N.K. Batten (Duesenberg)
1926 F. Lockhart (Miller)
1927 G. Souders (Duesenberg)
1928 L. Meyer (Miller)
1929 R. Keech (Miller)
1930 W. Arnold (Miller)
1931 L. Schneider (Miller)
1932 F. Frame (Miller)
1933 L. Meyer (Miller)
1934 B. Cummings (Miller)
1935 K. Petillo (Miller)
1936 L. Meyer (Miller)
1937 W. Shaw (Gilmore-Offenhauser)
1938 F. Roberts (Miller)
1939 W. Shaw (Maserati)
1940 W. Shaw (Maserati)
1941 F. Davis et M. Rose (Noc-Out Hose Clamp Spl)

Interruption des courses jusqu'en 1945

1946 G. Robson (Thorne)
1947 M. Rose (Blue Crown Spl)
1948 M. Rose (Blue Crown Spl)
1949 W. Holland (Blue Crown Spl)
1950 J. Parsons (Wynn Friction Proof Spl)
1951 L. Wallard (Belanger Spl)
1952 T. Ruttman (Agajanian Spl)
1953 W. Vukovitch (Fuel Injection Spl)
1954 W. Vukovitch (Fuel Injection Spl)
1955 B. Sweikert (John Zink Spl)
1956 P. Flaherty (John Zink Spl)
1957 S. Hanks (Belond Exhaust Spl)
1958 J. Bryan (Belond Exhaust Spl)
1959 R. Ward (Leader Card Spl)
1960 J. Rathmann (K. Paul Spl)
1961 A. J. Foyt (Bowes Seal Fast Spl)
1962 R. Ward (Leader Carl Spl)
1963 A.P. Jones (Agajanian Spl)
1964 A. J. Foyt (Sheraton-Offenhauser)
1965 J. Clark (Lotus-Ford)
1966 G. Hill (Lola-Ford)
1967 A. J. Foyt (Coyote-Ford)
1968 R. Unser (Eagle-Offenhauser)
1969 M. Andretti (Hawk-Ford)
1970 A. Unser (Colt-Ford)
1971 A. Unser (Colt-Ford)
1972 M. Donohue (McLaren)
1973 G. Johncock (Eagle)
1974 J. Rutherford (McLaren)

Coupe du monde des Constructeurs 1950-1974

1950 Alfa Romeo
1951 Alfa Romeo
1952 Ferrari
1953 Ferrari
1954 Mercedes-Benz
1955 Mercedes-Benz
1956 Lancia-Ferrari
1957 Maserati
1958 Vanwall
1959 Cooper
1960 Cooper
1961 Ferrari
1962 BRM
1963 Lotus-Ford
1964 Ferrari
1965 Lotus-Ford
1966 Brabham-Repco
1967 Brabham-Repco
1968 Lotus-Ford
1969 Matra-Ford
1970 Lotus-Ford
1971 Tyrrell
1972 John Player Special
1973 John Player Special
1974 Matra-Simca

Championnat du Monde des Conducteurs 1950-1974

1950 Giuseppe Farina (Alfa Romeo) Italie
1951 Juan Manuel Fangio (Alfa Romeo) Argentine/Italie
1952 Alberto Ascari (Ferrari) Italie
1953 Alberto Ascari (Ferrari) Italie
1954 Juan Manuel Fangio (Maserati et Mercedes-Benz) Argentine/Italie/Allemagne
1955 Juan Manuel Fangio (Mercedes-Benz) Argentine/Allemagne
1956 Juan Manuel Fangio (Ferrari) Argentine/Italie
1957 Juan Manuel Fangio (Maserati) Argentine/Italie
1958 Mike Hawthorn (Ferrari) GB/Italie
1959 Jack Brabham (Cooper-Climax) Australie/GB
1960 Jack Brabham (Cooper-Climax) Australie/GB
1961 Phil Hill (Ferrari) USA/Italie
1962 Graham Hill (BRM) GB
1963 Jim Clark (Lotus-Climax) GB
1964 John Surtees (Ferrari) GB/Italie
1965 Jim Clark (Lotus-Climax) GB
1966 Jack Brabham (Repco-Brabham) Australie/GB (moteur australien)
1967 Denny Hulme (Repco-Brabham) New Zealand/GB (moteur australien)
1968 Graham Hill (Lotus-Ford) GB
1969 Jackie Stewart (Matra-Ford) GB/France-GB
1970 Jochen Rindt (Lotus-Ford) Autriche/GB
1971 Jackie Stewart (Tyrrell-Ford) GB
1972 Emerson Fittipaldi (Lotus-Ford) Brésil/GB
1973 Jackie Stewart (Tyrrell-Ford) GB
1974 Emerson Fittipaldi (Lotus-Ford) Brésil/GB

Les « 24 Heures » du Mans 1923-1974

1923 A. Lagache et R. Leonard (Chenard et Walcker)
1924 J. Duff et F.C. Clément (Bentley)
1925 H. de Courcelles et A. Rossignol (Lorraine-Dietrich)
1926 R. Bloch et A. Rossignol (Lorraine-Dietrich)
1927 J.D. Benjafield et S.C.H. Davis (Bentley)
1928 W. Barnato et B. Rubin (Bentley)
1929 W. Barnato et H.R.S. Birkin (Bentley)
1930 W. Barnato et G. Kidson (Bentley)
1931 Earl Howe et H.R.S. Birkin (Alfa Romeo)
1932 R. Sommer et L. Chinetti (Alfa Romeo)
1933 R. Sommer et T. Nuvolari (Alfa Romeo)
1934 L. Chinetti et P. Etancelin (Alfa Romeo)
1935 J.S. Hindmarsh et L. Fontes (Lagonda)
1937 J.P. Wimille et R. Benoist (Bugatti)
1938 E. Chaboud et J. Tremoulet (Delahaye)
1939 J.P. Wimille et P. Veyron (Bugatti)
1949 L. Chinetti et Lord Selsdon (Ferrari)
1950 L. et C. Rosier (Talbot)
1951 P.D. Walker et P.N. Whitehead (Jaguar)
1952 H. Lang et F. Riess (Mercedes-Benz)
1953 A.P.R. Rolt et J.D. Hamilton (Jaguar)
1954 J.F. Gonzalez et M. Trintignant (Ferrari)
1955 J.M. Hawthorn et I. Bueb (Jaguar)
1956 R. Flockhart et N. Sanderson (Jaguar)
1957 R. Flockhart et I. Bueb (Jaguar)
1958 P. Hill et O. Gendebien (Ferrari)
1959 R. Salvadori et C. Shelby (Aston Martin)
1960 P. Frère et O. Gendebien (Ferrari)
1962 P. Hill et O. Gendebien (Ferrari)
1963 L. Scarfiotti et L. Bandini (Ferrari)
1964 J. Guichet et N. Vacarella (Ferrari)
1965 M. Gregory et J. Rindt (Ferrari)
1966 B. McLaren et C. Amon (Ford)
1967 A.J. Foyt et D. Gurney (Ford)
1968 P. Rodriguez et L. Bianchi (Ford)
1969 J. Ickx et J Oliver (Ford)
1970 R. Attwood et H. Herrmann (Porsche)
1971 H. Marko et G. van Lennep (Porsche)
1972 H. Pescarolo et G. Hill (Matra-Simca)
1973 H. Pescarolo et G. Larrousse (Matra-Simca)
1974 H. Pescarolo et G. Larrousse (Matra-Simca)

Les « Mille Miles » 1927-1957

1927 Minoia et Morandi (OM)
1928 Campari et Ramponi (Alfa Romeo)
1929 Campari et Ramponi (Alfa Romeo)
1930 Nuvolari et Guidotti (Alfa Romeo)
1931 Caracciola et Sebastian (Mercedes-Benz)
1932 Borzacchini et Bignami (Alfa Romeo)
1933 Nuvolari et Compagnoni (Alfa Romeo)
1934 Varzi et Bignami (Alfa Romeo)
1935 Pintacuda et della Stufa (Alfa Romeo)
1936 Brivio et Ongaro (Alfa Romeo)
1937 Pintacuda et Mambelli (Alfa Romeo)
1938 Biondetti et Stefani (Alfa Romeo)
1940 von Hanstein et Baumer (BMW)
1947 Biondetti et Romano (Alfa Romeo)
1948 Biondetti et Navoni (Ferrari)
1949 Biondetti et Salani (Ferrari)
1950 Marzotto et Crosara (Ferrari)
1951 Villoresi et Cassani (Ferrari)
1952 Bracco et Rolfo (Ferrari)
1953 Marzotto et Crosara (Ferrari)
1954 Ascari (Lancia)
1955 Moss et Jenkinson (Mercedes-Benz)
1956 Castelotti (Ferrari)
1957 Taruffi (Ferrari)

Le Rallye de Monte Carlo 1911-1974

(Premier pilote et ville de départ)

1911 Rougier, Paris (Turcat-Méry)
1912 Beutler, Berlin (Berliet)
1924 Ledure, Glasgow (Bignan)
1925 Repusseau, Tunis (Renault)
1926 Bruce, John o'Groats (AC)
1927 Lefebvre-Despaux, Königsberg (Amilcar)
1928 Bignan, Bucarest (Fiat)
1929 Van Eijk, Stockholm (Graham-Paige)
1930 Petit, Jassy (La Licorne)
1931 Healey, Stavanger (Invicta)
1932 Vasselle, Umea (Hotchkiss)
1933 Vasselle, Tallinn) (Hotchkiss)
1934 Gas, Athènes (Hotchkiss)
1935 La Haye, Stavanger (Renault)
1936 Zamfirescu, Athènes (Ford)
1937 Le Begue, Stavanger (Delahaye)
1938 Bakker Schut, Athènes (Ford)
1939 Paul Trevoux, Athènes (Delahaye/Hotchkiss)
1949 Trevoux, Lisbonne (Hotchkiss)
1950 Becquart, Lisbonne (Hotchkiss)
1951 Trevoux, Lisbonne (Delahaye)
1952 Allard, Glasgow (Allard)
1953 Gatsonides, Monte Carlo (Ford)
1954 Chiron, Monte Carlo (Lancia)
1955 Malling, Oslo (Sunbeam)
1956 Adams, Glasgow (Jaguar)
1958 Monraisse, Lisbonne (Renault)
1959 Coltelloni, Paris (Citroën)

1960 Schock, Varsovie (Mercedes-Benz)
1961 Martin, Monte Carlo (Panhard)
1962 Carlsson, Oslo (Saab)
1963 Carlsson, Stockholm (Saab)
1964 Hopkirk, Minsk (Mini Cooper)
1965 Makinen, Stockholm (Mini Cooper)
1966 Toivonen, Oslo (Citroën)
1967 Aaltonen, Monte Carlo (Mini Cooper)
1968 Elford, Varsovie (Porsche)
1969 Waldegaard, Varsovie (Porsche)
1970 Waldegaard, Oslo (Porsche)
1971 O. Andersson, Marrakech (Alpine-Renault)
1972 S. Munari, Almeria (Lancia)
1973 J.C. Andruet, Monte Carlo (Alpine-Renault)
1974 Non couru
1975 S. Munari, Agadir (Lancia)

Rallye International RAC 1951-1974

1951 Appleyard (Jaguar)
1952 Imhof (Cadillac-Allard)
1953 Appleyard (Jaguar)
1954 Wallwork (Triumph)
1955 Ray (Standard)
1956 Lyndon Sims (Aston Martin)
1957 non couru
1958 Harper (Sunbeam Rapier)
1959 Burgess (Ford)
1960 Carlsson (Saab)
1961 Carlsson (Saab)
1962 Carlsson (Saab)
1963 Trana (Volvo)
1964 Trana (Volvo)
1965 Aaltonen (Mini Cooper)
1966 Soderstrom (Ford)
1967 non couru
1968 Lampinen (Saab)
1969 Kallstrom (Lancia)
1970 Kallstrom (Lancia)
1971 Blomqvist (Saab)
1972 R. Clark (Ford)
1973 Makinen (Ford)
1974 Makinen (Ford)

RAC Tourist Trophy 1905-1974
Ile de Man

1905 J.S. Napier (Arrol-Johnston)
1906 C.S. Rolls (Rolls-Royce)
1907 E. Courtis (Rover)
1908 W. Watson (Hutton)
1914 K. Lee Guinness (Sunbeam)
1922 J. Chassagne (Sunbeam)

Ards

1928 K. Don (Lea-Francis)
1929 R. Caracciola (Mercedes-Benz)
1930 T. Nuvolari (Alfa Romeo)
1931 N. Black (MG)
1932 T. Nuvolari (MG)
1934 C.J.P. Dodson (MG)
1935 F.W. Dixon (Riley)
1936 F.W. Dixon et C.J.P. Dodson (Riley)

Donington Park

1937 G. Comotti (Darracq)
1938 L. Gerard (Delage)

Dundrod

1950 S. Moss (Jaguar)
1951 S. Moss (Jaguar)
1953 P. Collins et P.C. Griffiths (Aston Martin)
1954 P. Armagnac et G. Laureau (DB)
1955 S. Moss et J. Fitch (Mercedes-Benz)

Goodwood

1958 S. Moss et C.A.S. Brooks (Aston Martin)
1959 S. Moss, C. Shelby et J. Fairman (Aston Martin)
1960 S. Moss (Ferrari)
1961 S. Moss (Ferrari)
1962 I. Ireland (Ferrari)
1963 G. Hill (Ferrari)
1964 G. Hill (Ferrari)

Oulton Park

1965 D. Hulme (Brabham)
1966 D. Hulme (Lola)
1967 A. de Adamich (Alfa Romeo)
1968 D. Hulme (Lola)
1969 T. Taylor (Lola)

Silverstone

1970 B. Muir (Chevrolet)
1971 non couru
1972 J. Mass et D. Glemser (Ford)
1973 H. Erth et D. Bell (BMW)
1974 S. Graham (Chevrolet)

TARGA FLORIO 1906-1974

Grand Circuit des Madonies

1906 A. Cagno (Itala)
1907 F. Nazzaro (Fiat)
1908 F. Trucco (Isotta-Fraschini)
1909 R. Ciuppa (SPA)
1910 F. Cariolato (Franco)
1911 E. Ceirano (SCAT)

Tour de Sicile

1912 C. Snipe (SCAT)
1913 F. Nazzaro (Nazzaro)
1914 E. Ceirano (SCAT)

Circuit des Madonies

1919 A. Boillot (Peugeot)
1920 G. Meregalli (Nazzaro)
1921 G. Masetti (Fiat)
1922 G. Masetti (Mercedes)
1923 U. Sivocci (Alfa Romeo)
1924 C. Werner (Mercedes)
1925 M. Constantini (Bugatti)
1926 M. Constantini (Bugatti)
1927 E. Materassi (Bugatti)
1928 A. Divo (Bugatti)
1929 A. Divo (Bugatti)
1930 A. Varzi (Alfa Romeo)

Grand Circuit des Madonies

1931 T. Nuvolari (Alfa Romeo)

Petit Circuit des Madonies

1932 T. Nuvolari (Alfa Romeo)
1933 A. Brivio (Alfa Romeo)
1934 A. Varzi (Alfa Romeo)
1935 A. Brivio (Alfa Romeo)
1936 C. Magistri (Lancia)

Palerme

1937 F. Severi (Maserati)
1938 G. Rocco (Maserati)
1939 L. Villoresi (Maserati)
1940 L. Villoresi (Maserati)

Tour de Sicile

1948 C. Biondetti et Troubetskoy (Ferrari)
1949 C. Biondetti et Benedetti (Ferrari)
1950 M. et F. Bornigia (Alfa Romeo)

Petit Circuit des Madonies

1951 F. Cortese (Frazer Nash)
1952 F. Bonetto (Lancia)
1953 U. Maglioli (Lancia)
1954 P. Taruffi (Lancia)
1955 S. Moss et P. Collins (Mercedes-Benz)
1956 U. Maglioli et H. von Hanstein (Porsche)
1957 non couru
1958 L. Musso et O. Gendebien (Ferrari)
1959 E. Barth et W. Seidel (Porsche)
1960 J. Bonnier et H. Herrmann (Porsche)
1961 W. von Trips et O. Gendebien (Ferrari)
1962 W. Mairesse, R. Rodriguez et O. Gendebien (Ferrari)
1963 J. Bonnier et C. M. Abate (Porsche)
1964 A. Pucci et C. Davis (Porsche)
1965 N. Vaccarella et L. Bandini (Ferrari)
1966 W. Mairesse et H. Muller (Porsche)
1967 P. Hawkins et R. Stommelen (Porsche)
1968 V. Elford et U. Maglioli (Porsche)
1969 G. Mitter et U. Schütze (Porsche)
1970 J. Siffert et B. Redman (Porsche)
1971 N. Vaccarella et T. Hezemans (Alfa Romeo)
1972 W. Mairesse et H. Muller (Porsche)
1973 G. van Lennep et J.C. Andruet (Porsche)
1974 non couru

PREMIERES COMPETITIONS

Dates	Vainqueurs des premières courses 1896-1906	Pilote	Marque
1895 11-13 juin	Paris-Bordeaux-Paris	Levassor	Panhard
1896 24 septembre, 3 octobre	Paris-Marseille-Paris	Mavade	Panhard
1897 29-31 janvier	Marseille-Nice	Marquis de Chasseloup-Laubat	De Dion
24 juillet	Paris-Dieppe	Jamin	Bollée
14 août	Paris-Trouville	Jamin	Bollée
1898 mars	Marseille-Nice	Charron	Panhard
1er mai	Course de Périgueux	Leys	Panhard
10 et 11 mai	Paris-Bordeaux	R. de Knyff	Panhard
7-12 juillet	Paris-Amsterdam-Paris	Charron	Panhard
20 août	Bordeaux-Biarritz	Loysel	Bollée
20 octobre	St-Germain-Vernon-St-Germain	Levegh	Mors
1899 26 janvier	Paris-Rouen-Paris	Girardot	Panhard
21 mars	Nice-Castellane-Nice	Lemaitre	Peugeot
5 avril	Pau-Bayonne-Pau	Lemaitre	Peugeot
24 mai	Paris-Bordeaux	Charron	Panhard
4 juillet	Spa-Bastogne-Spa	R. de Knyff	Panhard
16-24 juillet	Tour de France	R. de Knyff	Panhard
30 juillet	Paris-Saint-Malô	Antony	Mors
27 août	Paris-Trouville	Antony	Mors
1er septembre	Paris-Ostende	Girardot Levegh	Panhard Mors
17 septembre	Paris-Boulogne	Girardot	Panhard
1er octobre	Bordeaux-Biarritz	Levegh	Mors
1900 25 février	Circuit du Sud-Ouest	R. de Knyff	Panhard
26 mars	Nice-Marseille	R. de Knyff	Panhard
3 et 4 juin	Bordeaux-Périgueux-Bordeaux	Levegh	Mors
14 juin	Paris-Lyon (Coupe Gordon Bennett)	Charron	Panhard
25, 27, 28 juillet	Paris-Toulouse-Paris	Levegh	Mors
1901 17 février	Grand Prix de Pau	M. Farman	Panhard
25 mars	Nice-Salon-Nice	Werner	Mercedes
29 mai	Paris-Bordeaux comprenant	Fournier	Mors
29 mai	la Coupe Gordon-Bennett	Girardot	Panhard
27-29 juin	Paris-Berlin	Fournier	Mors
1902 22 et 23 mai	Circuit du Nord	M. Farman	Panhard
26-29 juin	Paris-Vienne comprenant	M. Renault	Renault
26-28 juin	la Coupe Gordon-Bennett	Edge	Napier
31 juillet	Circuit des Ardennes	Jarrott	Panhard
1903 24 mai	Paris-Madrid (Bordeaux)	Gabriel	Mors
22 juin	Circuit des Ardennes	Baron de Crawhez	Panhard
2 juillet	Coupe Gordon-Bennett	Jenatzy	Mercedes
1904 20 mai	Epreuves éliminatoires de la Coupe Gordon-Bennett en France	Théry	Richard-Brasier
17 juin	Coupe Gordon-Bennett (Allemagne)	Théry	Richard-Brasier
25 juillet	Circuit des Ardennes	Heath	Panhard
4 septembre	Coupe Florio	Lancia	Fiat
8 octobre	Coupe Vanderbilt	Heath	Panhard

Résultats

Dates		Vainqueurs des premières courses 1896-1906	Pilote	Marque
1905	30 mai	Epreuves éliminatoires de la Coupe Gordon-Bennett en Angleterre	Earp	Napier
	16 juin	Epreuves éliminatoires de la Coupe Gordon-Bennett en France	Théry	Richard-Brasier
	5 juillet	Coupe Gordon-Bennett (France)	Théry	Richard-Brasier
	7 août	Circuit des Ardennes	Hemery	Darracq
	10 septembre	Coupe Florio	Raggio	Itala
	23 septembre	Epreuves éliminatoires de la Coupe Vanderbilt	Dingley	Pope-Toledo
	14 octobre	Coupe Vanderbilt	Hemery	Darracq
1906	12 février	Cuban Race	Dwmogeot	Darracq
	26 et 27 juin	Grand Prix	Szisz	Renault
	13 août	Circuit des Ardennes	Duray	De Dietrich
	6 octobre	Coupe Vanderbilt	Wagner	Darracq

RECORDS DE VITESSE

Dates		Marques	Pilotes	Lieux	Km/h
1898	18 décembre	Jeantaud	Chasseloup-Laubat	Achères	63,13
1899	17 janvier	Jenatzy	Jenatzy	Achères	66,64
	17 janvier	Jeantaud	Chasseloup-Laubat	Achères	70,29
	17 janvier	Jenatzy	Jenatzy	Achères	80,32
	4 mars	Jeantaud	Chasseloup-Laubat	Achères	92,67
	29 avril	Jenatzy	Jenatzy	Achères	105,85
1902	13 avril	Serpollet	Serpollet	Nice	120,77
	5 août	Mors	Vanderbilt	Ablis	122,41
	5 novembre	Mors	Fournier	Dourdan	123,24
	17 novembre	Mors	Augières	Dourdan	124,10
1903	17 juillet	Gobron-Brillié	Duray	Ostende	134,30
	5 novembre	Gobron-Brillié	Duray	Dourdan	136,33
1904	12 janvier	Ford	Ford	Lac St-Clair	147,01
	27 janvier	Mercedes	Vanderbilt	Daytona	148,51
	31 mars	Gobron-Brillié	Rigolly	Nice	152,50
	25 mai	Mercedes	de Caters	Ostende	156,47
	21 juillet	Gobron-Brillié	Rigolly	Ostende	166,61
	13 novembre	Darracq	Baras	Ostende	168,17
1905	25 janvier	Napier	Macdonald	Daytona	168,38
	30 décembre	Darracq	Hémery	Arles-Salon	176,42
1906	23 janvier	Stanley	Marriott	Daytona	195,60
1909	8 novembre	Benz	Hémery	Broolkands	202,65
1910	16 mars	Benz	Oldfield	Daytona	211,21
1911	23 avril	Benz	Burman	Daytona	227,47
1914	24 janvier	Benz	Hornsted	Brooklands	199,67
1919	17 février	Packard	de Palma	Daytona	241,14
1920	27 avril	Duesenberg	Milton	Daytona	251,05
1922	17 mai	Sunbeam	Guinness	Brooklands	215,20
1924	6 juillet	Delage	R. Thomas	Arpajon	227,36
	12 juillet	Fiat	Eldridge	Arpajon	234,93
	25 septembre	Sunbeam	Campbell	Pendine	235,17

Dates		Marques	Pilotes	Lieux	Km/h
1925	21 juillet	Sunbeam	Campbell	Pendine	242,57
1926	16 mars	Sunbeam	Segrave	Southport	245,09
	27 avril	Babs	Thomas	Pendine	272,40
	28 avril	Babs	Thomas	Pendine	275,17
1927	4 février	Bluebird	Campbell	Pendine	281,38
	29 mars	Sunbeam	Segrave	Daytona	327,89
1928	19 février	Bluebird	Campbell	Daytona	332,99
	22 avril	Triplex	Keech	Daytona	333,94
1929	11 mars	Golden Arrow	Segrave	Daytona	372,40
1931	5 février	Bluebird	Campbell	Daytona	395,95
1932	24 février	Bluebird	Campbell	Daytona	408,63
1933	22 février	Bluebird	Campbell	Daytona	438,38
1935	7 mars	Bluebird	Campbell	Daytona	445,40
	3 septembre	Bluebird	Campbell	Bonneville	484,51
1937	19 novembre	Thunderbolt	Eyston	Bonneville	502,00
1938	27 août	Thunderbolt	Eyston	Bonneville	555,90
	15 septembre	Railton	Cobb	Bonneville	563,47
	16 septembre	Thunderbolt	Eyston	Bonneville	575,21
1939	23 août	Railton	Cobb	Bonneville	594,84
1947	16 septembre	Railton	Cobb	Bonneville	634,26
1963	5 août	Spirit of America	Breedlove (véhicule à trois roues)	Bonneville	655,58
1964	17 juillet	Bluebird	D. Campbell (propulsion par les roues)	Lac Erié	648,58
	2 octobre	Wingfoot Express	Green	Bonneville	664,83
	5 octobre	Green Monster	Arfons	Bonneville	698,33
	13 octobre	Spirit of America	Breedlove (véhicule à trois roues)	Bonneville	754,17
	15 octobre	Spirit of America	Breedlove (véhicule à trois roues)	Bonneville	846,78
	27 octobre	Green Monster	Arfons	Bonneville	863,56
1965	2 novembre	Spirit of America	Breedlove	Bonneville	893,76
	7 novembre	Green Monster	Arfons	Bonneville	927,66
	13 novembre	Goldenrod	Summers	Bonneville	958,53
	15 novembre	Spirit of America Sonic 1	Breedlove	Bonneville	966,36
1970	23 octobre	The Blue Flame	Gabelich	Bonneville	1 014,29

Tracés et descriptions des circuits

ANDERSTORP

C'est en 1973 que fut organisé pour la première fois un Grand Prix de Formule 1 sur le circuit d'Anderstorp. Ce circuit a été gagné sur un marais, et la longue ligne droite sert également de piste d'atterrissage. Les virages sont tous à rayon constant. La première épreuve fut remportée par Denny Hulme, sur Mc Laren, avec 4 secondes d'avance sur le Suédois Peterson.

Anderstorp était déjà le théâtre d'épreuves de Formule 2 et Formule 5000 avant qu'y soit organisée une épreuve de Formule 1 en 1973. L'on voit ici une équipe de secours essayant de retourner la voiture du Gallois Derrick William, après son accident mortel en juillet 1970.

BRANDS HATCH

Au départ Brands Hatch n'était qu'une piste d'herbe pour courses de motos ; devenue en 1950 le haut lieu des épreuves de Formule 3, la piste fut aménagée dans les années 60 en un véritable circuit de Grand Prix de 4,27 km de long, l'un des plus populaires, mais aussi des plus difficiles d'Angleterre.

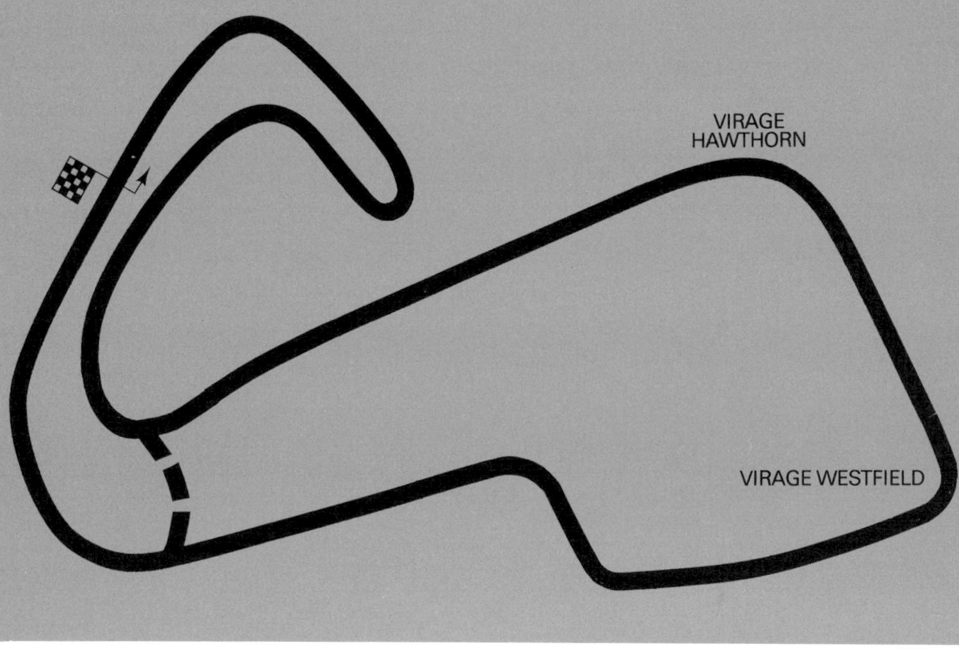

Brands Hatch 1973. Ronnie Peterson, au volant d'une John Player Lotus Special, au cours de la course des champions, organisée par le Daily Mail. Cette épreuve se déroule tous les ans au printemps, et fut remportée cette année-là par Peter Gethin au volant d'une F 5000 Chevron.

Brooklands, fin des années trente. Chris Staniland, pilote d'essai à Fairey Aviation s'attaque au record de vitesse de la classe 3 000 cm3, au volant d'une Multi-Union construite sur une base d'Alfa Romeo. Il s'appropria le record des 10 miles à 215,5 km/h, ainsi que celui de Brooklands (classe 3 litres) à 227,64 km/h.

Brooklands entre 1937 et 1939. L'on peut voir l'anneau de vitesse extérieur, et le circuit proprement dit à l'intérieur. Il semble très peu probable que cette piste soit un jour réutilisée, bien que l'on puisse toujours voir son tracé et ses virages relevés.

BROOKLANDS

Construit par H. F. Locke-King dans sa propriété de Weybridge dans le Surrey, ce circuit en forme de poire avec ses deux grandes courbes très rapides fut inauguré le 6 juillet 1907. C'était le premier véritable circuit construit pour les courses de voitures et il devint le centre de l'activité automobile de compétition en Angleterre. Il fut malheureusement détourné de sa vocation première pendant la seconde guerre mondiale, et racheté par Vickers Armstrong. Le record du grand circuit extérieur appartient à John Cobb, sur sa Napier-Railton, à 230,7 Km/h.

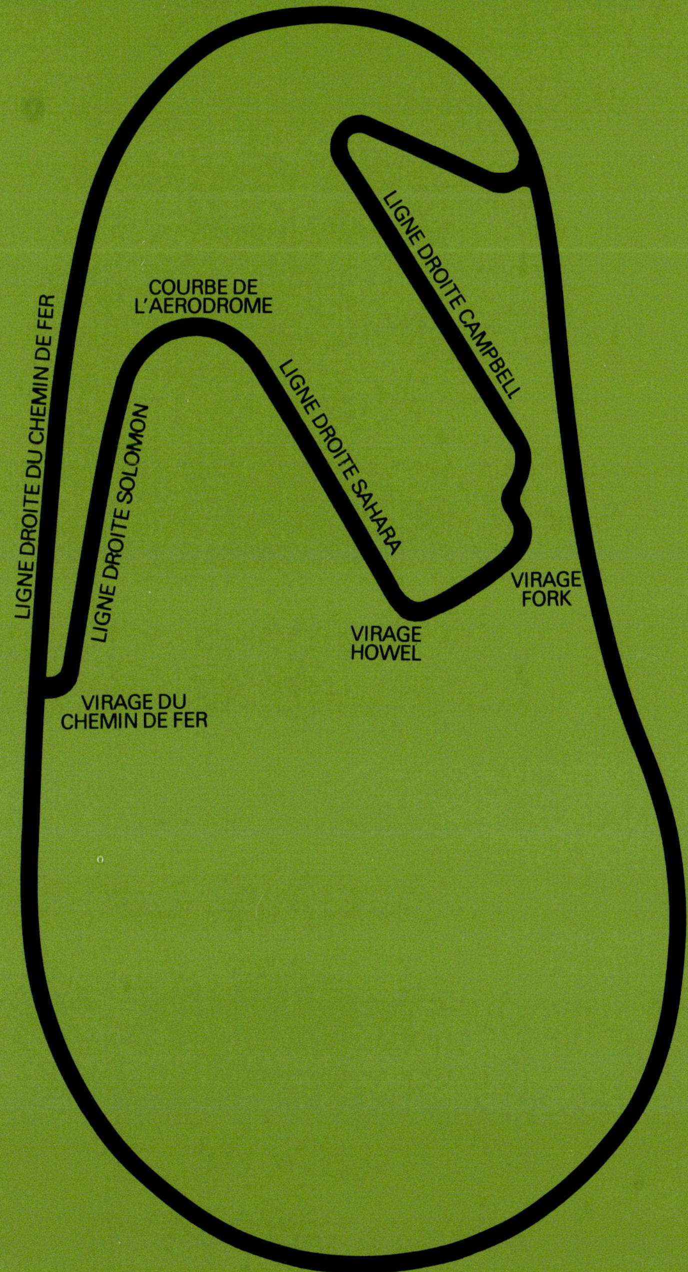

CLERMONT-FERRAND

Inauguré en 1958, ce splendide et difficile circuit des monts d'Auvergne comprend 57 virages dont 3 épingles, étalés sur une longueur de 8,05 km, et des différences de niveau allant jusqu'à 180 m. Le Grand Prix de France y fut organisé pour la première fois en 1965.

DAYTONA

Ce circuit de 6,13 km fut ouvert en 1959 et devint le haut lieu des épreuves de « Stock-Cars ». Chaque année en février y sont organisés les « 500 Miles » de Daytona épreuve comptant pour le championnat du monde des marques.

Richard Seaman, l'un des plus grands pilotes anglais qui fut le premier à se joindre à l'écurie Mercedes-Benz. On le voit ci-dessus au départ du Grand Prix de Donington, où ses espoirs de victoire s'envolèrent lorsqu'il entra en collision avec une autre voiture.

Daytona 1973. Le spectaculaire départ des 6 heures, organisées chaque année pour le Nascar. Les vitesses au tour atteignent 320 km/h.

Accidents habituels dans ce genre de course. Ceux-ci sont toutefois beaucoup plus spectaculaires que graves, grâces aux mesures de sécurité draconiennes.

DONINGTON PARK

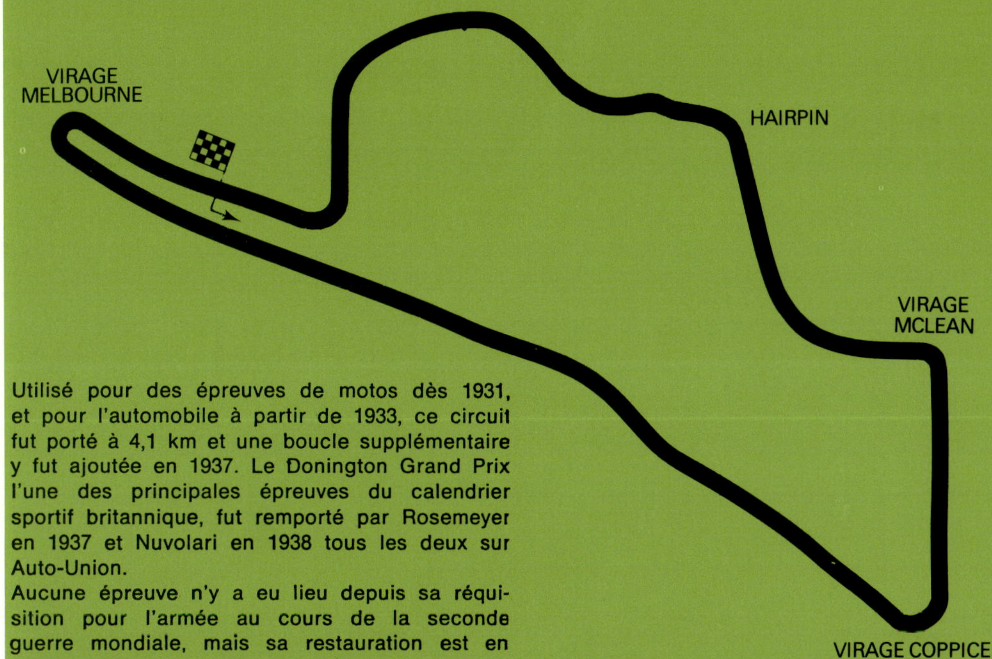

Utilisé pour des épreuves de motos dès 1931, et pour l'automobile à partir de 1933, ce circuit fut porté à 4,1 km et une boucle supplémentaire y fut ajoutée en 1937. Le Donington Grand Prix l'une des principales épreuves du calendrier sportif britannique, fut remporté par Rosemeyer en 1937 et Nuvolari en 1938 tous les deux sur Auto-Union.
Aucune épreuve n'y a eu lieu depuis sa réquisition pour l'armée au cours de la seconde guerre mondiale, mais sa restauration est en bonne voie.

FUJI INTERNATIONAL

Dominé par le mont Fuji, à l'ouest de Tokyo, ce circuit comporte deux pistes, d'une longueur de 4,3 km et de 6 km. Il fut inauguré en 1966 et est le théâtre du Grand Prix du Japon.

GOODWOOD

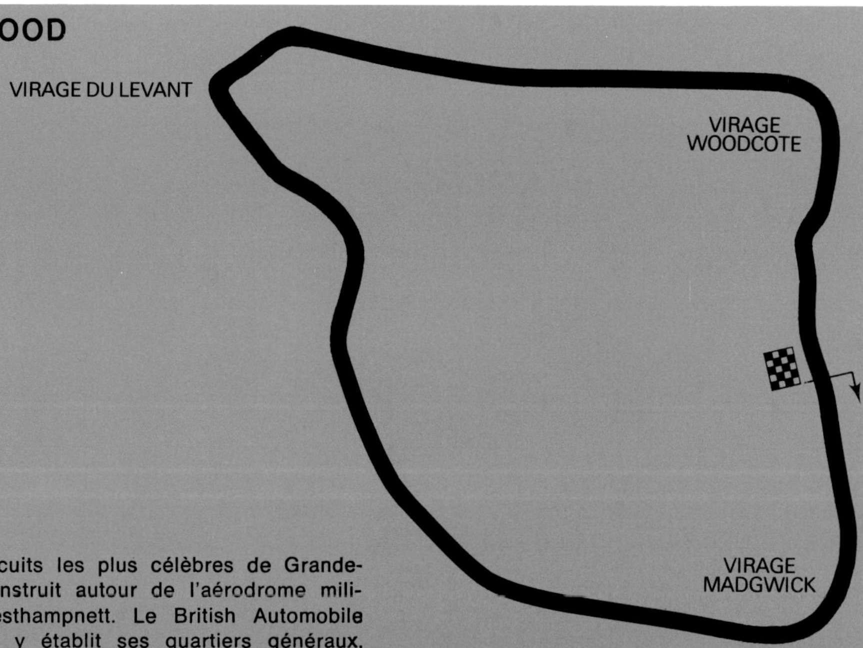

L'un des circuits les plus célèbres de Grande-Bretagne, construit autour de l'aérodrome militaire de Westhampnett. Le British Automobile Racing Club y établit ses quartiers généraux, et la piste devint l'un des hauts lieux des courses de club. Le Tourist Trophy y fut également organisé, et de nombreux essais s'y déroulent encore aujourd'hui.

Goodwood en 1952. Ce circuit était extrêmement fréquenté, et accueillait toutes les épreuves, de la Formule 1 aux courses de club. Les courses y étaient toujours âprement disputées. Ici une Jaguar XK 120 sort de la piste au cours d'une poursuite acharnée.

HOCKENHEIM

Hockenheim fut inauguré en 1939, mais ne fut véritablement utilisé qu'après la guerre. Ce circuit pittoresque construit dans les bois au sud d'Heidelberg fut le théâtre de nombreuses épreuves de F 3 et F 2 ainsi que du Grand Prix d'Allemagne en 1970. Jim Clark y trouva la mort en 1968.

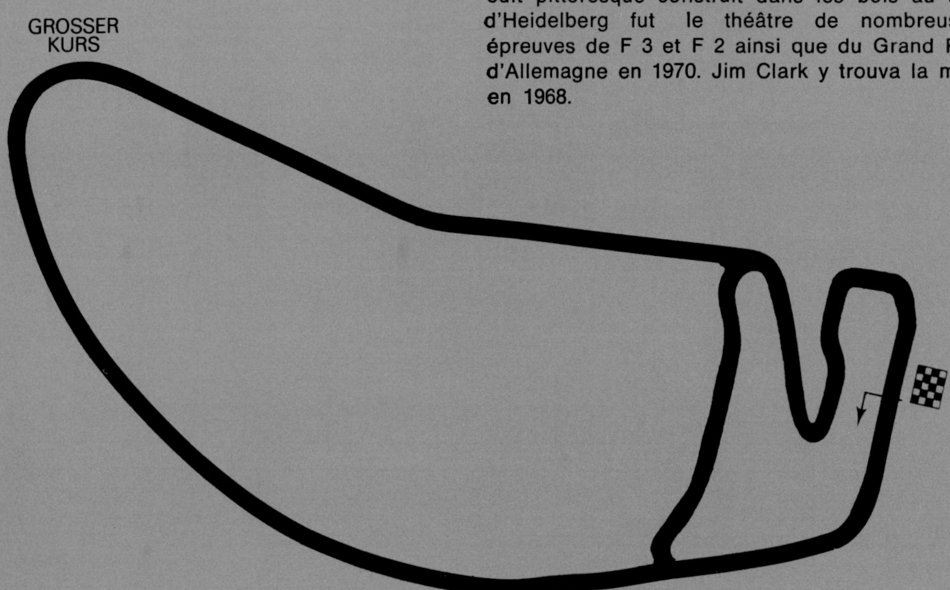

Vue aérienne d'Indianapolis. Le circuit le plus célèbre du monde comprend quatre virages à gauche, et était à l'origine pavé de briques. Le revêtement a changé depuis longtemps, mais une étroite bordure de briques a été conservée par tradition.

1915. Ralph de Palma remporte les « 500 Miles » au volant d'une Mercedes de 4,5 litres de cylindrée. C'est la seule fois que ce pilote inscrivit son nom au palmarès malgré dix participations, mais il détient toujours le record du nombre de tours parcourus en tête.

INDIANAPOLIS

Creuset du sport automobile américain et le plus vieux circuit toujours en activité depuis son inauguration en 1909, le « rectangle » de 4 km est un monde très particulier, et les fameux « 500 Miles » constituent la course la plus richement dotée du monde.

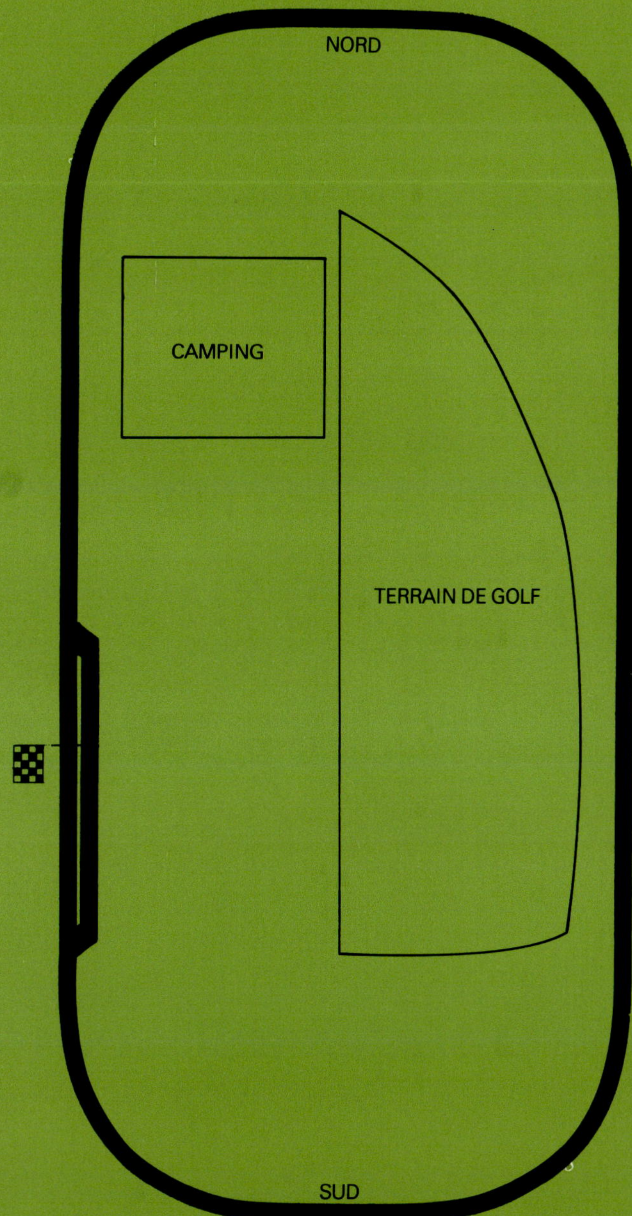

JARAMA

Situé dans les collines au nord de Madrid, ce circuit fut ouvert en 1967. Il comporte une douzaine de virages et une ligne droite de 800 mètres, pour une longueur totale de 3,4 km. Le Grand Prix d'Espagne y est organisé depuis 1970.

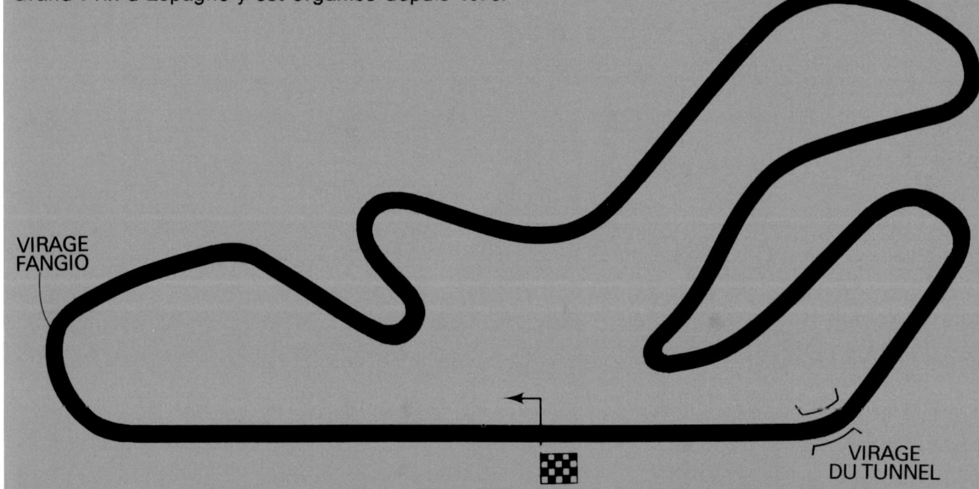

Jarama 1970. La Ferrari de Jacky Ickx et la BRM de Jacky Oliver entrent en collision pendant le premier tour du Grand Prix d'Espagne et prennent feu. Aucun des pilotes ne fut sérieusement blessé, bien que les secours ne se soient pas montrés capables de circonscrire rapidement l'incendie. La course fut remportée par le troisième Jackie (Stewart) sur March-Ford.

Le Mans en 1964 : les vainqueurs, Jean Guichet et Nino Vaccarella, sur Ferrari. C'était l'année du défi Ford, qui alignait les GT 40, destinées à vaincre les Ferrari. Trois années s'écoulèrent avant la première victoire de la firme américaine, en 1966.

KYALAMI

Ce circuit de 4 km près de Johannesbourg situé à 1 500 m d'altitude relève du circuit d'East London pour l'organisation du Grand Prix d'Afrique du Sud en 1967. C'est aussi le théâtre de la célèbre course d'endurance de neuf heures, réservée aux voitures de sport.

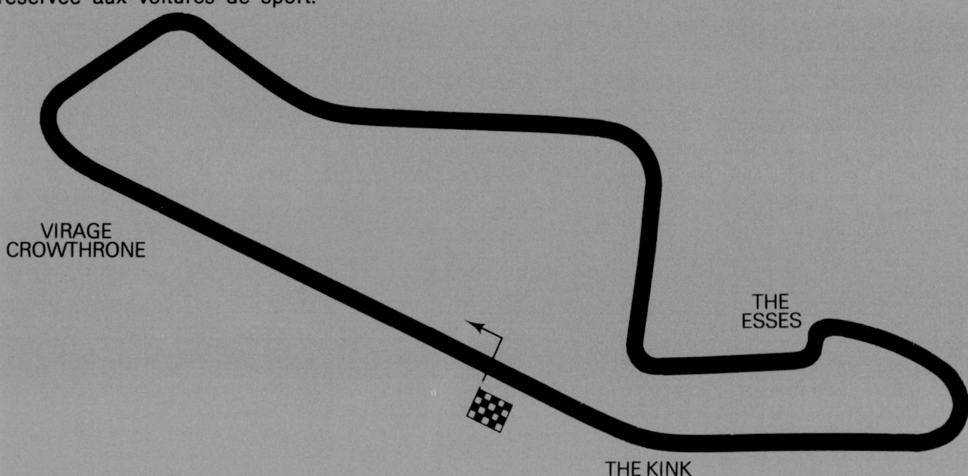

Monaco en 1956 : embouteillage à l'épingle du Gazomètre, juste après le départ. Stirling Moss, sur la Maserati n° 28 passe en tête, et gardera cette position jusqu'à la fin. L'on peut voir ici Harry Schell (Vanwall n° 16) et Fangio (Ferarri) à l'intérieur.

LE MANS

Bien que des courses aient été organisées aux alentours du Mans dès 1906, un nouveau circuit fut construit en 1920, et modifié sous sa forme présente en 1933. La course des « 24 Heures du Mans » est la plus célèbre du monde.

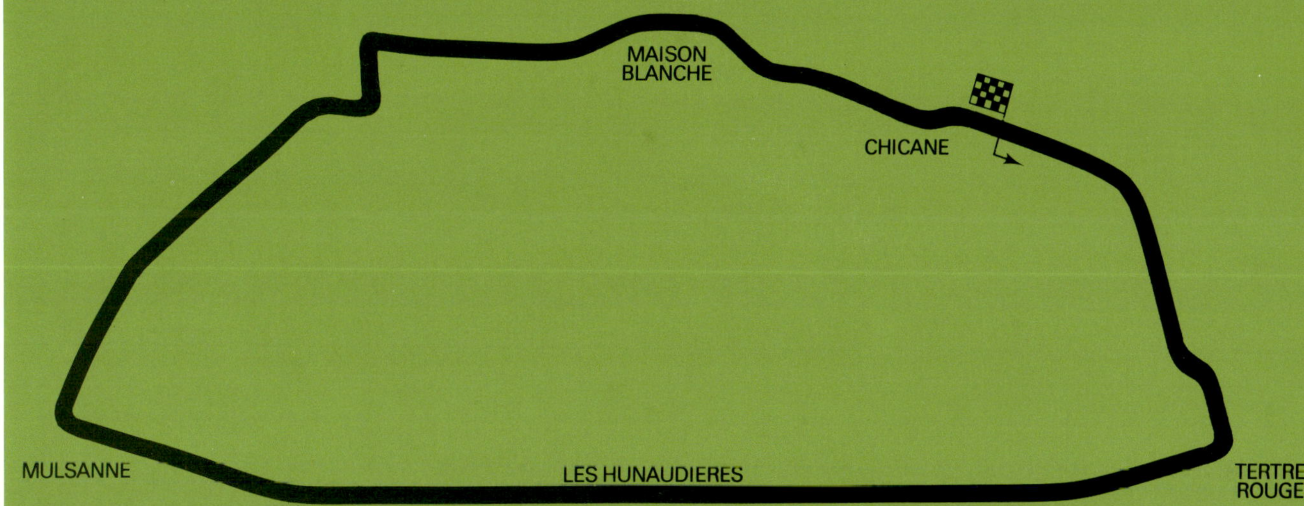

MONACO

Organisé en 1929 entièrement sur le sol monégasque, le Grand Prix de Monaco se court sur un circuit empruntant les rues de Monte-Carlo. Cette épreuve, l'une des plus célèbres du monde est aussi l'une des plus difficiles, tant pour les pilotes que pour les voitures.

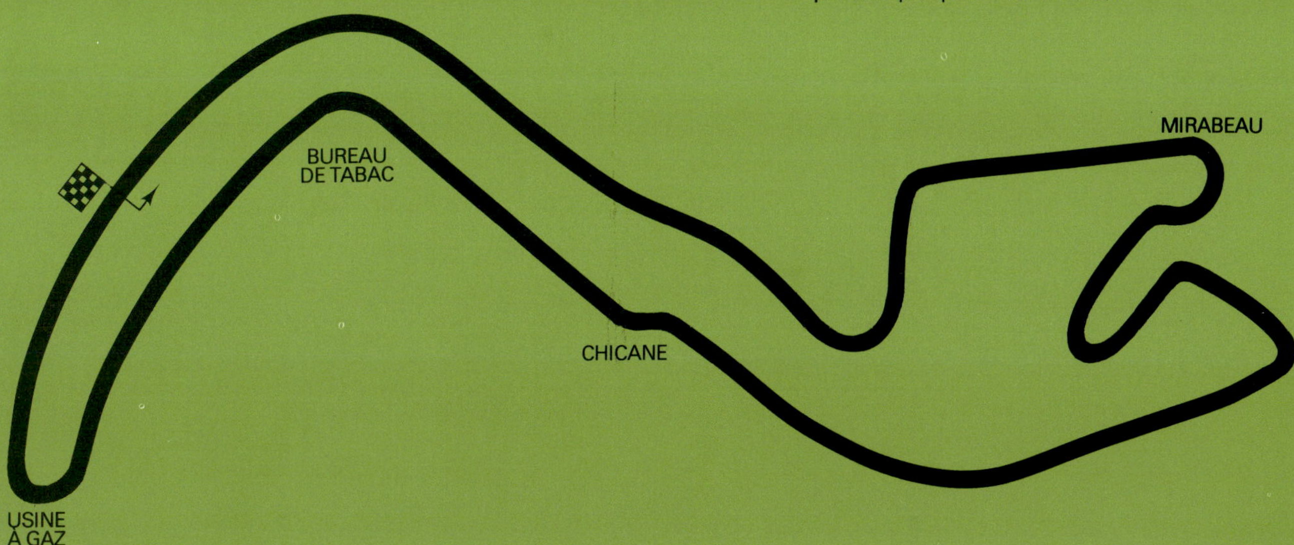

MONTLHERY

L'ovale parabolique de 2,5 km construit en 1924 dans la région parisienne fut raccordé à un circuit routier portant la longueur de l'ensemble à 12,5 km. Ce fut le haut lieu du sport automobile français entre les deux guerres, et c'est là qu'eurent lieu presque toutes les tentatives de records d'endurance. Ce circuit est aujourd'hui principalement utilisé pour des essais.

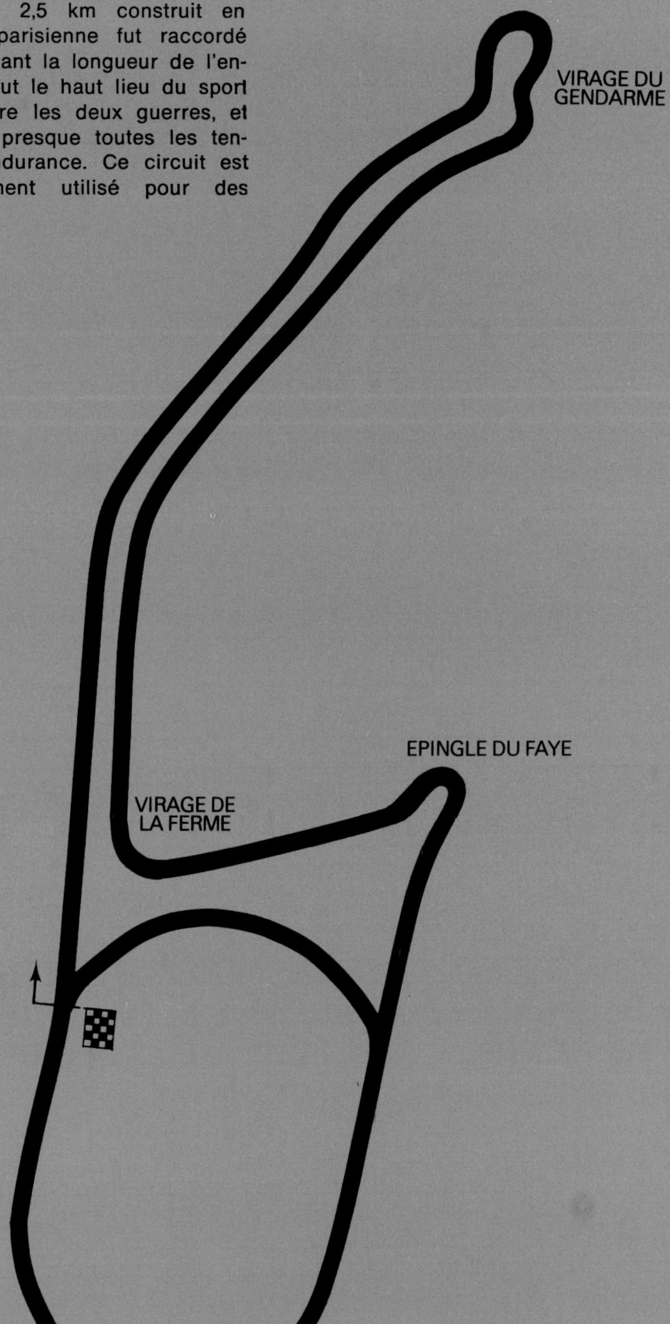

Montlhéry en 1936. Le Grand Prix de France en 1936 et 1937 fut réservé aux voitures de sport, et l'on voit ici le départ de l'édition 1936, remportée par Jean-Pierre Wimille et Raymond Sommer, sur une Bugatti 3,3 litres.

Montlhéry : Grand Prix de France 1925. Les trois Alfa Romeo d'usine rejoignent la grille de départ. Elles avaient été les plus rapides aux essais, mais se retirèrent de la course lorsque leur pilote numéro un, Antonio Ascari se tua alors qu'il était en tête.

MONZA

Situé dans un parc près de Milan, l'autodrome de Monza fuf construit en 1922, et est considéré comme un véritable temple par 55 millions d'Italiens. Théâtre de tant de rencontres historiques, le circuit fait maintenant 5,7 km de long et est l'un des plus rapides du monde.

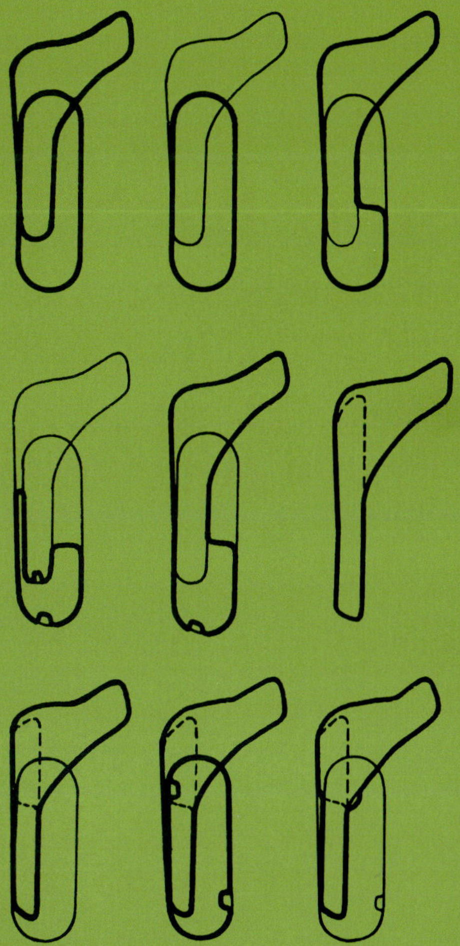

Quelques-unes des possiblités du circuit de Monza. La longueur varie de 4,31 km à 10 km.

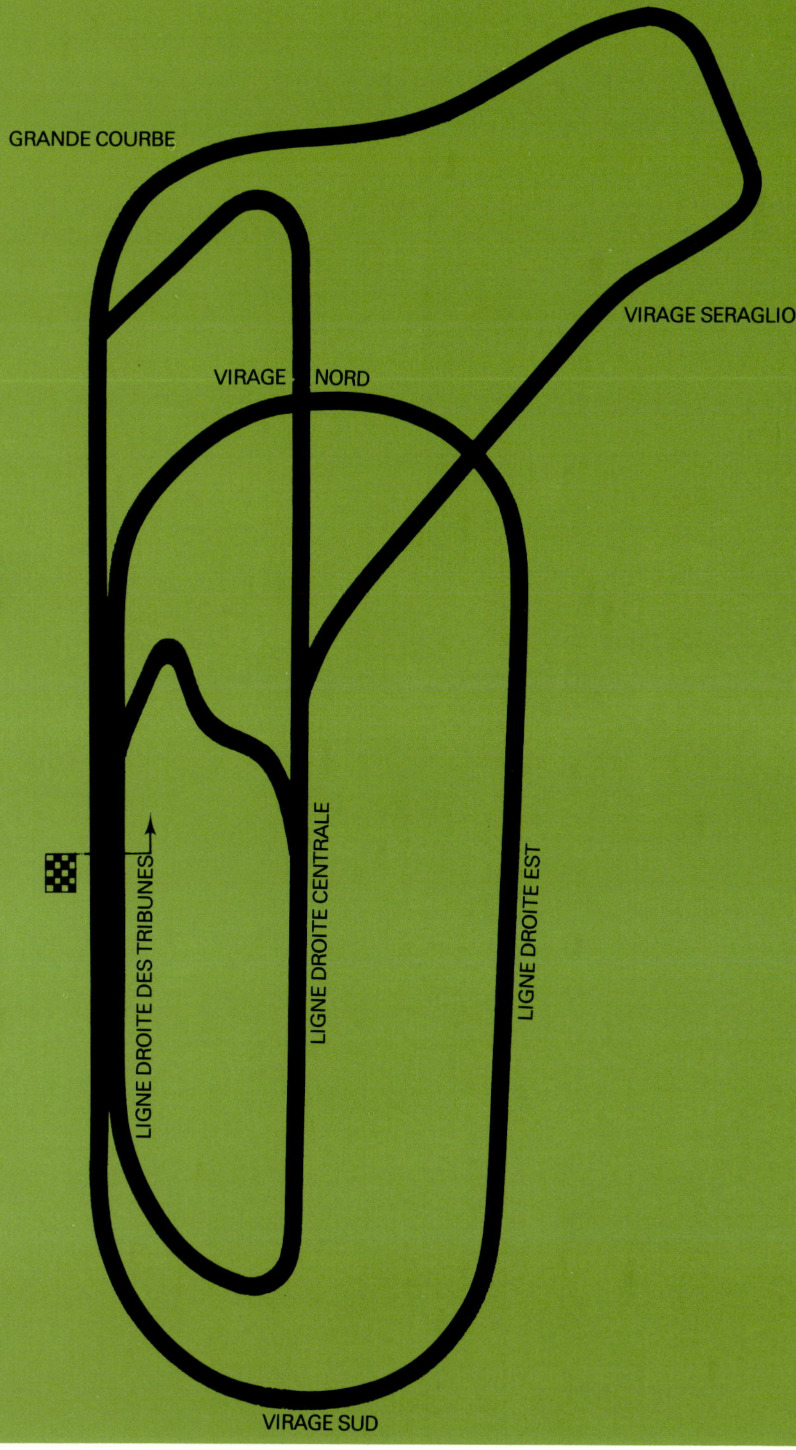

MOSPORT

Stirling Moss y remporta la course d'inauguration en 1961, et un virage porte son nom. Le nom de ce splendide circuit canadien construit dans les collines surplombant le lac Ontario est en fait l'abréviation télégraphique de motor sport. Des épreuves de la Trans-Am, de la Can-Am et le Grand Prix du Canada se déroulent sur cette piste de 4 km de long.

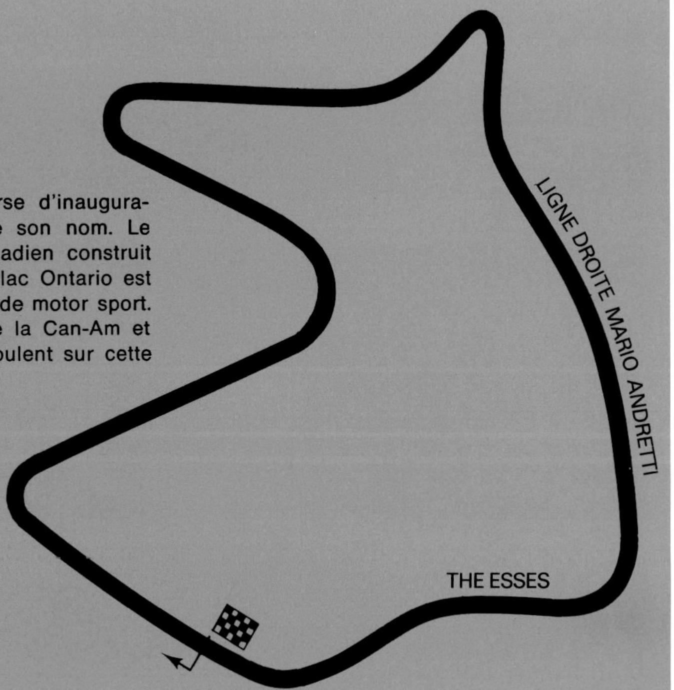

Mosport en 1964 : rafraîchissements pour le vainqueur. Bruce McLaren effectue un tour d'honneur après sa victoire dans les deux manches de la « Player 200 Miles International Sport Car race » qu'il remporta au volant d'une Zerex Special.

NURBURGRING

Circuit imposant construit en 1927 dans les montagnes de l'Eiffel, le « Ring » reste aujourd'hui le plus long et le plus difficile circuit du monde avec ses 91 virages à gauche et 85 virages à droite. Les parties nord et sud du circuit atteignent une longueur totale de 29 km, mais seul le circuit nord (22,84 km) est utilisé de nos jours.

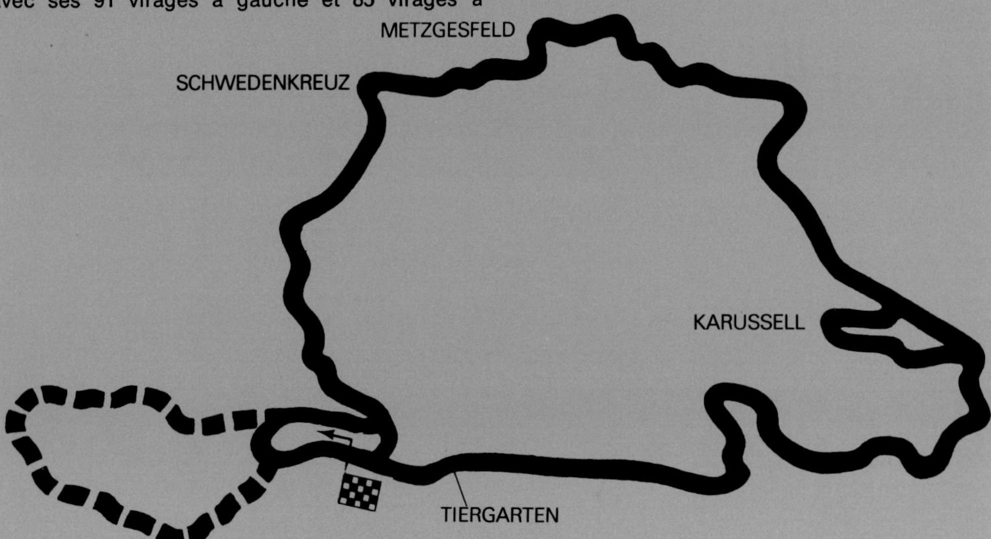

Au Nurburgring en 1937. Les deux grandes courses annuelles qui s'y déroulaient étaient, le Grand Prix d'Allemagne, et les courses de l'Eiffel. Cette dernière épreuve fut remportée en 1937 par Bernd Rosemeyer, que l'on voit ici au volant de son Auto Union à moteur central de 6 000 cm3, 16 cylindres à compresseur.

L'Osterreichring en 1970 : Le Grand Prix d'Autriche fut remporté par Jacky Ickx au volant d'une Ferrari.

OSTERREICHRING

A partir de 1958, l'aérodrome de Zeltweg; près de Graz, a été le haut lieu du sport automobile autrichien. Un nouveau circuit de 5,9 km a été construit dans les collines non loin de l'ancien, et fut inauguré en 1969.

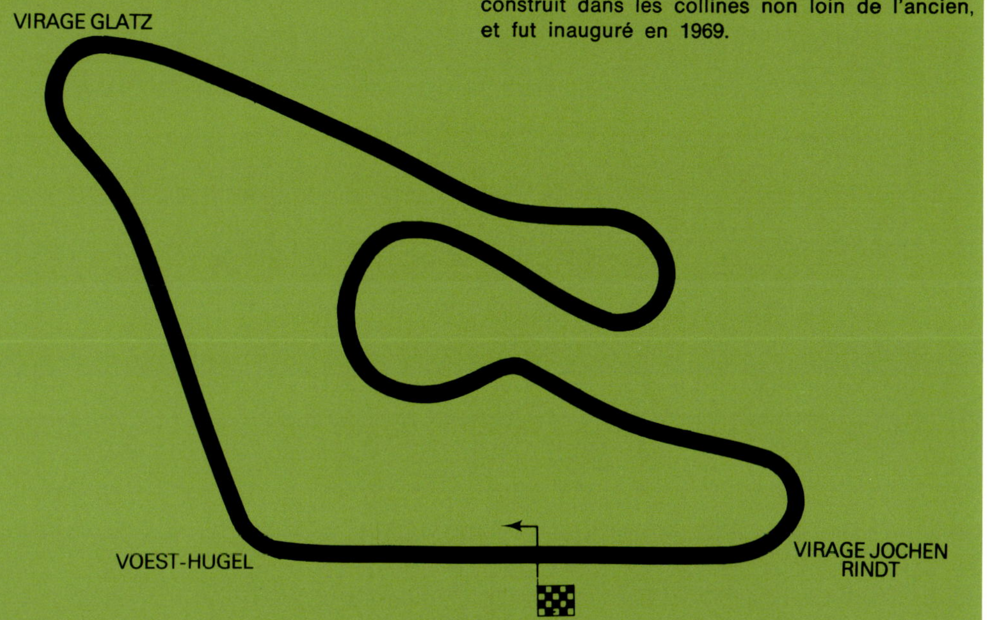

PUKEKOHE

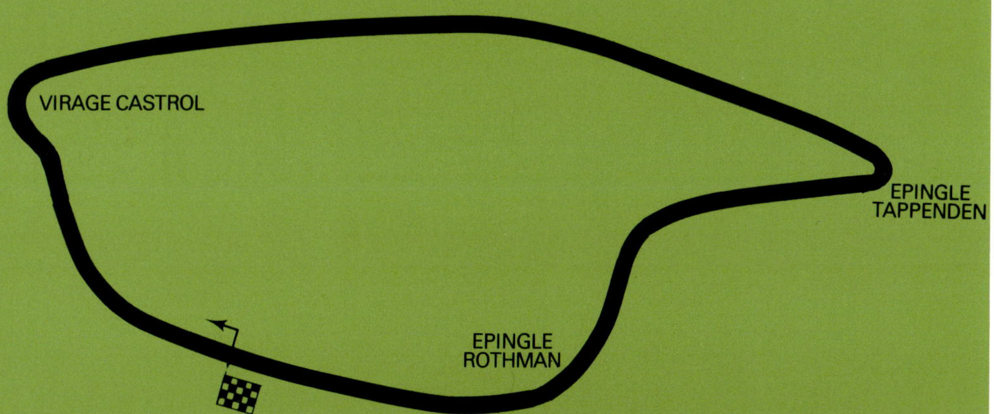

C'est là que se déroule le Grand Prix de Nouvelle-Zélande, depuis son inauguration en janvier 1963. Pukekohe est le principal circuit de Nouvelle-Zélande. Trois possibilités sont offertes : une piste de 3,5 km pour des épreuves comme les « 500 Miles Benson et Hedges » réservées aux voitures de production, la piste réservée aux grandes épreuves internationales, longue de 2,82 km, et un petit circuit de 1,21 km réservé aux courses de club.

REIMS

Circuit le plus rapide de France et théâtre d'une course de douze heures dont le départ se donnait à minuit, ainsi que de nombreux Grands Prix, le circuit de la Champagne utilisait un triangle de routes publiques de 8 km de long tout près de la ville. La descente de l'étroite RN 131 était appelée « Le plus beau panorama d'Europe » par les pilotes.

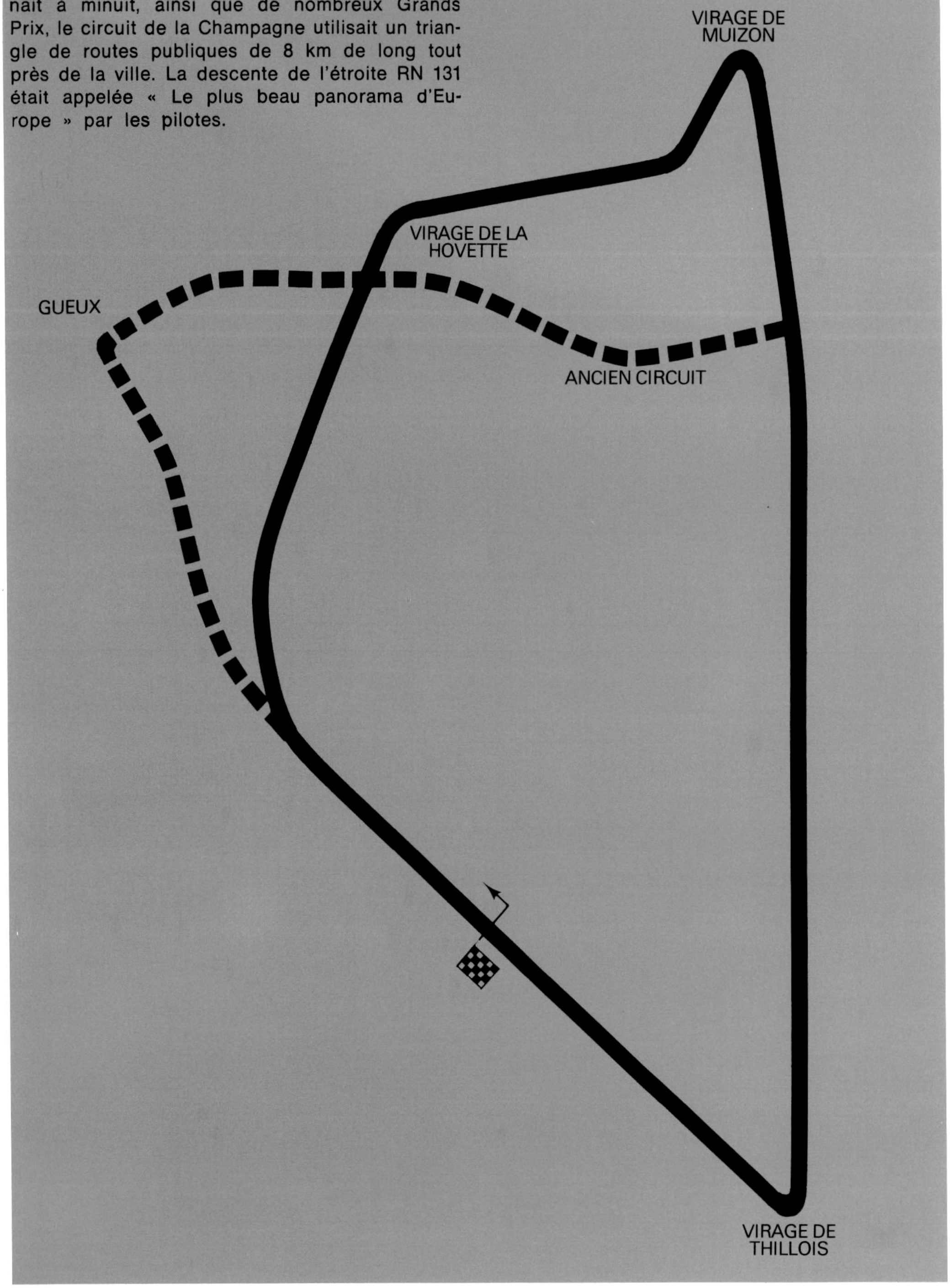

Une McLaren Can Am à Riverside. C'est des rencontres traditionnelles de l'automne à Laguna Seca. C'est à Riverside que naquit la Can-Am, officiellement créée en 1966.

Reims 1939 : L'intouchable Tazio Nuvolari au volant de l'Auto-Union 3 litres au cours du Grand Prix de France. Bien qu'ayant commencé sa carrière en 1922, il fut le meilleur pilote des années trente, remportant son dernier Grand Prix à Belgrade en Yougoslavie le jour même de la déclaration de guerre, le 3 septembre 1939.

Reims 1947 : Louis Chiron au volant d'une 4,7 litres Talbot, entrant dans le village de Gueux, pendant le Grand Prix de la Marne. Une bretelle évitant le village fut construite en 1952, mais le circuit y perdit beaucoup de son caractère.

RIVERSIDE

Ouvert dans le désert de Californie, à une centaine de kilomètres à l'est de Los Angeles, ce circuit au tracé variable en fonction du type d'épreuves, est le théâtre de courses Trans-Am, Stock-cars, Can-Am, ainsi que de nombreuses courses de clubs.

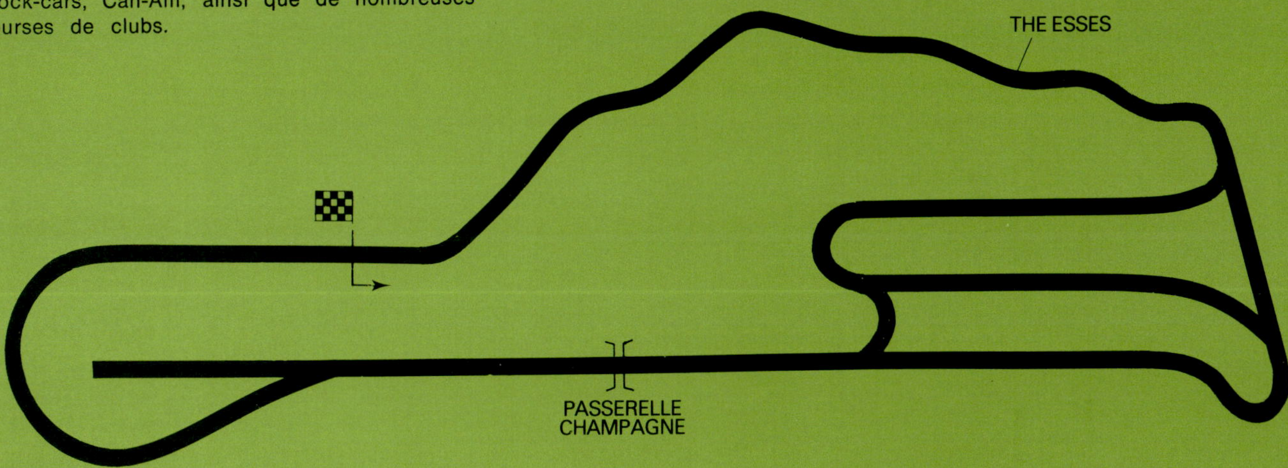

ROAD AMERICA

Ce circuit de 6,4 km fut construit à la suite de la promulgation d'une loi de l'état du Wisconsin interdisant toute course sur le domaine public. Edifié dans le magnifique paysage du lac Elkhart, il accueillit des courses de voitures de sport au début des années 50, et est maintenant le théâtre d'épreuves Trans-Am, Can-Am, et Formule A.

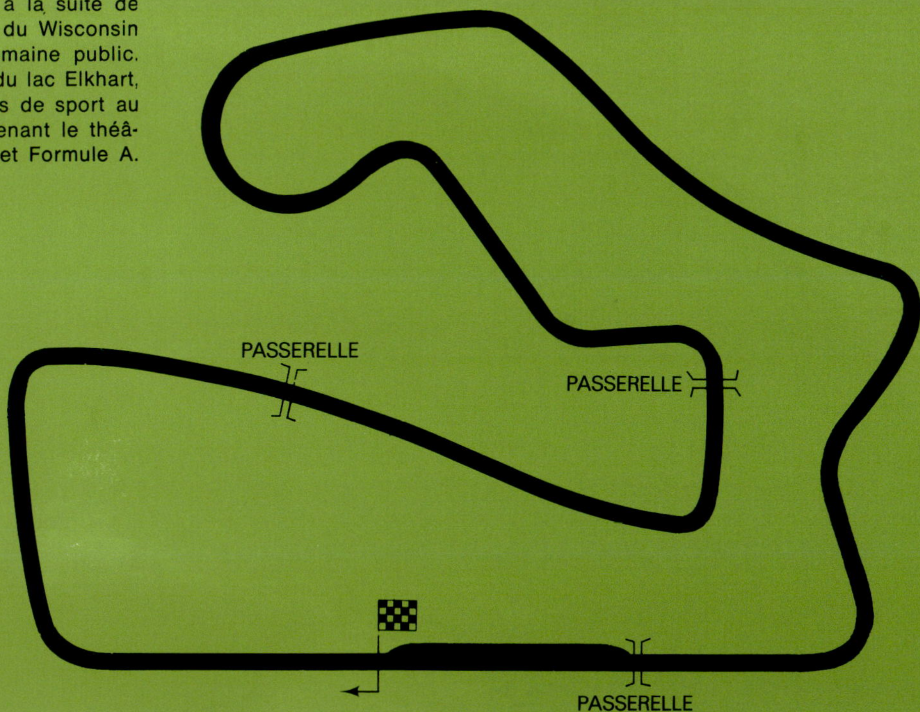

ROUEN

Juste après la deuxième guerre mondiale, le circuit tourmenté situé au sud de Rouen fut transformé en une piste de 4,1 km de long ou furent organisés de nombreux Grands Prix.

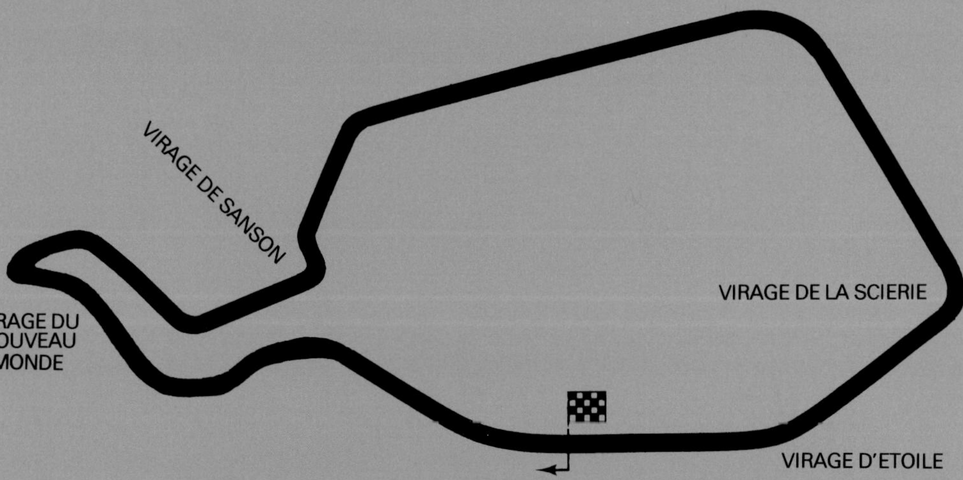

Rouen en 1968 : Jo Schlesser, le populaire pilote franco-malgache, qui trouva la mort au cours de ce Grand Prix de France 1968. Schlesser pilotait la nouvelle Honda expérimentale à refroidissement par air que l'on voit sur la photo.

SEBRING

Les épreuves d'endurance pour voitures de sport type le Mans furent inaugurées aux U.S.A. le 31 décembre 1950 par Alex Ulmann, sur un aérodrome désaffecté près de Sebring en Floride. C'est sur ce circuit de 8,4 km que se déroulèrent parmi les plus célèbres épreuves de voitures de sport, en particulier les « 12 Heures », courses courues de midi à minuit.

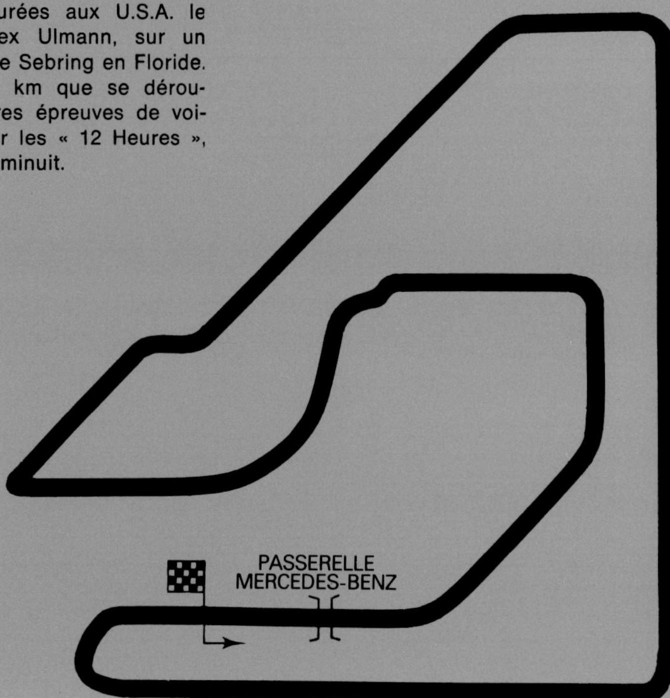

Silverstone en 1956. On voit ici Stirling Moss au volant d'une Maserati 250 F au cours du Grand Prix d'Angleterre. L'épreuve fut remportée par Fangio, sur Ferrari. Bien que Moss parvînt à cette époque au sommet de son talent, Fangio demeurait le maître incontesté. Moss se classe en seconde position derrière Fangio au championnat du Monde en 1955, 56 et 57.

SILVERSTONE

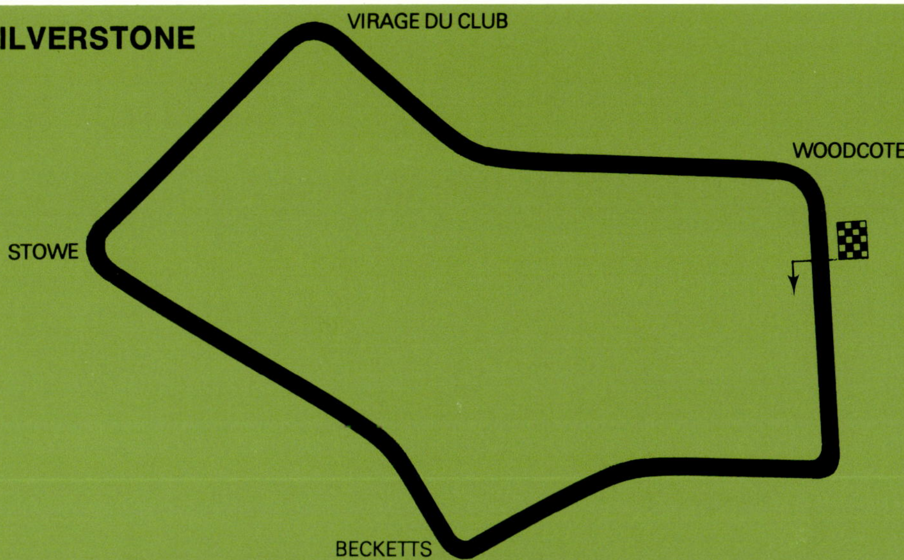

Propriété du British Racing Driver's Club, cet aérodrome de la région de Northampton fit pour la première fois parler de lui lorsque le R.A.C. décida d'y organiser le Grand Prix d'Angleterre en 1948, utilisant les deux pistes ainsi que des pistes de liaison. En 1952 le circuit fut modifié à sa longueur actuelle (4,6 km) et les épreuves de toute sorte s'y succèdent, depuis les Grands Prix jusqu'aux courses de club.

Spa Francorchamps en 1965 : Graham Hill mène la course au volant de sa BRM V8, pendant le Grand Prix de Belgique, suivi de près par Jim Clark, sur Lotus, qui remporta l'épreuve. Clark empocha son deuxième titre de champion du Monde, après ses victoires dans les Grands Prix d'Afrique du Sud, Belgique, Grande Bretagne, Allemagne et Pays-Bas.

SPA FRANCORCHAMPS

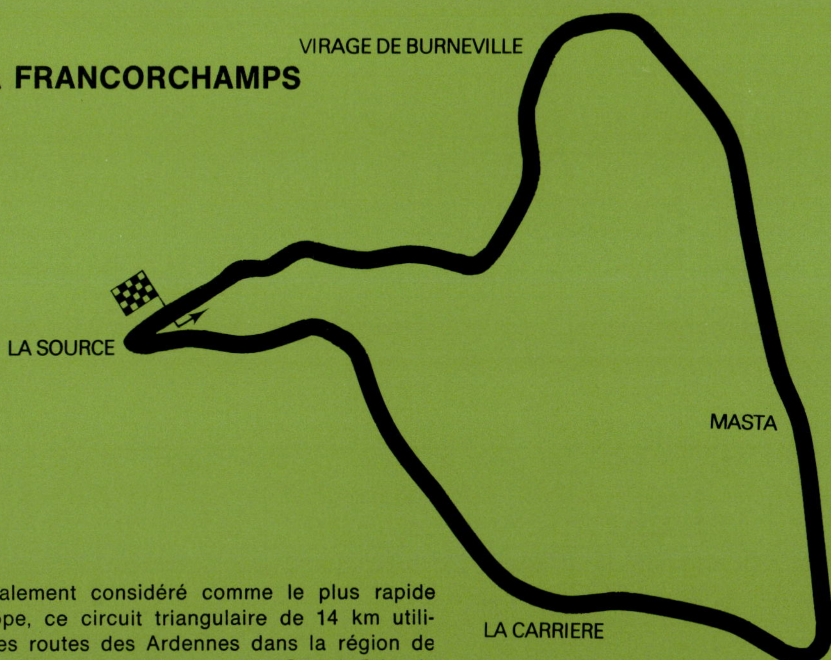

Généralement considéré comme le plus rapide d'Europe, ce circuit triangulaire de 14 km utilisant les routes des Ardennes dans la région de Spa est le site traditionnel du Grand Prix de Belgique, bien que maintenant, pour des raisons de sécurité, son avenir semble compromis.

WARWICK FARM

Ouvert en 1960 à une trentaine de kilomètres de Sydney, Warwick Farm est le circuit le plus important d'Australie. Il a été construit autour d'un champ de courses, et appartient à l'Australian Jockey Club et à l'Australian Automobile Racing Co Ltd. La longueur du grand circuit est de 3,62 km bien qu'il y ait un circuit de 1,45 km réservé aux épreuves mineures.

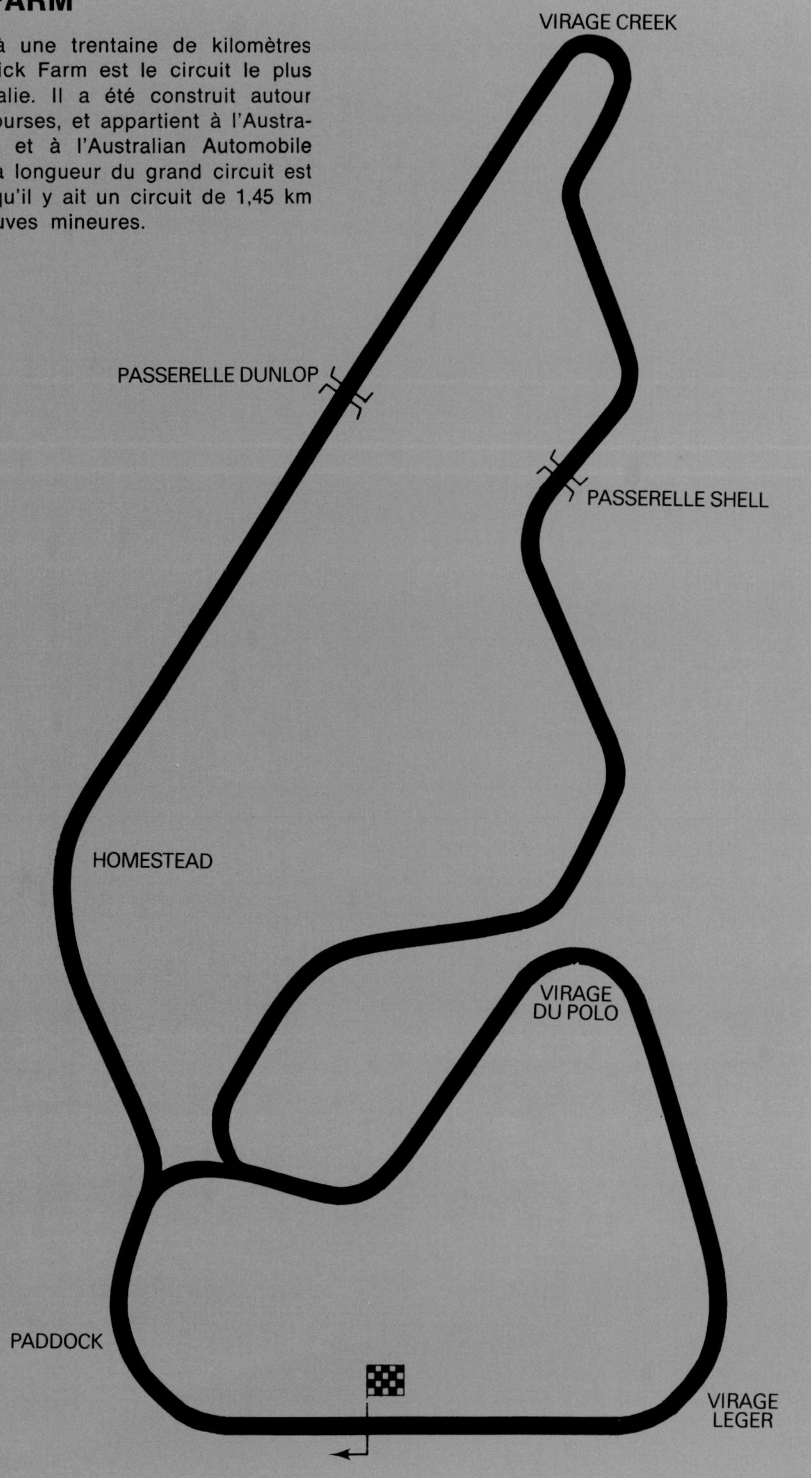

Warwick Farm a été choisi comme lieu d'arrivée du Marathon Londres-Sidney en décembre 1968. Le rallye était organisé par le journal anglais « Daily Express » qui offrait 24 000 dollars au premier. Les concurrents devaient se rendre à Bombay, où les attendait un bateau pour Freemantle, en Australie.

Le Premier ministre de la Nouvelle Galles du Sud (photo du haut) abaisse le drapeau à damiers à l'arrivée de la voiture gagnante, l'Hillman Gt Hunter conduite par Andrew Cowan, Brian Coyle et Colin Malkin. Cinquante-six voitures sur quatre-vingt-dix-huit au départ terminèrent l'épreuve.

Watkins Glen 1974 : les voitures au départ du Grand Prix des Etats-Unis, Emerson Fittipaldi remporta l'épreuve sur McLaren s'emparant de son deuxième titre mondial. Le circuit comprend des stands séparés de la piste, protégés par de larges glissières de sécurité. C'est sur ce circuit que François Cevert en 1973 trouva la mort.

WATKINS GLEN

Les courses sur routes ouvertes, complètement oubliées à cause du succès d'Indianapolis pendant des dizaines d'années furent remises à la mode par Cameron Argetsinger au lac Seneca, près de New-York en 1948. Après quatre années sur routes ouvertes, un circuit permanent fut installé, d'une longueur de 3,7 km, puis de 5,44 km, où se déroule le Grand Prix des Etats-Unis depuis 1971.

ZANDVOORT

Théâtre du Grand Prix de Hollande depuis 1950, Zandvoort fut construit peu après la guerre dans les dunes près de la mer. Le circuit fait 4,23 km de long, et la ligne droite est parallèle à la plage. Jusqu'à ces dernières années, malgré le vent et le sable, Zandvoort était considéré comme un circuit plutôt sûr, mais il a été endeuillé par les accidents qui ont coûté la vie à Piers Courage et Roger Williamson.

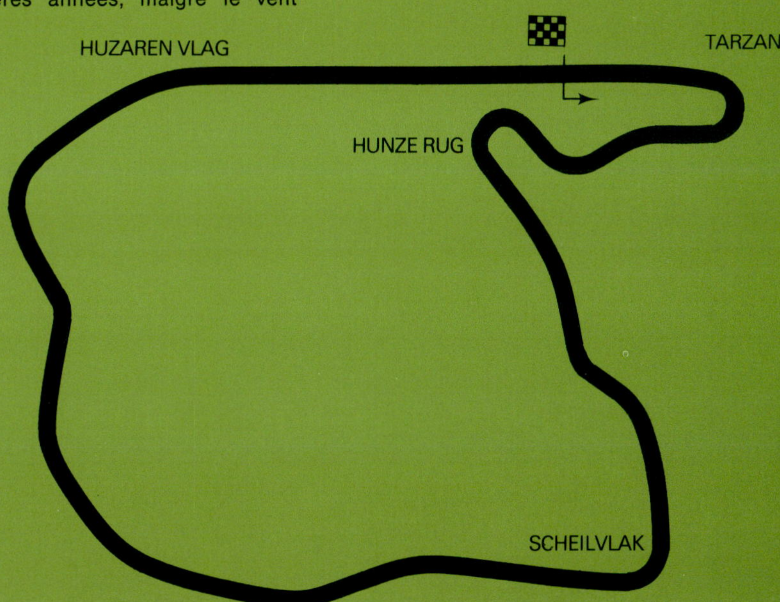

Zandvoort 1968 : Premier tour du Grand Prix des Pays-Bas. Les voitures se disputent le passage dans le premier virage ; l'épreuve fut remportée par Jackie Stewart, sur une Matra Ford engagée par Ken Tyrrell. C'était la première fois que Stewart gagnait aux Pays-Bas ; il réédita cette victoire en 1969 et 1973.

Rallyes et courses de côtes

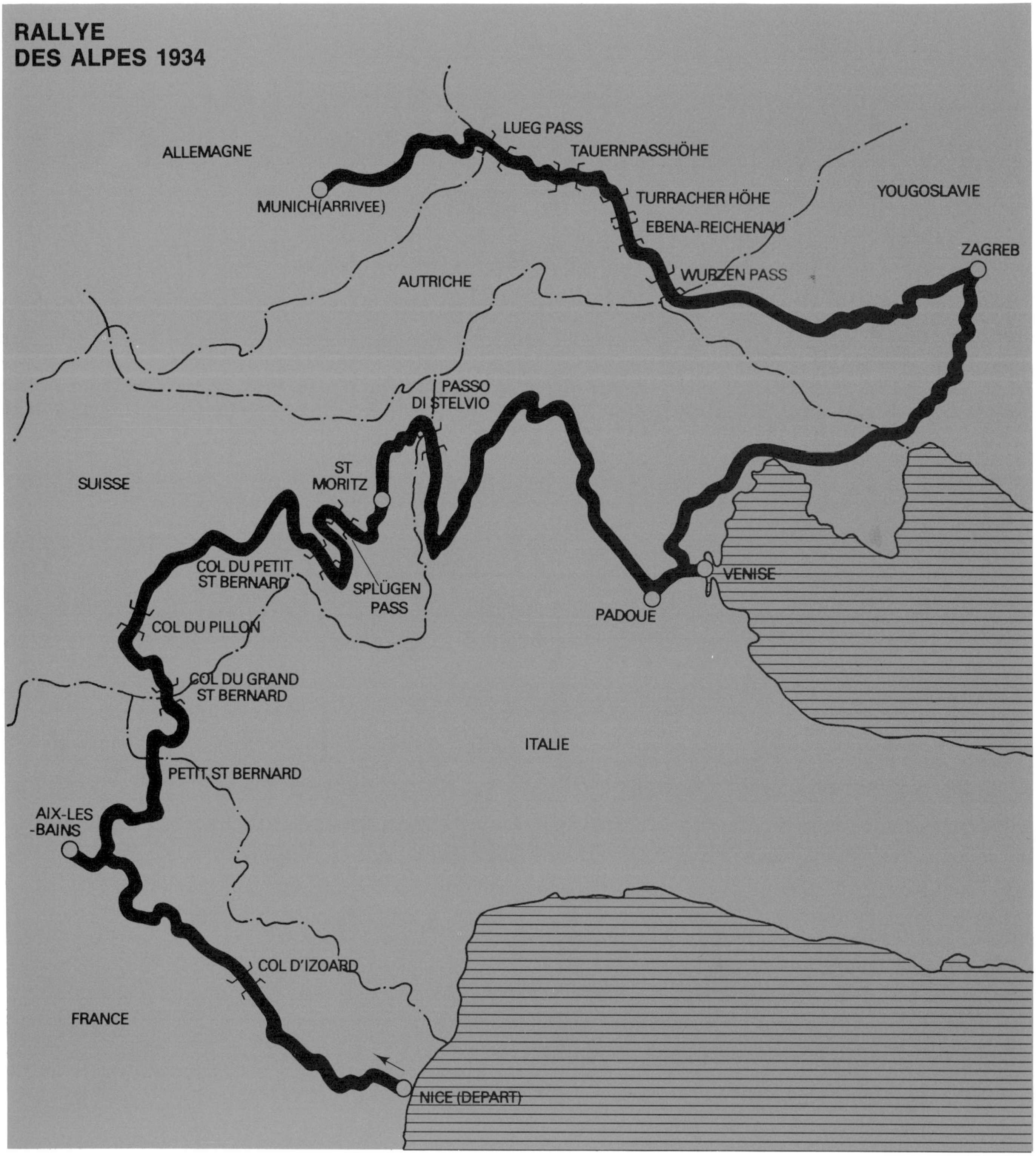

Comme la plupart des rallyes le Rallye des Alpes (à gauche) a changé d'itinéraire et de nom, depuis le Rallye Autrichien des Alpes, le Rallye International des Alpes jusqu'à la Coupe des Alpes. Cette carte de l'itinéraire 1934 nous montre que l'épreuve traversait la France, la Suisse, l'Autriche, l'Italie, la Yougoslavie et l'Allemagne. Il allait falloir attendre 1956 pour que l'épreuve puisse passer à nouveau en Yougoslavie. Cette épreuve a perdu beaucoup d'importance ces dernières années, et, lorsqu'elle a lieu, n'est plus considérée que comme un rallye Franco-Autrichien.

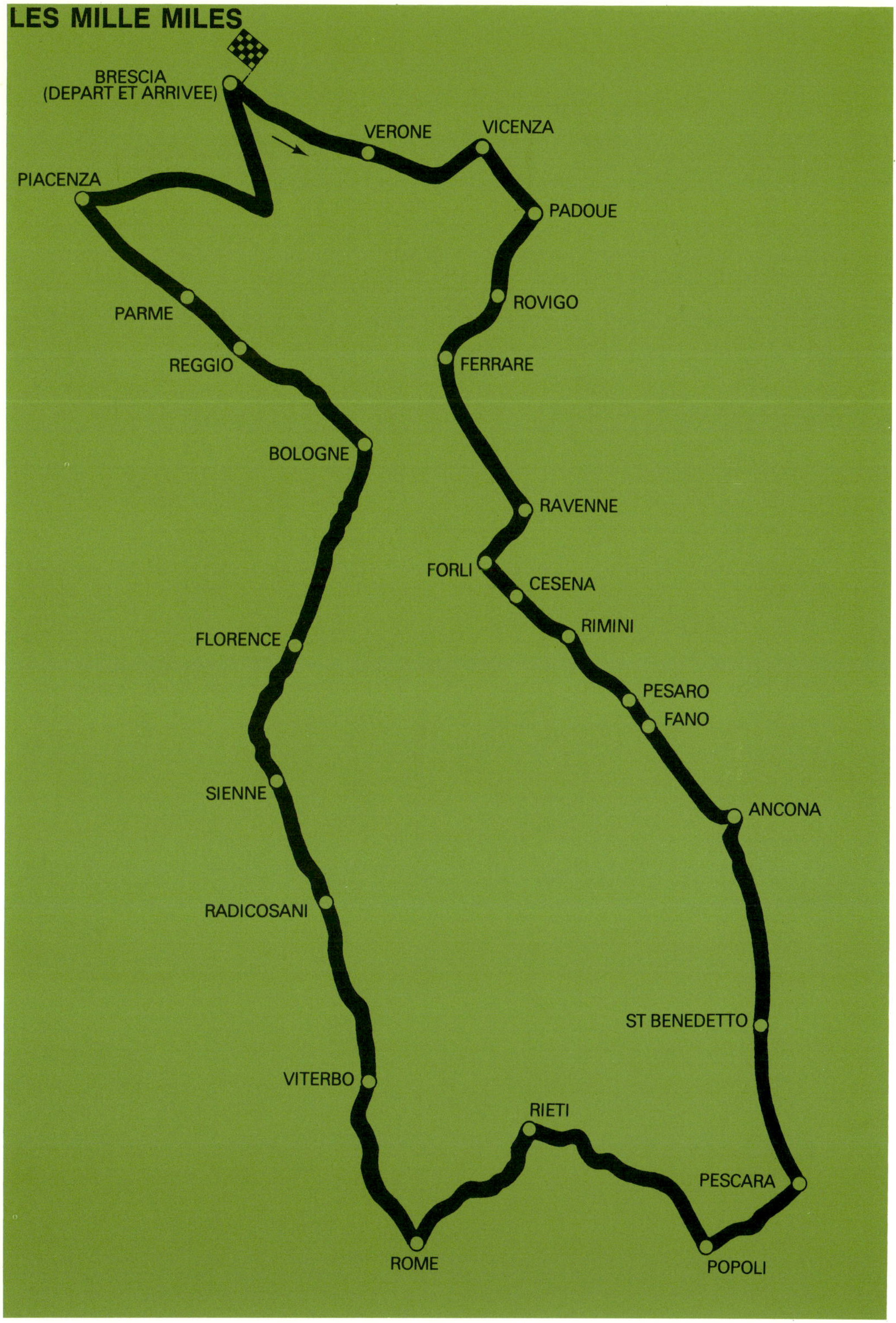

Hélas aujourd'hui abandonné après le tragique accident qui en 1957 coûta la vie au marquis de Portago et à Edward Nelson, ainsi qu'à onze spectateurs, la course des Mille Milles fut organisée pour la première fois en 1927. Elle s'inspira au départ des 24 Heures du Mans.
Cette épreuve fut, à deux exceptions près, toujours remportée par des équipages italiens.

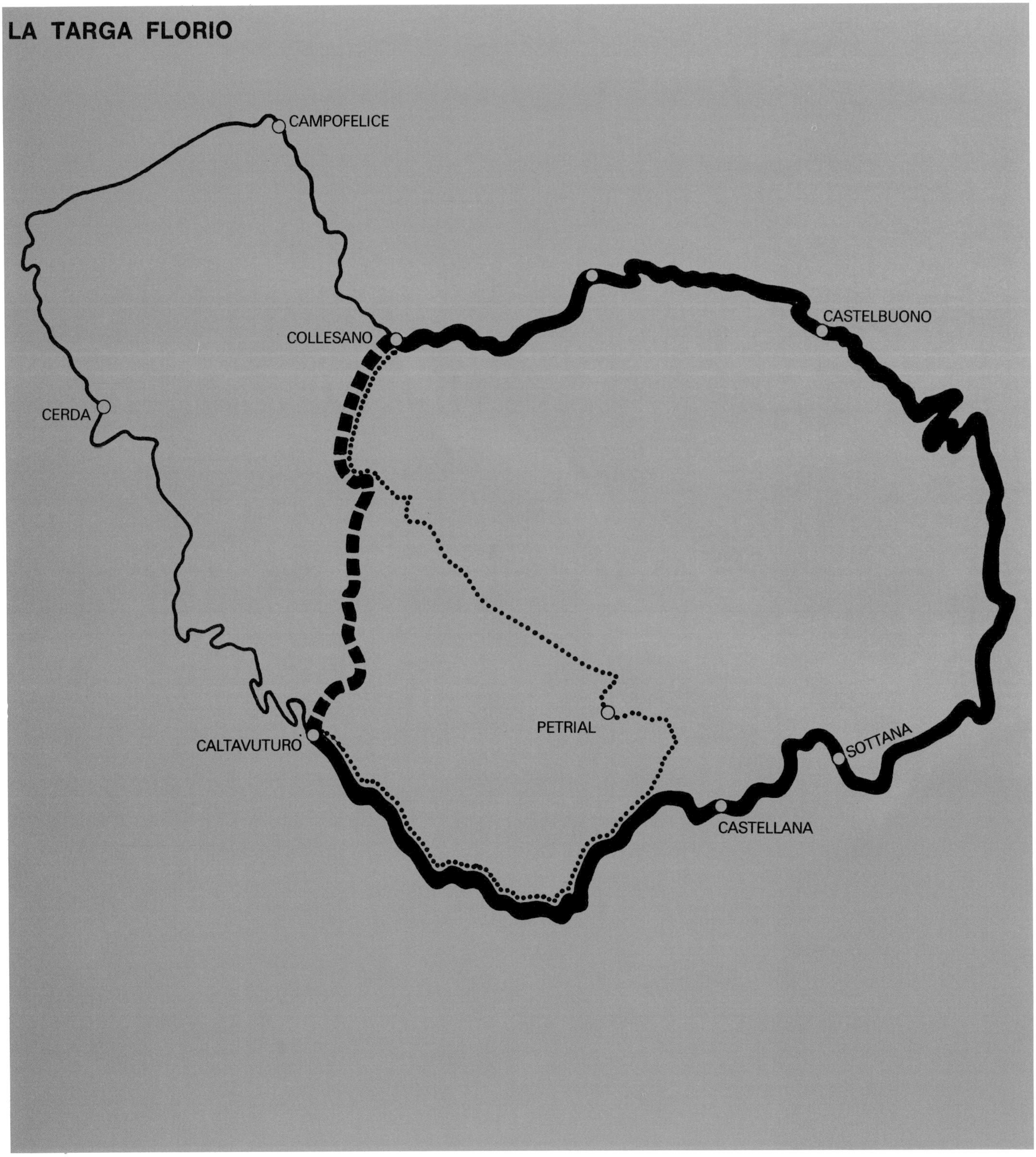
LA TARGA FLORIO
CAMPOFELICE
COLLESANO
CERDA
CASTELBUONO
CALTAVUTURO
PETRIAL
SOTTANA
CASTELLANA

La Targa Florio (page de gauche) est l'œuvre d'un seul homme, Vincenzo Florio (1883-1958). Elle se courut pour la première fois en 1905 et a toujours lieu à ce jour, bien que sous une forme entièrement différente, sur circuit fermé. Les trois itinéraires utilisés. lors de sa grande période étaient le grand circuit des Madonies (148,83 km) jusqu'en 1914, un circuit plus court (108 km) entre 1919 et 1930, et le petit circuit des Madonies (72 km) de 1932 à 1936, et ensuite de 1950 à 1973.

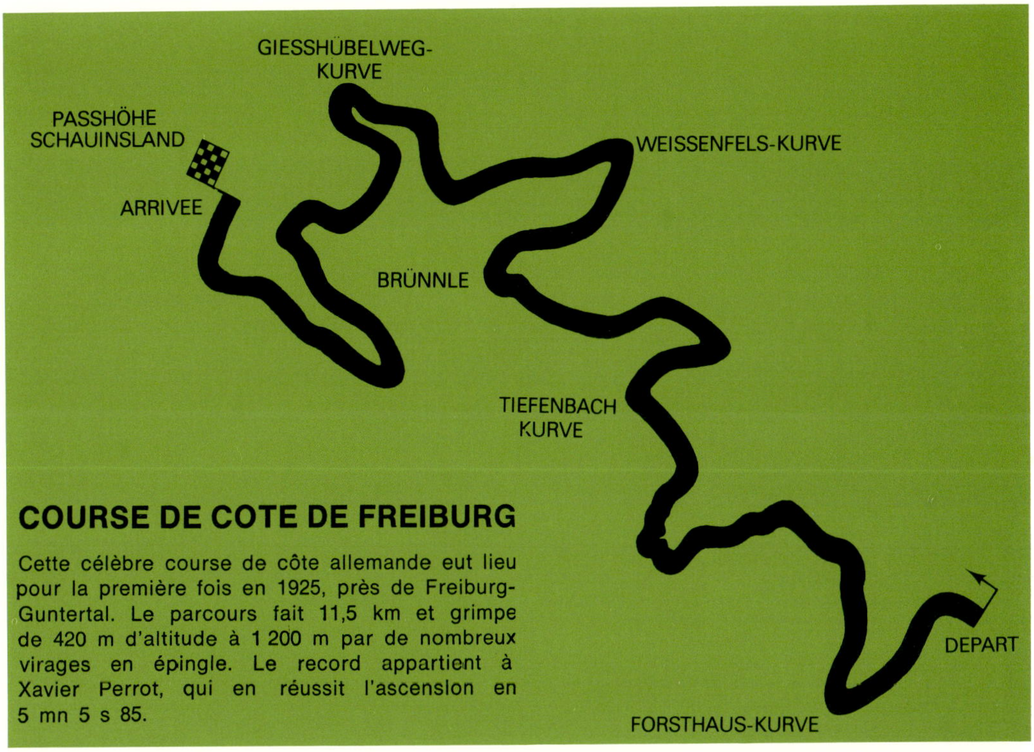

COURSE DE COTE DE FREIBURG

Cette célèbre course de côte allemande eut lieu pour la première fois en 1925, près de Freiburg-Guntertal. Le parcours fait 11,5 km et grimpe de 420 m d'altitude à 1 200 m par de nombreux virages en épingle. Le record appartient à Xavier Perrot, qui en réussit l'ascension en 5 mn 5 s 85.

MONT VENTOUX

C'est la plus ancienne course de côte du monde. Elle fut organisée pour la première fois en 1902. Le départ se donne à Bédoin, au nord-est d'Avignon, et se termine au sommet de la montagne. Le parcours fait 21,6 km, passant de 296 m à 1 895 m d'altitude.

En guise de conclusion....

Le Passé et le Futur : en haut Guy Mairesse sur Talbot, à droite Patrick Depailler au Grand Prix d'Argentine sur Tyrrel Ford.

elf
DEPAILLER elf
elf
4
elf
Tyrrell Ford

Photographies provenant de :

Autocar - 39. 43. 45 (en haut). Auto Muzeum. Budapest - 57. Ronald Barker - 27. 112. 133 (en bas). 144 (en haut à droite). 217 (au centre). British Motor Corporation - 115. 177 (en haut). British Museum - 10. René Burri - 143. Camera Press - 170. **The Car** - 38. Central Press - 216 (en haut). 230. 232. Colorsport - 190. 191. 203 ((en bas). Daily Telegraph Colour Library - 187 (en haut à droite). 199. 202. Diffusion Photos de Presse Internationale - 178. 179. 182 ((en haut à gauche et à droite). 183. 186. 187. (à gauche). 194 (en bas). 238 (en bas). Rick Fawcett - 194 (en haut). Jeanne Griffiths - 195. **Hot Car** - 196. 198 (en haut et en bas). Indianapolis Motor Speedway - 164. 165. 167. 169. 210 (en bas). 221 (au centre). Keystone Press - 91. 93 (en haut). 110 (en bas). 125. 131. 137. 141 (en haut). 145. 155. 156. 157. 159 (en haut). 160. 163. 181 (en bas). 184 (en haut). 193. 197. 201. 204. 205. 226 (en haut). 233. Louis Klemantaski - 219 (en haut).228 (en bas). E. D. Lacey - 181 (en haut). 216 (en bas). London Editions - 36. 37. 228 (en haut et au centre). Mercedes-Benz - 22. 23 (en haut). 24. 29 (en haut). 46. NASCAR - 200 (à gauche). 219 (au centre et en bas). National Motor Museum - 11. 12. 13. 23. (en bas). 30. 33. 35. 41. 54. 55. 56. (en haut). 58-59. 60. 61 (en bas). 62. 63. 65. 67. (en bas). 79 (en bas). 80. 81. 82. (en haut). 85 (en haut). 86. 87. 89 (en bas). 95. 96. 97. 98. 99. 100. 101. 106 (en bas). 108. 110 (en haut). 118 (en haut). 119. 122 (en haut). 127 (en bas). 130 (en haut). 133 (en haut). 135. 139. 141 (en bas et à gauche). 147. 151 (en bas). 153. 173. 177 (en bas). 200 (à droite). 217 (en bas). Peugeot - 53 (en haut). 66. 117 (en bas). 224 (en bas). Radio Times Hulton Picture Library - title-page. 21. 25. 31. 47. 48. 50-51. 53. (en bas) 56. (en bas). 61 (en haut). 68. 69. 70. 71. 72. 73. 75. 76. 77 (en bas). 79 (en haut). 88. 89 (en haut). 90. 93 (en bas). 94. 103. 118 (en bas). 120. 121. 122 (en bas). 126. 127 (en haut et au centre). 128. 129. 144 (en bas). 149. 151 (en haut). 220 (en haut). 231 (en haut). Peter Roberts - 14. 15. 16. 19. 20. 32. 49. 77 (en haut). 82 (en bas). 83. 85. (en bas). 102. 104. 105. 106 (en haut). 109. 114. 130 (en bas). 141 (en bas et à droite). 144 (en haut et à gauche). 154. 172. 174. 177 (en haut). 203 (en haut). 220 (en bas). 222 (au centre). Syndication International - 45 (en bas). 159 (en bas). 184 (en bas). 185. 222 (en haut et en bas). 226 (en bas). 227. Roger Viollet - 29 (en bas). 40. 74. 123 (en bas). 124. 224 (en haut). Yardley Mc Laren - 189.